KB035029

실패 없는 1등주 실전 주식 투자

인생역전
장기 투자 비법의 모든 것

실패 없는 1등주
실전 주식 투자

| 최병운(동방박사) |

매일경제신문사

프롤로그

주식은 사는 것이지 파는 게 아니다

경제, 증권 TV 등 오랫동안 주식 강의를 해온 필자는 현재 토마토 TV에서 주식 전문가로 활발하게 활동 중이다. 고가의 유료 아카데미 비용에도 불구하고 많은 회원들과 함께 활동할 수 있는 것은 그만큼 주식 시장에서 필자를 진정한 멘토로 여기고 따르는 분들 덕분이다.

중산층에서 부유층, 즉 흙수저, 동수저에서 금수저로 인생 역전할 수 있는 길은 딱 두 가지다. 바로 사업과 주식 투자다. 필자는 인생 역전할 수 있는 주식 투자의 성공 핵심 비법을 강의하고 있다. 그 비법에는 여러 가지가 있겠지만 일단은 투자 마인드가 중요하다. 바로 투자 행위를 우직하게 끌고 갈 수 있는 진정성이 필요하다는 것이다. 이러한 진정성을 가지고 이 책에서 배운 장기 투자 전략을 꾸준하게 실천해야 한다.

주식 실전에서 필자가 특히 강조하는 것은 장기 투자다. 결국 고수의 투자법은 장기 투자로 갈 수밖에 없고 제대로 수익을 내기 위한 실질적인 핵심 비법은 올인 투자다. 하지만 일반 투자자의 90% 이상은 단기 매매에 의해 주식 시장에서 돈을 벌려고 한다. 귀동냥이나 TV 등의 정보로 빠르게 매매하여 수익을 내려고 한다. 주식은 살아 있는 생명체이자 심리가 지배하는 세계이기 때문에 욕심이 들어가는 순간 백전백패인데 말이다. 결국 가격(시세)만 보는 단기(단타) 매매의 경우 시행착오를 거듭하고 손실을 보고 본전 생각에 정신없이 가격만 쫓아가다 패망하는 사람들이 대다수다. 주식 시장에서 단기 매매를 통해 큰돈을 벌 수 없다는 것이 자명한데도 바로바로 이익을 실현하면서도 돈을 크게 불리고자 하는 유혹에 빠지기 때문이다. 즉, 개미들의 함정에 빠지는 것이다.

세상에서 가장 강력한 유혹은 눈앞에 있는 돈이다. 빠른 이익 실현을 통해 일단 돈 버는 재미를 느낀 이들에게 이건 벗어날 수 없는 중독이다. 이러한 단기 매매 중독에서 벗어나 평생 주식 투자로 제대로 큰 수익을 내기 위해서는 장기 투자 전략을 습득할 필요가 있다. 장기 투자에서 무엇보다 중요한 것은 미래를 보는 눈을 가지는 것이다. 시대를 선도하고 앞서가는 시각은 주식 투자에서 절대적으로 필요하다. 사업 투자, 주식 투자에서 미래를 보는 눈을 가졌던 투자 대가들인 제프 베조스(아마존), 워런 버핏을 예로 들어 장기 투자의 마법에 대해 살펴보자.

그때 알았다면

1980년대 영화 세계적인 흥행 돌풍을 일으켰던 할리우드 명작 〈백 투 더 퓨처〉를 떠올려보자. 영화는 타임머신을 만드는 데 성공하여 과거로 시간 여행을 한다는 내용이다. 필자가 말하고 싶은 것은 영화의 줄거리가 아니라 '과거와 현재를 넘나들 수 있다면?'이라는 질문이다.

정말로 이 영화처럼 과거로 돌아가 주식, 금융 상품, 부동산 등을 현재와 비교할 수 있다면, 그 사람은 자본주의 사회에서 그 많은 돈을 마치 블랙홀처럼 빨아들일 것이다. 하지만 현실과 과거를 넘나드는 〈백 투 더 퓨처〉와 같은 삶은 현실적으로 불가능하다. 그런데도 불구하고 왜 이런 이야기를 하는 걸까? 과거와 현재의 주가를 비교해보면 현실적으로 주가는 1천 배, 1백 배 등 크게 올랐다. 많은 스타주들이 탄생했다는 것이다. 미래를 보는 눈을 가지고 있다면 그런 주식을 팔지 않고 오랫동안 보유하면서 엄청난 수익을 낼 수 있을 것이다.

너무 잘 알려진 아마존 닷컴의 제프 베조스의 과거를 살펴보자. 제프 베조스는 나이 서른에 미국 월가의 투자 회사 디이쇼(D.E.Shaw)의 펀드 매니저이자 최연소 부사장에 올라 100만 달러의 연봉을 받을 정도로 실력을 인정받았다. 그럼에도 불구하고 1994년 인터넷 이용자가 매년 스물세 배씩 급증한다는 한 줄의 기사를 읽고 성공이 약속된 월가를 미련 없이 떠난다. 그리고 인터넷을 활용한 새로운 유통망의 인터넷 서점, 아마존 닷컴(세계적으로 가장 큰 강)을 창업한다. 단 한 줄의 기사를 읽고 투자(사업) 아이디어를 얻은 제프 베조스의 눈. 아마존 닷컴의 가치와 성공을 알아보고 아마존 닷컴 기업 주식에 장기 투자하는 눈. 이런 미래를 보는 눈이 장기 투자자들에게 꼭 필요한 것이다.

다음 그래프는 아마존 닷컴의 주가 라이프 사이클이다. 20년 전 18달러에 상장해 주식 분할 조정 후 1.31달러(1997.05.16.)까지 급락하고, 장기적으로 계속 올라 20여 년 후에 2,050달러까지 올라간 장기 차트다. 지

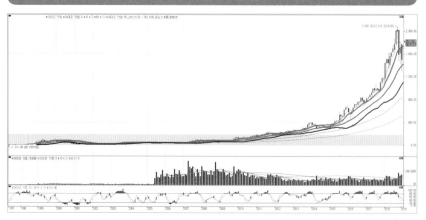

금까지 세 번의 분할을 감안하지 않더라도 무려 1,000배가 올랐다는 것을 알 수 있다. 그 당시 장기 투자 전략으로 아마존 주식을 매수하여 21년간 보유하고 있었다면 지금 어떻게 되었을까? 1주당 주가가 2,000달러이니 2,000달러짜리 주식을 1,000주를 보유하고 있는 셈이 된다. 즉, 2,000달러가 200만 달러가 된 것이고 우리 돈으로 환산하면 220만 원이 22억 원이 된 것이다. 단 돈 220만 원의 가치는 20여 년 전 대졸 신입 사원들의 한 달 급여 정도다. 한 달 급여를 모아 아마존 주식을 사놓고 잊어버리고 있었다면, 현재는 아마 돈에서 해방된 삶을 살고 있을 것이다.

삼성전자도 사상 최저가 대비(69원. 1985년 최저가) 837배나 올랐다. 마냥 꿈같은 남의 이야기라고 치부해버리면 그만이겠지만 생각을 한번 전환해보자. 지금 당장 몇 십만 원, 몇 백만 원어치의 주식을 사둔다면 몇 십 년 후 꿈같은 이야기의 주인공은 내가 될 것이다.

이러한 스타주를 발굴하여 투자하는 비법이 무엇일까? 그것은 바로 장기 투자다. 물론 몇 년 동안 주가가 흔들리는 과정이 있었겠지만 아마존의 장기 성장성을 알아서 장기 투자를 실행했다면 우리는 성공했을 것이다. 매년 주주들에게 보내는 주주서한을 보면 제프 베조스의 성장 철학을 간파할 수 있다. "첫날을 생각나게 하거든요" 그는 항시 첫날에 가졌던 초심을 잃지 않았다. 기업 경영은 항상 처음과 같은 마음가짐으로 해야 한다.

기업 경영 네 가지 원칙 중 하나인 '장기적인 관점의 사고'는 오늘날 아마존 닷컴을 만들게 한 가장 근본적 원칙이다. 장기적 관점의 사고란 단기 이익보다는 장기적 관점에서 시장 점유율을 확대하고 선도적인 사업에 과감하게 투자하여 미래 현금 흐름을 극대화하는 것을 뜻한다. 고객에게 사랑받으면서 장기 성장성이 높아지는 것도 기업 경영에 포함된다. 큰 성공을 거둔 아마존 닷컴 사례에 필자가 말하고 싶은 장기 투자를 위한 선택 기준 3가지가 고스란히 담겨 있다. 이른바 장기 투자 3대 비법이라고 말하고 싶다. 바로 시대의 흐름에 맞는 종목, 그룹주, 실적 성장 중인 성장 품절주다.

첫 번째, 시대의 흐름에 맞는 종목이다. 아마존 닷컴이 시대를 선도할 수 있는 전자상거래 비즈니스와 클라우드 정보 통신 기술을 가지고 있다는 점이다.

두 번째, 그룹주다. 마켓플레이스, 아마존 프라임, 아마존웹서비스(AWS) 등을 들 수 있다.

세 번째, 실적 성장이다. 아마존 닷컴은 미국의 인구 절반을 고객으로 가지고 있다. 게다가 전 세계적으로 M/S(시장 점유율)가 크게 성장하고 있기 때문에 관련 산업이 성장하면 당연히 실적도 동반 성장할 수밖에 없다.

여기서 또 한 가지 중요한 점은 주가가 많이 올랐다고 하지만 비싼 것은 아니다. 주가가 앞으로 얼마나 오르는지가 중요한 것이 아니라 앞으로 해당 기업이 얼마나 더 성장하는지가 중요한 것이다. 주식 투자는 기업의 지분을 사는 것이기 때문에 기업의 성장이 주가 상승을 동반한다는 것이 주식 투자의 기본이 된다.

오마하의 현인 워런 버핏도 아마존 닷컴의 비즈니스를 완전히 이해하지 못해 매수 기회를 놓쳤다는 일화는 유명하다. 물론 그는 애플에 투자해 큰 수익을 얻으며 또 다시 명성을 되찾기도 했지만 워런 버핏의 코카콜라 투자 시대는 지났다. 이 책의 장기 투자 3대 전략을 통해 새롭고 혁신적인 장기 투자를 해야 하는 시점이라 생각한다. 워런 버핏이 투자한 애플의 주가 일생 사이클도 아마존 닷컴과 비슷하다. 여기서 여러분은 '그때 알았다면'이라는 말을 내뱉으며 다시 한 번 생각을 곱씹을 것이다.

이런 게 투자다

SK그룹의 투자와 성장 과정을 보자. SK는 현재 재계 서열 3위로 위상이 올라와 있다. 이는 미래 먹거리에 대한 과감한 투자의 결과라고 할 수 있다. 최종현 선대 회장이 섬유 회사에서 에너지·통신 기업으로 성장 모멘텀을 만들고, 그 뒤를 이어 최태원 회장이 그러한 SK그룹의 사업 영역을 SK하이닉스에 투자하여 반도체와 바이오까지 확장한 상태다. 특히 그 당시 누구도 하이닉스의 성장성을 보지 못했으나, SK그룹은 과감한 투자를 결정한 것이다. 인수 당시 우려하는 목소리가 대다수였으나, 이제는 SK하이닉스의 인수가 신의 한 수라며 재계에서 칭송이 자자하다.

SK그룹의 투자 역사를 보면 1980년 SK보다도 전체 자산 규모가 큰 유공을 인수하여 섬유에서 석유로 수직 계열화 시스템을 만들었고, 1994년 당시 '황금알을 낳는 거위' 한국 이동 통신을 투자 인수하여 불패의 신화를 이어가고 있다. 2011년 11월 14일에 이루어진 하이닉스 지분 21%(3조 4,267억 원, 평균 인수가 2만 3,454원) 인수는 신의 한 수로 평가받고 있다.

계속된 적자 등으로 2011년 워크아웃에 들어갔던 하이닉스를 인수한 가격은 수 조 원에 달했다. 만일 잘못된 투자를 했다면 그룹이 휘청거리고 나아가서는 한국 경제에 큰 짐이 될 수 있었던 상황이었다. 결국 인수한 후 대규모 자금을 지속적으로 투자해 반도체 호황기에 큰 빛을 발하면서 이제 그룹 영업 이익의 2/3를 차지하고 있다.

SK의 인수 과정을 보면 미래를 보는 눈이 얼마나 중요한지를 새삼 깨닫게 된다. 지금까지 SK의 성장 과정을 볼 때, 향후 SK의 또 다른 행보가 기대될 정도로 그 신뢰감이 커진 상태다. 1998년 당시 자산 34조 1,000억 원, 매출 37조 4,000억 원, 순이익 9,700억 원으로 재계 순위 5위였으나 2018년에는 자산 192조 6,000억 원, 매출 158조 원, 순이익 17조 3,500억 원으로 재계 순위 3위의 위상을 유지 중이다.

SK하이닉스를 인수한 첫 해는 3조 8,500억 원을 투입하고 삼성에 뒤지

단위: 십억 원

	2016	2017	2018E	2019E	2020E
매출액	17,198	30,109	41,613	38,895	39,163
영업이익	3,277	13,721	22,222	19,192	18,740
세전계속사업손익	3,216	13,440	22,501	19,198	18,689
순이익	2,960	10,642	16,545	14,399	14,017
EPS(원)	4,057	14,617	22,729	19,779	19,254
증감률(%)	n/s	260.3	55.5	−13.0	−2.7

는 수율을 향상시키기 위해 1조 원을 더 투자했다. SK그룹으로서는 엄청난 부담을 가질 수 있는 금액이었다. 그러나 반도체 사업에 전념한 결과, 반도체 경기가 호황으로 들어서면서 2018년(예정) 매출 41조 6,130억 원과 영업 이익이 무려 22조 2,222억 원이 예상되는 초우량 기업을 만들었다고 본다. 결국 하이닉스 인수는 SK그룹 시스템을 획기적으로 바꾸는 계기가 됨과 동시에 수출 비중이 높은 기업 그룹으로 변화하게 만든 것이다.

2011년 인수 시점과 비교해볼 때 적자였던 상황에서 2018년에 20조 원이라는 영업 이익을 낸 것이다. 큰 흐름을 보자면 2017년 누적 코스피 상장사 영업 이익은 120조 원으로 집계되었는데, 삼성전자의 2017년 기준 영업 이익은 53조 6,000억 원, SK하이닉스의 영업 이익은 13조 7,210억 원으로 이 둘을 합하면 66조 3,210억 원이다. 코스피 상장 기업의 영업 이익을 비교해볼 때 당연히 SK하이닉스의 투자는 대박이었다.

SK하이닉스의 한 기업이 우리나라 코스피 200 기준 11.4%를 차지한

SK하이닉스 월봉 차트

것은 기적적인 투자 성과라고 할 수 있다. 한마디로 하이닉스 투자로 업계의 판도를 완전히 뒤흔들었다고 볼 수 있다. 또한 2018년 3분기 누적 영업 이익을 볼 때, SK그룹 반도체 사업 역시 그룹 수익성 급증에 결정적인 역할을 했고 SK하이닉스는 16조 4,137억 원의 누적 영업 이익을 올렸다. SK그룹 영업 이익 25조 1,000억 원 중 65% 이상의 영업 이익을 SK하이닉스가 담당한 셈이다. 결국 미래 먹거리의 투자에 대한 혜안으로 약 5조 원 이상을 투자한 것이 SK그룹의 절반 이상을 먹여 살리는 황금알을 낳는 거위가 된 것이다.

인고의 계절

SK그룹을 예로 들어 한 기업의 성장 과정을 살펴보았다. SK그룹의 잘나가는 성장 과정을 살펴보았지만 어려웠던 상황도 눈여겨볼 필요가 있다. SK 각 계열사 자금으로 출자된 펀드가 제3자 김원홍 SK해운 고문이 운용하는 펀드로 선물 옵션 명의를 사용한 것이 그룹의 문제를 넘어 사회적 문제로 부각되었다. 재벌 오너 3세로서 기업 경영에 매진하지 않고 선물 옵션에 의한 돈을 추구했다는 것은 기업의 사회적 책임에 어긋난 행위였다. 국민 기업으로 성장한 SK에 대한 국민의 실망감은 매우 컸고 이렇게 외면당하면서 기업의 성장도 급브레이크를 밟게 된다. 석방 이후 최태원 회장의 행보를 지켜볼 필요가 있다. 이제 또 다시 새로운 미래 먹거리, 전기차 배터리 제조와 그 핵심 소재인 동박 사업에도 투자를 실행하고 있다. SK의 투자 DNA가 또 다시 빛을 발할 것을 기대해본다. 최근 기업 문화의 한 축으로 사회적 가치를 추구하는 경영 마인드 속에 지속 성장 가능한 기업으로 발돋움하고 있다는 점 또한 큰 변화라고 볼 수 있다. 하이닉스 반도체 인수 후 반도체 사업으로 성공 신화를 만들고 최근 베트남, 중국 등 각 나라에 맞는 맞춤형 사회적 가치 창출에 적극 나서고 있는 것도 눈여겨볼 만하다.

계속되는 투자의 변신

SK이노베이션의 행보에서 바이오 투자에 이어 돋보이는 것이 있다. 중국 장쑤성 창저우에 전기 자동차용 배터리셀 공장 부지를 확정하였다는 점이다. 생산 능력 7.5GWh 규모로 짓는 이 공장은 내년 하반기에 준공한 뒤 2020년 초부터 본격 양산 체제에 돌입할 것으로 전망되는데, 완공 후에는 연간 25만 대 분량의 배터리셀을 만들 예정이다. 약 8,200억 원을 투자하여 현지 배터리 사업 파트너 베이징 자동차, 베이징 전공 등과 합작 법인 BEST까지 출범시킨 것을 볼 때 미래를 보는 눈을 가진 SK그룹이 또 다시 대규모 투자를 단행하고 있다는 점은 주목해볼 만하다. 한 기업이 일련의 대변신을 하고 있다는 것은 새로운 성장 가능성을 보여주는 것이다.

지금이라도 알았다면

'그때 알았다면', 다시 영화 〈백 투 더 퓨처〉로 돌아가 보자. '우리가 과거로 갔다가 다시 돌아올 수 있다면, 주식을 보는 미래의 눈이 있었다면 백만장자가 되었을 텐데' 하며 아쉬워하고 있는 사람이 있을 것이다. 그리고 어떠한 형태로 주식 투자를 하든지 자신의 현재 상태를 원망하는 사람 또한 있을 것이다. 주식 투자로 성공하는 것은 희망이 절벽이라고 말하는 분도 다수일 것이다. 그러나 지금 현재가 가장 중요하다. 과거도 현재가 될 수 있고 미래도 현재의 지금부터 시작하기 때문이다. '그때 알았다면'에 빠져 있기보다 또 다른 새로운 종목을 '지금이라도 알았다면' 바로 실천해야 한다. 아마존 닷컴 같은 큰 수익을 얻을 수 있다고 믿는다. 미래는 현재다. 곧 미래가 된다는 것이다. 그래서 이 책을 읽는 모든 사람들에게 희망이 있는 것이다.

자본주의가 존재하는 한 새로운 산업은 계속해서 탄생하고 이에 따라 급등주, 스타주들이 또 다시 탄생할 것이다. 역사가 반복되듯이 주식도 반복되기에 미래가 곧 현재다. 이 책을 통해 장기 투자에 대한 공부를 시작해보자. '지금이라도 알았다면' 바로 이 순간이 주식으로 인생역전한 거액자산가의 반열로 들어가게 되는 것이다. 자, 찬란한 미래의 문을 열고 들어가보자.

CONTENTS

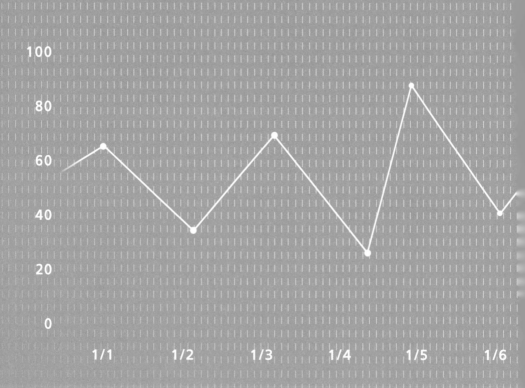

1부

10배 수익을 내기 위한
전략

주식 투자에 대한 고정관념(분산 투자, 손절매, 빠른 매매 등)을 버려야 10배 수익이 가능하다. 다른 일과 마찬가지로 주식 투자에도 꿈이 있고 목표가 있어야 한다. 그 다음에 실천 전략을 잘 세워야 한다. 실천을 통해서 수많은 시행착오를 겪어야 성공도 할 수 있다. 일단 한번 성공하게 되면 돈이 기하급수적으로 늘어나는 경험을 하게 될 것이다. 돈 버는 재미를 만끽하다 보면 어느 순간 돈이 돈을 버는 상황을 접하게 된다. 투자 철학과 투자에 대한 신념도 형성된다. 이런 단계까지 오면 돈에서 해방된 상태라고 할 수 있다. 이것이 큰돈을 벌 수 있는 최고의 투자 과정이다.

10배의 수익을 내기 위한 전략 수립 후 성실하게 실천하다 보면 자신의 꿈(거액자산가의 꿈, 20억 원을 버는 꿈, 돈에서 해방되는 꿈…)을 이룰 수 있다. 10배를 벌고자 한다면 10배 수익 가능한 종목이 기본적으로 포트폴리오에 포함되어야 한다. 주식 투자에 있어 가장 쉬운 것이 장기 투자다. 필자는 여러 강연과 아카데미, 증권 방송 등에서 장기 투자가 큰돈을 벌 수 있는 유일한 길임을 수없이 강조해왔다. 10배의 수익을 내는 투자 기간 및 투자 전략은 여러 가지가 있을 수 있다. 그중 최고 단계의 투자는 한 종목에 100%의 비중을 싣는 올인 투자라 할 수 있다. 결국 장기 투자 전략을 공부하는 목적의 마지막 단계는 한 종목에만 편입해서 짧은 기간에 큰돈을 버는 것이다. 물론 그 내공은 쉽게 얻어지는 것이 아니다. 거액자산가 투자 비법을 살펴보면 실전 응용 차트와 파동의 모든 내용을 배운 후, 실력이 쌓인 상태에서 한 종목을 편입해야 하는 것이 정석이다. 자신의 투자 수준을 계속 높여야만 최종적으로 올인(집중) 투자가 가능해진다. 하지만 대다수의 투자자는 공부도 안 한 상태에서 올인 투자, 신용 투자, 레버리지 투자(매매)를 진행하고 있다. 이런 투자자들은 주식을 하는 것이 아니라 도박을 하는 것과 다름없다고 말하고 싶다. 초보 투자자에게 중요한 것은 주식 전문가가 개설하는 아카데미를 단계별로 공부하고 계속 자신의 수준을 향상시키는 것이다. 그래야만 성공적인 투자가 가능하고 한 종목으로 장기 투자하여 큰 수익을 낼 수 있는 수준이 된다. 나중에 기회가 왔을 때 단 한 종목만을 선택하여 투자하고, 그것이 몇 배의 수익을 준다면 그때부터 안정적인 인생 역전의 기회에 접어들게 된다. 그저 꿈만으로 존재했던 10배 수익이 현실이 되는 것이다. 보통 초보 투자자들은 아직 미숙하기 때문에 2종목, 3종목 이상을 매매하는 것이 현실이다. 하지만 초보자일수록 연습할 때에도 단 두 종목 미만에 투자하고 최종적으로 한 종목으로 올인 투자하는 것을 배워 나가는 것이 중요하다. "세 살 버릇 여든까지 간다"는 속담은 주식 투자에도 꼭 들어맞는 말이다.

다른 사람들의 생각에
갇힌 삶을 버려라

다른 사람들의 생각이란 무엇을 의미하는가? 대부분의 사람들은 그렇고 그런 평범한 삶을 살고 있다. 다른 사람들의 기준에 맞춰서 살아가고 있다는 말이다. 그저 남들만큼 남들처럼 살면 잘 사는 것이라고 행복한 것이라고 생각한다. 다른 이들보다 뛰어나지는 않더라도 뒤쳐지지만 않으면 괜찮다고 생각하는 것이다. 바로 이런 사고가 다른 사람들의 생각(보편적인 삶)에 갇힌 삶이다.

물론 성공의 기준은 모두 다르기 때문에 인생을 남들처럼 살고 있다는 것만으로 성공한 삶이라고 믿는 것을 뭐라고 할 수는 없다. 누가 다른 이의 인생에 대해 실패했다고 비난할 수 있겠는가? 하지만 주식 인생은 이래서는 안 된다. 다른 사람들의 흔한 방법대로 주식 인생을 꾸려간다면 성공을 거두기는 어렵다.

왜 주식 투자를 하고 싶어 하고, 또 하고 있는가?

연간 10% 이상 재테크 수단이 없어서

연간 10% 이상 재테크 수단이 없기 때문이다. 그런데 주식을 1년 동안 혹은 수 년 동안 투자해왔는데, 연평균 10%의 수익도 못 내고 손실을 보는 사람들이 대다수다. 이 중에는 주식(시장)을 모르고 뛰어든 사람도 있을 것이다. 그런 사람들에게 주식 투자법을 제대로 공부하는 것은 매우 중요하다. 이제부터라도 주식을 제대로 배워야 한다. 일반인들이 생각하는 것보다 주식 투자는 훨씬 안전하다. 제대로 된 방법을 배워 주식 투자에 철저히 적용한다면 어떤 경우에도 손해 볼 일 없는 안전한 투자처가 된다.

인생역전, 적은 돈으로 큰돈을 벌기 위해서

주식 투자를 하는 사람들의 목적은 대부분 적은 돈으로 큰돈을 벌고자 하는 것이다. 그러나 3,000만 원이나 5,000만 원을 투자해서 장기적으로 3억 원, 5억 원을 목표로 삼거나 10억 원 이상을 목표로 삼는 등 크게 도전하는 투자자들은 많지 않다. 큰돈을 벌고자 한다면 꿈과 그에 따른 도전이 반드시 필요하다. 대부분은 조금씩 조금씩 수익을 올려 큰돈을 만들고자 한다. 티끌 모아 태산을 만드는 꿈을 꾼다. 하지만 인생이 그렇듯 주식 세계가 그리 만만치 않다. 주식 투자를 한다고 누구나 쉽게 돈을 벌 수 있는 것은 아니다. 장기 투자 전략에 대해 배우고 익히고 자신만의 주식 인생을 제대로 계획하면서 끊임없이 노력할 때 얻을 수 있는 것이다.

　필자가 운영하는 투자클럽에도 이런 분들이 많이 온다. 그들은 3천 만 원이나 5천 만 원을 투자해서 이 종목 저 종목을 매수하고 익절해서 큰 돈을 벌고 싶어 한다. 하지만 필자가 권하는 주식 투자는 종목을 많이 편입하지 않고 한두 종목만으로 승부를 걸게 하는 방식이다. 예를 들면, 5천 만 원으로 한 종목이나 두 종목에 집중 투자를 하게 한다. 그런 후 3천 만 원으로만 주식선물 계좌를 만들어서 주식선물로 단기 매매를 하게 하기도 한다. 주식선물을 하게 하는 목적은 매매 기법을 익힘과 동시에 시간을 보내면서 현물 장기 투자를 실천해 가도록 하기 위해서다. 신입 회원들의 목표는 대부분 전문가의 도움을 받아 단기간에 적은 돈을 투자하여 연간 수십 또는 수백 퍼센트의 수익을 보는 것이다. 이들의 바람은 그저 단기간에 소소하게 생활비와 용돈을 버는 것이다. 중산층에서 부유층이 되기 위한 뚜렷한 목적을 가진 사람들은 생각보다 적다.

욕심 없이 사고팔며 용돈도 벌고 재미있으니까

적은 돈으로 사고팔고를 반복하며 용돈도 마련하면서 재미로 주식을 하는 사람들은 이렇게 말한다. "저는 더 이상 돈을 벌지 않아도 먹고 사는 데 지장은 없어요. 연금도 나오고 돈도 제법 많고 집도 있고 땅도 있으니 큰 욕심 없이 사고파는 게 좋아요." 물론 목적이 재미인 게 문제라고 말할 수는 없다. 하지만 돈에 관련된 무언가를 할 때에는 반드시 투자에 대한 기본적인 지식은 습득해야 하는 게 맞다. 인생은 성취감도 있어야 하고 재밌기도 해야 하고 소일거리도 있어야 한다. 하지만 주식을 시작한 이후에는 반드시 인생역전할 수 있는, 기본 10억 원 이상을 벌 수 있는 전략과 전술을 구사할 수 있어야 하고 따라서 공부가 반드시 필요하다. 우리는 일반 투자자의 생각과 투자 행동과는 다른 실전 연습을 해야 한다. 모든 투자 활동이 일반적인 투자자와 달라야 한다는 말이다.

다른 사람보다 잘 살기 위해서 그동안 무엇을 했는가?

남들보다 잘 살기 위해서 그동안 나는 무엇을 했는가? 물론 나름대로 열심히 노력하며 살아왔을 것이다. 좀 더 나은 삶을 살기 위해서 많은 노력을 했을 것이다. 진급을 위해 열심히 공부하고 좋은 인간관계를 맺기 위해 노력하는 등 최선을 다해 직장생활을 했을 것이다. 그런데 세월이 흐른 지금은 어떠한가? 여전히 그 당시 자신의 모습과 비슷하지 않은가? 여전히 남들과 비슷하게 살아가고 있지 않은가? 퇴직하고 나니 인생이 그저 그렇게 느껴지지 않은가? 분명 남들과 달라지려 그렇게 노력했던 그때와 크게 다르지 않을 것이다.

어렸을 때 부모처럼 살지 말아야지 하고 각오를 다졌던 사람들도 있었을 것이다. 저마다 아주 특별한 인생을 살겠다는 의지가 강했던 어린 시절이 있었을 것이다. 그런데 지금, 나이가 든 지금은 어떠한가? 나도 부모처럼 똑같이 살아가고 있지 않은가? 지금까지 살아온 인생을 돌이켜 보니 정말 내 인생이 다사다난한 인생이었다는 생각이 들 수도 있을 것이다. 큰 기회가 왔다가 또 위기가 오기도 했을 것이다. 지루한 삶이 계속되다가 역동적인 삶이 오기도 했을 것이다. 때로는 행복했고 때로는 불행했을 것이다. 수없이 많은 여정을 거쳐 지금의 자리에 있는 것이다.

물론 요즘 유행하는 소확행(소소한 확실한 행복)도 중요하다. 소확행을 중요시하는 사람들도 많지만 성공한 대부분의 사람들은 분명한 목표를 갖고 어릴 때부터 끊임없이 노력한 사람들이다. 자기 분야에서 최고가 된 사람들은 목표를 향해 한눈팔지 않고 진정성 있게 걸어간 사람들이다. 평균적으로 성공한 사람들의 연령대가 늦어도 50대였다는 것도 주목할 만하다. 주식 인생도 마찬가지다. 주식으로 거액자산가가 되는 것이 목표라면 주식 관련 공부에 시간과 노력을 들일 필요가 있다.

다른 사람들의 생각에 갇힌 삶을 살고 있지는 않은가?

다른 사람들의 생각에 갇힌 삶을 살고 있지는 않은가? 우리는 인생을 살아가면서 다른 사람의 시선을 신경 쓰기도 하고, 다른 사람들과 비교하기도 한다. 각각 특정한 삶의 목표를 가지고 있지만 실상은 비슷비슷하다. 다른 사람의 눈에 비친 자신을 보고 행복해하기도 하고 불행해하기도 한다. 삼시 세끼 먹는 시스템부터 동일한 우리들은 우리를 둘러싼 사회 시스템에 동화되면서 다른 사람들과 비슷한 생각을 갖고 비슷하게 행동하면서 살아간다. 이게 인생이다. 돈의 많고 적음이 행복과 불행의 척도가 될 수는 없다.

돈이 인생의 전부가 아닌 것은 맞는 말이다. 그러나 어찌 보면 그건 돈이 풍족하지 않는 사람들의 자기 합리화일 수 있다. 한편으로는 재벌이나 기업의 오너에 해당되는 이야기로 치부할 수도 있다. 성공한 투자자로 살아보지 않았기 때문에 체념이 지배하는 것일 수도 있다. 아무튼 돈이 많다고 해서 싫어할 사람은 없을 것이다. 결론은 많은 사람들이 다른 사람들의 생각에 갇힌 삶을 살고 있다는 것이다. 지금 나는 어떤 삶을 살고 있는지 또 앞으로는 어떤 삶을 살 것인지 생각해봐야 한다. 남들과 똑같은 삶을 산다면 미래도 지금처럼 특별하지 않을 것이다. 집 한 채 있고 자식들 잘 키워 놓고 여유 자금도 조금 있고 연금이 나오는 생활이면 상위 1% 안에 드는 부유층과는 다른 그냥 중산층이다.

다른 사람의 생각에 갇힌 삶을 살면 남들과 같아진다. 주식도 남들처럼 투자하면 남들과 똑같이 될 수밖에 없다. 그냥 그렇게 살아간다면 주식 인생은 실패할 확률이 높다. 자, 지금부터 남들과 다른 주식 인생의 길을 걸어보자. 주식 투자로 10배를 버는 것이 결코 꿈이 아닌 현실이 될 것이다. 성공적인 투자자가 되는 방법을 계속해서 살펴보자.

주식 투자를 왜 하는지
그 목적을 분명히 하라

그동안 어떻게 주식을 해왔는가? 앞으로는 어떻게 할 것인가? 곰곰이 생각해보자. 오늘 주가가 급락하면 불안해서 팔고 내일 오르면 다시 사곤 하지 않았는가? 스스로 주식 매매를 통제할 수 있다고 생각해서 공부를 게을리하지는 않았는가? 가격이나 시황만 보고 매매를 하다 결국 세월만 흘려보내지는 않았는가? 주식 투자자 대다수는 매년 그랬을 것이다. 2017년부터 2018년도 1월까지는 주식 시장이 강세장이어서 돈을 벌었을 것이다. 그러나 2018년 중반 이후부터는 어떻게 되었는지 한번 생각해보라. 대부분의 수익금을 손해 보지는 않았는가? 스스로 통제 가능하다고 믿고 열심히 매매했을 것이다. 손실도 있었을 것이다. 이렇게 생각도 했을 것이다. "망할 트럼프 때문에 손해를 보았다", "장이 하락했으니 손해 보는 것은 당연하다", "어떤 전문가 때문에 손해를 보았다"라며 남 탓도 했을 것이다. 그런데 정말 그럴까? 자신도 모르게 주식이 시장에 맡겨져 결국은 휘둘리게 되었던 건 아닐까? 그랬을 가능성이 더 크다.

자신의 실력이 낮았다고 반성하는 게 아니라, 시장을 탓하고 미국장을 탓했을 것이다. 중국과 트럼프를 탓했을 것이다. 무역분쟁 때문에 돈을 잃었다고 주식 전문가들조차도 그런 핑계를 늘어놓는다. 전문가 집단(주식 방송하는 전문가, 펀드매니저, 애널리스트 등)조차도 시장 때문에 돈을 못 벌고 있다고 말한다. 시장과 자신의 상태를 동일시하면서 심리적 불편함을 해소하고자 한다. 인지부조화*에 빠지게 되는 것이다.

경기는 좋지 않아 미국과 중국은 무역분쟁 중에 있다. 따라서 앞으로 중국이 미국에 수출하기 쉽지 않고, 미국도 중국에 수출하기 쉽지 않을 것이다. 그럼 우리도 수출하기 쉽지 않다고 생각하고 있을 것이다. 그런데도 막연히 해결될 거라 생각하며 자기만의 생각의 테두리에 갇혀 그 피해주를 가만히 갖고 있다. 피해를 입을 것이라 생각하면 당연히 지금 바로 매도해야 맞을 것이다. 피해주를 갖고 있지 않아야 한다. 당연한 것이다. 하지만 미래에 일어날 일을 알면서도 즉각적으로 행동으로 옮기는 것이 생각보다 쉽지 않다. 이래서 투자 실패가 반복되는 것이다. 심지어 그대로 가지고 있어 손해난 주식을 자신만의 생각에 갇혀 그저 올라가길 기대하고 기다리고 있다. 왜 그럴까? 남들도 대부분 그렇게 생각하고 있기 때문이다. 주식 흐름에서 주가가 많이 하락한 주식을 보며 "1, 2

---

* **인지 부조화 이론(cognitive dissonance theory)** 외형석 행농과의 일관성을 유지시키기 위해 인간의 태도가 변화한다고 보는 것이다. 자신이 갖고 있던 태도와 다른 정보가 들어오면 부조화 현상을 초래하여 이때 다른 사람의 태도와 일치시키려는 작용이 일어난다.

년 기다리면 오르겠지"라는 막연한 바람만으로 현재 손절하기 싫은 심리가 지배하는 것이다. 손절하면 내 계좌에서 내 돈이 빠져나가니까 불편한 것이다. 그래서 그저 올라가기만 기다린다. 그동안 이런 식으로 주식을 한 것이다.

오랜 기간 동안 주식 투자를 한 투자자들은 수없이 많은 경험을 했을 것이다. "그때 산 주식을 지금껏 보유하고 있었다면 지금 나는 돈에서 해방된 삶을 살아가고 있을 텐데"라는 상상도 했을 것이다. 몇 십 퍼센트 이익을 보고 매도했는데, 그 이후 대시세가 난 종목들이 얼마나 많았는지 한번쯤은 곰곰이 생각해봐야 한다. 여러 종목이 있었을 것이다. 그리고 당연히 후회했을 것이다. 예전에 샀던 삼성전자 주식을 팔지 않고 가지고 있었다면 최소 3배, 10배, 100배의 수익이 있었을 거라고 계산도 해보아야 한다. 신약 바이오주 시대에 가장 많이 오른 에이치엘비를 백만 원어치만 가지고 있었다면 내 인생이 어떻게 되었을까 생각해봐야 한다. 필자도 후회한 적이 많다. 많이 올랐다고 생각해서 5배 수익 내고 매도 후 좋아했더니 3년 뒤 최초 매수가 대비 100배나 올라버렸다. 여러분도 이익이 있은 후 매도한 주식 중 대시세 주식이 많이 있었을 것이다. 초보자라도 대시세 주식을 한두 번 정도는 매매해봤을 것이다. 셀트리온(저가대비 100배 상승)도 매매해봤을 것이고 전기차 배터리주(저가대비 10배 상승)도 매매해봤을 것이다.

셀트리온을 보면 2007년 3,000원대, 2010년 3만 원대, 2016년 10만 원대, 2018년 30만 원대 10년간 평균 100배 상승하였다. 투자자 대다수는 본격적인 시세가 폭발하는 시기(2017년 9월 10만 원부터 38만 원대로 6

개월간 4배 상승)에는 셀트리온을 보유하고 있지 않았을 것이다. 왜 이런 현상이 주식 시장에서 비일비재할까? 이러한 장기 투자 종목을 단기 투자 방식으로 가격만 보고 매매했기 때문이다.

주식 시장에 입문해서 10년 동안 주식을 하면서, 최소한 시장 메커니즘을 알고 장기 투자 비법을 배웠다면, 10년 전에 산 주식을 현재 장기간 보유하고 있지 않았을까? 잘 몰랐기 때문에 이런 종목들을 다 매도해 버리고 현재는 아무것도 갖고 있지 않은 것이다. 대부분의 사람들은 가지고 있는 돈이 작다고 생각해서 돈을 더 모으기 위해 자주 매매한다. 제대로 투자하는 법을 배우지 않고 남들이 하는 것처럼 따라서 주식을 한다. 이익이 생기면 빨리 매도해서 매도이익분을 챙기고 또 다시 다른 종목을 사서 같은 방법으로 이익을 챙긴다. 이런 행동을 반복하고 있다. 작은 돈이니 빨리빨리 이익을 챙겨서 돈을 크게 불리고 싶어 하는 것이다. 주식에 대한 이런 마인드는 성공적인 투자자가 되는 데 가장 큰 장애가 되는 투자법이다. 돈을 빨리 벌고 싶은 욕구와 조급함 때문에 반복적인 매매를 지속하는 것이다.

이건 아주 큰 착각이다. 주식 투자는 티끌 모아 태산이 될 수 없는 거라는 걸 모르고 있다. 잦은 매매는 손절이 필연적으로 동반되기 때문에 복리효과를 볼 수 없는데 말이다. 적은 돈으로 복리효과를 보지 않으면 큰돈이 될 수 없다는 것을 모르는 것이다. 대다수 투자자들은 이러한 다른 사람들의 잘못된 투자 습관을 그대로 답습하고 있다. 이유는 집단에 소속된 느낌으로 남늘처럼 주식을 하면 심리적으로 안정을 취할 수 있기 때문이다. 대중 투자자는 착각에 빠져 주식 인생을 살아간다고 해도 과언이 아니다. 확실하게 해두자면 남들처럼 하려면 주식에 손도 대지 말아야 한다. 어떤 종목을 사서 수익을 많이 냈다고 치자. 가령 현대건설 주식을 사서 두 달 만에 100% 수익을 냈다. 이걸 온전히 성공한 주식 투자라 볼 수 있을까? 그렇지 않다. 주식계좌에서 돈을 다 인출하고 다시는 주식 투자를 하지 않는다면 인출된 이익금은 정말로 온전한 수익이 맞다. 하지만 또 다른 종목을 사서 주식 투자를 계속해서 하게 되는 것이 현실이다. 따라서 10년 정도 지금까지 살아온 주식 인생 전 과정을 분석해보고, 그 주식 인생이 성공인지 실패인지 결론을 내봐야 한다. 그러면 나의 주식 투자에 대한 현 주소가 보일 것이다.

주식 계좌에 3종목을 보유한 사람, 7종목을 보유한 사람, 1종목에 올인한 사람 등 주식 투자 방법은 다양할 것이다. 오늘 내 주식 계좌를 한번 꼼꼼히 들여다보자. 그리고 생각해봐야 한다. 수년 동안 무엇을 하고 있었는가? 자신의 상황에 한숨 나오는 사람도 있을 것이다. 그동안 자신의 주식 인생을 평가해보고 잘못된 부분이 있다면 바로 인정해야 한다. 그래야 더 나은 미래를 향해 나아갈 수 있다. 한시라도 빨리 자신을 객관적으로 바라보고 잘못된 방법을 찾아 변해야겠다는 결심을 해야 한다. 그리고 남은 주식 인생 성공을 위해 장기 투자자로 변해야 한다.

주식을 하면서 가장 어려운 점이 무엇이었는지 또 가장 잘한 점은 무엇이었는지 생각해보자. 주식 계좌를 들여다보면 자신의 투자 방법에 있어 아쉬운 점이나 자신이 잘하는 점을 판단할 수 있다. 그동안 너무 일찍 매도하는 습관으로 큰 수익의 기회를 놓쳤다든가 효자 종목을 잘 보유하고 있어서 만족한다든가 앞으로 더 보유하고 있어야 하는 종목은 무엇인가 등 스스로 주식 투자 성향이나 습관에 대해 평가해봐야 한다. 자신의 투자 성향이 한 번 사면 계속 보유하는 성향인지, 그 반대의 성향인지, 매도 이유가 없을 때 매도하지 않는 성향인지 등에 대해 생각해보라. 이러한 판단을 통해 자신의 강점을 알게 될 것이다. 자신의 계좌에서 장기 투자 종목이 가장 수익이 좋았고 그걸 처음부터 예상했다면 장기 투자자로서 실력이 있는 것이다. 고수인 것이다. 만약 수익이 클 것으로 예상했던 종목이 예상과 빗나갔다면 그 이유를 생각해보고 문제점을 찾아봐야 한다.

그러기 위해서는 현재 자신의 주식 투자 실력을 알아야 한다. 지피지기면 백전백승이다. 이런 과정을 거쳐야만 주식 투자에서 10배 수익을 내는 과정에 입문할 수가 있다. 가장 쉽게 돈 버는 방법은 무엇일까? 가장 쉬운 주식 투자 방법은 무엇일까? 가장 쉽게 돈 버는 방법은 로또에 당첨되는 것이라고 생각할 수 있다. 하지만 로또는 돈 버는 방법이 아니라 운에 의한 것이다. 카지노에서 돈을 벌고자 한다면 바보 취급을 받을 것이다. 카지노에서 돈을 벌고자 하는 것도 로또처럼 내 자산을 운에 맡기는 것이다. 그래서 현명한 대다수는 카지노에 가면 도박이란 걸 인식하고 재미로만 한다.

주식도 도박처럼 하면 도박이 된다. 아무것도 모르면서 매매 행위를 반복하는 것은 내 돈을 시장의 운이나 종목의 운에 맡기는 것과 같기 때문이다. 주식 시장, 특히 하락장에서도 장기 투자가 정답이다. 장기 투자 송복의 과거 시세를 분석해보면, 시장에서 어떤 큰 리스크가 발생했을 때 모든 종목이 똑같이 크게 하락한다. 그런데 그 시장 리스크가 사라진 후 고점을 회복하고도 몇 배 이상 크게 올라간 주식은 전부 장기 투자 종목이었다. 보유 종목의 주가가 일단 하락하면 그때 그 종목을 매도하고 다른 종목을 매수했었다면 수익이 많이 있었을 거란 생각이 들 것이다. 많은 투자자들이 후회하는 흔한 패턴이다. 하지만 그건 너무 단순한 분석이다. 제대로 된 장기 투자 종목이었다면 그대로 보유하는 것이 맞을 것이다. 그때 행동하는 것과 지나고 나서 생각하는 것에는 천지차이의 결과가 있다. 지나고 나서 백 번을 생각해봐야 아무 의미가 없다. 그 당시에 했어야 하는 것이다. 그 당시 자신이 어떤 생각을 했고 어떤 행동을 했는지가 중요하다. 갑자기 주어진 상황에서 즉각적으로 바른 판단을 하고 행동하기 위해서 주식 공부를 하는 것이다.

자신이 단타 매매를 매우 잘해서 몇 년 동안 큰 수익을 내고 있다면 굳이 장기 투자할 필요는 없다. 단타로 단기 매매해서 10년 동안 20억 원의 돈을 벌었다면, 그리고 다시 주식을 하지 않겠다고 결심했다면 그렇게 하면 된다. 성공한 주식 인생으로 마무리되는 것이다. 자신이 가장 잘 하는 방법이 최고의 투자법이다. 이 책은 장기 투자만을 온전한 투자법으로 강요하는 것이 아니다. 장기 투자만이 정답이라고 주장하는 것은 절대 아니다. 지금까지 필자는 이런 저런 투자 방법을 수없이 경험한 결과, 확률적으로 가장 큰돈을 가장 쉽게 벌 수 있는 방법이 장기 투자였음을 강조하는 것이다. 그래서 장기 투자 방식으로 주식 투자를 할 수 있도록 그 전략을 기술하는 것이다. 더 많은 투자자들이 장기 투자 비법을 배워 원하는 목표를 이루기를 바란다.

세계 최고의 투자 대가인 워런 버핏, 조지 소로스, 벤저민 그레이엄도 장기 투자를 강조한다. 주식으로 돈을 많이 번 사람들은 대다수가 장기 투자를 권하고 있다. 이것은 주식 시장 역사에서 장기 투자가 큰 수익을 낼 수 있는 투자법임을 증명하는 것이다. 주식을 처음 시작하는 초보자라면 장기 투자에 대해 전혀 알지 못할 것이다. 그들을 위해서도 이 책은 좋은 교본이 될 것이다. 장기 투자라는 것은 결국 시간의 개념이다. 시간의 개념이라면 1년, 2년, 아니면 10년을 가지고 가는 것이 장기 투자일지. 혹은 평생 들고 가는 것이 장기 투자일지 장기 투자의 관점에서 어떤 종목을 선택해서 어느 정도의 기간을 들고 갈지 고민해볼 필요가 있다.

장기 투자에
집중하는 전략을 수립하라

장기 투자에 집중하면 20억 원의 수익을 내는 것이 어렵지만은 않다. 장기 투자를 통해 20억 원을 벌 수도 있겠지만 일단 주식 투자를 위해서는 돈이 있어야 한다. 계산상 2억 원의 돈을 투자해서 10배 수익을 내야 20억 원이 된다. 그렇다고 이 책이 꼭 2억 원을 갖고 있는 사람을 대상으로 하는 것은 아니다. 지금 얼마의 투자금을 가지고 있는지에 상관없이 현재 투자금에서 20억 원을 벌 수 있는 것이 장기 투자 전략이다. 장기 투자의 핵심은 1천만 원이나 5천만 원을 가지고 시작하든, 조금 더 많은 1억 원이나 2억 원을 가지고 시작하든 일단 10배로 불려야 한다. 물론 부동산이나 다른 금융 상품뿐 아니라 주식에서도 10배의 수익을 내기는 매우 어렵다.

주식으로 큰 수익을 내는 것은 하늘의 별 따기처럼 어려운 것이다. 특히 5억 원 이상을 가진 사람이 수년 이상 연 평균 30%의 수익을 내기는 정말 어렵다. 5억 원 이상을 가지고 주식 투자를 한다면 정말 잘해야 만 종합주가지수 등락과 비슷한 수익률이 나온다. 종합주가지수만큼 수 익을 낼 수 있다면, 굳이 어려운 공부를 하고 직접 투자하면서 시간을 보낼 필요가 없다. 그냥 지수 ETF(지수 연동형 펀드)만 사 두면 편히 살 수 있다. 필자의 장기 투자 전략에서 투자 환경이나 돈의 규모는 그렇게 중 요하지 않다. 투자금이 몇 백만 원 또는 몇 천만 원밖에 안 되는 사람들 은 돈이 더 많으면 큰돈을 벌 수 있다고 생각한다. 투자금의 규모로 돈 을 버는 것이 아니다. 큰돈을 벌 수 있는 방법을 배우고 익혀서 실전 투 자해야 한다. 투자 습관을 잘 형성해야만 평생 돈을 벌 수 있는 주식 투 자자가 될 수 있다. 지금부터 10배 수익을 위한 단계별 전략 수립에 대 해 알아보자.

10배의 수익을 위한 전략 수립	
1단계: 주식인생 목표 설정(10배)	거액자산가(20억), 10억, 1억
2단계: 전략 수립(10년간 연간 수익률 30%)	1년 계좌 수익률 30% 이상
3단계: 전략의 세분화(종목수 결정)	초급자는 배우는 시간 소요, 5천만 원 이하는 2종목, 1억 원 이하는 3종목, 1억 원 이상은 종목보다는 목표 수익률로 세부 전략, 중급자 이상은 기본 비중 확보 후 모멘텀 강화 시 집중 투자(50%)
4단계: 자금 조달 계획(최적규모 1억)	
5단계: 지출 계획(비용 조달 계획)	아카데미 수강료, 전문가 방송 청취 등
6단계: 운용 계획(단기, 중기, 장기 투자 비중 결정)	전업 투자자는 단기 비중 50%, 직장인은 중장기 비중 70%

1단계: 주식 인생 목표 설정

주식 인생의 목표를 10년 동안 10배 수익을 달성하는 것으로 세웠다면 연간 30%의 수익을 낼 때 가능하다. 계좌 수익률 30%이면 10년 동안 복리로 계산할 때 10배가 된다. 연간 수익률이 30%, 4개 종목에 투자할 때 1년 동안 모두 30% 이상 수익을 내야 한다. 4개 종목 모두 30% 이상 수익이 있어야 계좌 수익률이 30%가 된다는 뜻이다. 10년 동안 연간 30%의 수익을 내기 위해서는 반드시 1년 안에 30%씩 이익을 실현하고 다른 종목을 교체하여 매매했을 때 손실 없이 30%의 수익을 내야 한다. 그래야만 30%씩 복리 수익률로 10년간 10배가 되는 것이다. 하지만 실전에서는 사실상 여러 종목에 편입하기가 불가능하다. 10년 동안 어떤 종목도 손절이 없다는 건 매우 어려울뿐더러 손절이 없다고 해도 대처할 수 없는 대폭락장이 10년 동안 한두 번씩 출현하기 때문이다.

아래 표에서 〈예시 1〉과 〈예시 2〉에 대해 분석해보자. 성공적인 투자를 위해서는 4종목 이내로 25%의 비중이면서 플러스 수익이 나야 하고

비중, 종목 수익률, 계좌 수익률의 기여도 현황												
〈예시 1〉				〈예시 2〉				〈예시 3〉			
종목명	비중	수익률	계좌수익 기여도	종목명	비중	수익률	계좌수익 기여도	종목명	비중	수익률	계좌수익 기여도
A	25%	100%	25%	A	25%	50%	12.5%	A	50%	100%	50%
B	25%	0%	0%	B	25%	20%	5%	B	20%	0%	0%
C	25%	10%	2.5%	C	25%	20%	5%	C	30%	10%	3%
D	25%	30%	7.5%	D	25%	30%	7.5%				
합계	100%		35%	합계	100%		30%	합계	100%		53%

손절이 없어야 한다. 4종목 중 1종목은 대시세가 나서 수익률이 50% 이상 되어야만 계좌 수익이 30% 이상 발생되기 쉽다는 것을 보여주고 있다. 물론 가능한 일이다. 그런데 대다수 주식 투자자는 수익이 나기 시작하면(그것도 20~30%) 바로 매도하여 수익을 챙긴다. 50%, 100%까지 가기 전에 이미 모두 매도해버린다. 그래서 실제로 연간 30% 이상 계좌 수익률을 내기는 아주 어려울 수밖에 없다. 그것도 10억 원 이상을 운용한다면 거의 불가능한 일이다. "가지 많은 나무에 바람 잘 날 없다"는 속담을 생각하면 이해가 될 것이다.

세계적인 펀드매니저가 포토폴리오를 구성해 투자를 한다 해도, 10년간 수익률 30% 이상을 내지 못한다. 장기적으로 연간 30% 이상의 계좌 수익을 낸다는 것은, 주식 시장에서 최고 실력을 가진 최고의 경지에 오른 사람에게도 어려운 일이다. 그런데 어찌 기업 분석이나 시세 분석을 제대로 하지 못하는 개인 투자자가 그것을 가능하다고 생각할까? 무조건 열심히만 하면 큰돈을 벌 수 있을 거란 착각을 하고 있기 때문이다. 처음부터 잘못된 투자법과 잘못된 마인드로 주식을 배웠다는 걸 간과한 탓이다. 주식 투자에 대한 잘못된 고정관념(분산투자, 빠른 손절, 빠른 익절, 잦은 교체 매매, 티끌 모아 태산, 많은 투자금 등)을 지금 당장 버려야 한다. 큰 수익(100% 이상)이 가능한 종목에 집중 올인 투자해서 시간에 구애받지 않고 보유한 후 목표를 이루고 매도하는 투자법으로 바꾸어 가야 한다.

〈예시 3〉에서 보듯, 종목 구성은 3종목 이내로 구성하는 것이 기본이다. 3종목 중에서 A종목 비중은 50%, B종목 비중은 20%, C종목(단기 종목) 비중은 30%이다. 물론 비중이 50% 이상이어서 집중 올인 투자해야 할 종목은 당연히 장기 투자 종목(시간에 구애받지 않고 최소 몇 배에서 최대 10배까지 바라보는 대시세주로 선정된 종목)이다. 장기 투자 종목(비중 50%)이 100% 수익이 나게 되면 B, C종목은 연간 기준으로 수익이 나지 않더라도 본전만 유지해도 된다. 설사 B, C종목이 마이너스 20% 수익률이 된다 해도 계좌 수익률은 40%이다.

이런 식으로 두 번만 반복하면 계좌는 두 배 이상 되는 것이다. 연간 기준이 아닌 3년 동안 100% 수익을 3번 복리로 반복했을 때, 9년이면 8배 수익인 것이다. 그러니 서두르지 말고 100% 이상 수익이 나는 종목을 최소 비중 50% 이상으로 실어야 한다. 그만큼 대시세 종목에 집중(올인) 투자하는 것이 중요하다는 걸 여실히 보여주고 있다. 하지만 실전 최고수가 아닌 사람들은 1종목에 30% 이상 수익 내기도 힘들고, 계좌 수익률을 크게 끌어올리지 못한다. 원금에서 오르락내리락 반복하게 되는 것이 현실이다. 또한 대다수 투자자들은 위험하다고 생각하여 분산 투자를 기본으로 한다. 이런 식으로 사고팔기를 반복하면서 계좌 수익도 크게 올리지 못하고 귀중한 시간만 허비하고 만다.

2단계: 전략 수립

초급 투자자가 장기 투자 비법을 배우는 시간을 감안하면, 처음부터 5천만 원 이하의 투자금은 2종목 이하로 해야 된다. 연간 30%의 수익을 내려면, 1억 원 이하는 3종목 이하로 포트폴리오를 구성해야 한다. 1억 원 이상의 경우 종목 수보다는 목표 수익률 기준으로 접근하여 20%

씩 5종목 정도를 편입해도 된다. 즉, 종목당 목표 수익률이 중요하다. 5종목을 편입하게 되면 한 종목당 20%의 비중으로 종목당 수익률 최소 30% 이상만 편입해야 한다. 30% 이상의 목표 수익률로 투자하면, 각 종목당 오차 및 차이가 있더라도 나머지 종목은 그 이상 오를 확률이 높고, 평균적으로 환산해볼 때 계좌 수익률이 30%는 나오게 된다. 그중에 크게 오르는 종목이 있기 때문이다.

개인 투자자의 주식 투자 습관을 살펴보면 주식장이 상승하여 10%의 수익만 생겨도 바로 매도해버린 것이다. 또 다른 종목을 사서 20% 수익이 나면 그냥 매도해버린다. 대부분 수익이 난 상태에서 오래 가지고 있지를 못한다. 조금만 수익이 나도 잘못된 투자(잦은 매매) 습관에 의해 사고팔기를 반복하면서 종목을 자주 교체하고 그러다가 덜컹 물려버린다. 결국 천수답 계좌가 되어 마냥 시간만 낭비하게 된다. 운에 맡기고 기다리는 것밖에 할 게 없는, 자신의 통제를 벗어난 주식 투자자가 되는 것이다. 이런 투자자의 대부분은 장이 좋은 해에 열심히 모은 자금을, 장이 나빠지는 다음해에 손해 보고 팔아버리는 잘못된 패턴을 반복한다. 결국 2년의 시간을 허비하게 된다.

필자가 운용하는 투자클럽은 2018년 3월에 현대건설을 집중 매수하기 시작했다. 현물과 주식선물로 집중 편입한 것이다. 특히 주식선물로 집중 투자할 만한 종목이라고 공개한 현대건설의 주가가 4만 2,000원 내외였다. 2개월 뒤인 5월에 현대건설의 주가는 7만 9,000원대까지 급등했다. 그때 주식선물 계좌 수익률 100% 이상으로 익절하고, 그 이익금을 인출하라고 리딩했다. 선물에 있어서 단기 매매 차익은 인출하는 게 중요하다. 그런데 단기에 큰 이익을 실현했던 경험과 욕심으로 그 이익금을 빼지 않고, 그 종목에 집중 투자했던 잔꾀를 부린 회원들 다수가 한 달 후 그 이익금까지 손해를 보았다. 즉, 3개월간 100% 이익을 실현하고 한 달 만에 그 이익금까지 손해를 본 것이다. 결국 3개월간의 모든 노력과 시간을 허비하고 말았다. 그래서 단기 매매의 경우 비중 조절이 가장 중요하며, 대시세주 투자 전략으로 매매해야 한다. 특히 주식선물은 단기 매매를 하기 때문에 올랐을 때 적절한 매매기법으로 팔아야 한다. 선물 계좌로 계좌를 계속 불리면(그것도 복리로) 금방 엄청난 부자가 될 것이라는 착각을 하면 안 된다. 단기 매매는 절대 복리효과를 도모할 수 없다. 선물로 단기 매매를 하다 보면 복리로 돈이 불어나지 않으며 벌었다 잃었다만 반복하게 된다. 그러다가 한꺼번에 손해 보는 상황에 처하게 되면 결국 선물 매매를 포기하게 된다. 이것이 일반적인 현상이다.

선물 매매는 레버리지가 크고, 심리적으로 압박도 심하고 손익도 큰 폭으로 왔다 갔다 하기 때문에, 기회가 왔을 때 한방에 수익을 보고 이익금을 빼야 한다. 이것이 선물 매매의 기본이다. 현물 주식 투자의 경우도 단기 매매는 복리효과를 볼 수 없고 따라서 단기 차익금은 인출해야 된다. 그런데 대다수 투자자들은 단기 차익금을 빼지 않고 계속 굴려서 큰돈을 벌고자 한다. 결국 그러다 폭락장이 오면 그동안의 이익금을 모두 잃어버리게 되는 것이다.

3단계: 전략의 세분화

5천만 원 이하는 2종목, 1억 원 이하는 3종목, 1억 원 이상은 종목 수보다 각 종목당 목표 수익률 30% 이상으로 세부 전략을 세워야 한다. 중급자 이상은 기본 비중(20%) 확보 후 모멘텀 강화 시 집중 투자(50%)를 실행하는 연습을 해야 한다.

중급자 이상은 기본 비중 20% 확보 후 모멘텀 강화 시 집중 투자를 해야 한다. 중급자는 주식 아카데미를 최소한 1년 이상 수강하고, 실전 투자를 3년 이상 실천한 사람을 말한다. 상급자는 1년 이상의 기간에 50% 이상, 100% 수익 가능한 종목을 찾을 수 있는 능력을 갖춘 사람, 손절하지 않아도 될 종목을 고르는 능력을 갖춘 사람을 말한다. 아무튼 실전에서는 한 종목만 사는 사람이 최고수이고, 스스로 종목을 골라 주식을 매수하고 보유하는 사람, 6개월 이상 보유하여 30% 이상의 수익을 내는 사람을 상급자 수준이라고 할 수 있다. 이런 사람들은 주식 투자 전략을 마스터한 것이기 때문에 집중 투자, 올인 투자를 해도 된다.

오랫동안 배우고 스스로 실전 투자를 해본 사람들은 이제 자신을 믿고 한두 종목만 보유해야 한다. 내가 중소형주를 잘한다면 중소형주 매수 후 평가손이 발생해도 확신을 갖고 추가 매수하여 평균단가를 낮추고 수익을 내야 한다. 결국 약 30% 이상 수익을 확정할 수 있는 투자자라면 지금처럼 중소형주를 매매해도 된다. 그러나 확신 없이 평단가를 낮추기 위한 목적으로 물타기로 수익만 내고 나왔다면, 그것은 일시적으로 난 수익일 것이다. 이것은 실력이 아니라 주식 시장이 받쳐주었거나 운이 좋았던 것뿐인데 자신이 잘해서 수익이 난 것으로 착각하게 된다.

잘한 것은 자기가 실력이 좋아서 잘된 것이고, 못한 것은 시장 탓으로 이유를 돌린다.

4단계: 자금 조달 계획과 5단계: 지출 계획

올해 초까지 코스닥 지수는 1년간 약 50% 상승했다. 2018년 1월까지 1년 정도 양대 지수가 50%, 80%까지 올라갔다. 그러면 아무 종목이나 대충 골라도 계좌 수익률 50% 정도는 나야 하는 것이 당연하다. 2018년 1월 한 달 동안 코스닥 지수가 50% 폭등하였고 이런 폭등장에서는 아무 종목이나 잡아도 50% 수익은 기본이다. 이런 시기에 50%의 수익이 났으면 그냥 시장이 좋아 수익이 난 것이다. 내 실력으로 번 것이 아니라는 냉정한 평가가 있어야만 한다.

비용 조달 등 자금 조달과 배분 계획 수립은 필수다. 전체 자금 상황과 주식 공부 비용 등 지출 계획도 미리 마련해두어야 한다. 예를 들면, 1억 원의 투자 원금으로 시작하여 1억 2,000만 원이 되었다고 가정해보자. 이익금 2,000만 원을 인출하여 사용하고, 또 수익이 나면 인출하여 사용하기를 반복하다가 시장이 급락하면 원금 1억 원에서 손실이 발생할 것이다. 그러면 이때부터 손실을 만회하고자 조급하게 급등주를 찾아서 매매하게 되는 것이 일반적인 현상이다. 시간이 지나면서 주식에 대해 알면 알수록 수익 내기가 더욱 더 어렵다는 것을 인식할 것이다. 물론 열심히 하면 원금 정도는 지킬 수 있다. 반면 1억 원이 1억 2,000만 원까지 올랐다가 팔지 않았는데 다시 제자리로 내려가서 평가자산이 1억 원이 되었다 하더라도, 다시 시간이 흐른 후 회복했을 때 팔고 같은 방법을 반복한다면 복리로 돈이 불어나게 될 것이다. 즉, 손절도 없고 투자 이익금도 인출하지 않았기 때문에 시간이 지나고 보면 큰돈이 되어 있을 것이다. 중요한 것은 투자 원금이 100% 수익으로 발생하기 전에는 단 한 푼도 인출하면 안 된다는 것이다.

1억 원의 투자 원금을 가지고 주식 투자를 해서 수년 동안 100% 수익이 발생했을 때, 투자 원금 1억 원을 빼서 쓰는 것은 상관없다. 투자 원금을 주식 계좌에서 인출했기 때문에, 그 다음부터는 목표액 20억 원을 만들 때까지 단 한 푼도 인출해 사용하지 않아야 한다. 복리 개념으로 굴려야만 목표인 20억 원을 만들 수 있기 때문이다. 목표가 이루어지기 전까지 이익금을 인출하고 돈 쓰는 재미를 느끼면 안 된다. 장기 투자 비법으로 주식을 잘 해서 원금을 인출하고 나서 그 다음부터는 어떤 경우에도 주식 계좌에서 절대 돈을 인출하지 말아야 한다. 자신이 정한 목표가 이루어질 때까지 그 돈을 계속 불려가겠다는 생각으로 주식 투자를 해야 한다. 그렇지 않고는 다른 사람의 주식 인생과 똑같게 된다. 돈 좀 벌었다고 인출해서 사용하고 나면 결국 나중에는 잘해야 원금 보존 정도가 될 것이다. 반드시 처음에 수립한 전략대로 실행하고 그래도 잘 모를 때는 전문가의 도움을 받아야 한다.

6단계: 운용 계획

주식으로 성공하고 싶다면, 복리 개념을 이해하고 반드시 실천해야 한다. 주식이란 복리 개념을 가장 잘 반영하는 투자 상품이기 때문이다. 그래서 실전에서 복리 투자를 해보는 것이 중요하다.

주식이란 과연 무엇인가? 주식 투자의 기본은 무엇인가? 차트 매매를 하면 되는 것일까? 주식의 기본은 투자라는 것이 핵심이다. 투자라는 것은 기본적으로 시간을 들여야 한다. 물론 수없이 사고팔기를 반복하면서 주식 시장에서 돈을 버는 사람들도 많다. 그런데 장기적으로 볼 때 과연 노후에도 매일 사고팔고를 반복하면서 보낼 수 있을까? 그것은 불가능하다고 본다. 물론 장기 투자를 하지 않아도 성공한 경우는 단지 일정 기간을 잘라 일시적으로 계산해서 생긴 결과다. 수십 년이 지나고 보면 그것은 틀린 말이라는 것을 알게 된다. 단기 매매와 각종 단기 투자 상품 가입, 단기적인 투자 조언 등이 맞는 것이라고 보는 사람도 많을 것이다. 물론 작은 돈을 벌 수는 있다. 하지만 거액자산가는 될 수 없다.

주식 투자의 기본 핵심 요소를 반드시 이해하고 실천해보자. 첫째, 가치 평가다. 현재 가격이 버블 위치인지 저평가 구간인지 알아야 한다. 둘째, 기다림과 인내다. 과실을 획득하기 위해서 가치 평가 후 기다리는 건 당연한 것이다. 셋째, 복리 수익률이다. 복리 수익률이 아니라면 작은 돈이 눈덩이처럼 커지지 않는다. 이상의 3가지 요소가 주식 투자의 기본 핵심 요소이자 가장 중요한 명제다. 이 세 가지 중 한 가지라도 빠진 상태에서 주식을 한다면 이건 도박을 하는 것이다. 기본을 지키지 않는 주식 매매 마인드로는 큰돈을 벌기 어렵다. 주식의 기본이나 핵심적인 본질을 알아야 하는데, 이것을 모르고 주식을 하니 대다수의 사람들이 주식으로 돈을 벌지 못하는 것이다. 주식 투자의 기본을 알고 있는 상태에서 대시세주 투자든 장기 투자든 단기 투자든 투자를 실천해야만 성공 가능성을 높일 수 있다. 단기 투자든 장기 투자든 가치 평가는 반드시

해야 한다. 단 1분이라도 기다리는 인내가 기본적으로 필요하다.

그 다음 중요한 건 종목 수익률이 아닌 계좌 수익률이다. 종목 수익률은 큰 의미가 없다. 1종목을 사든지 10종목을 사든지 계좌 수익률이 올라가야 수익률이 올라가는 것이다. 또한 복리 수익률로 스노볼이 되지 않으면 아무 소용이 없다. 여러 가지 종목으로 백화점을 차린 사람들의 "이것도 먹고 저것도 먹고"라는 태도는 도박 마인드다. 여러 종목을 펼쳐 놓고 손해 보다가 회복하면 팔고, 이 종목은 10% 수익 났으니 팔고, 또 저 종목은 더 하락할까 봐 손해 보고 판다면 그건 주식 투자가 아니라 그냥 소중한 돈을 가지고 장난치는 것과 마찬가지다. 구멍가게(소형주) 좌판처럼 이 종목 저 종목이 빼곡하게 있는 주식 계좌도 마찬가지다. 이런 식의 주식 투자로는 작은 투자금을 눈덩이처럼 불어나게 할 수 없다. 단, 평생 손절을 한 번도 하지 않고 수익 실현만 있다면, 아무리 작은 돈이라도 눈덩이처럼 불어날 수밖에 없다. 그래서 투자나 매매를 할 때에는 반드시 정해진 투자 원칙을 고수해야 한다. 돈이 되는 투자 원칙을 만들기 위해서 주식공부와 실전 경험을 쌓아가는 것이 중요하다.

주식 투자에서는 복리 수익률의 개념을 이해하는 것이 무엇보다 중요하다. 복리 수익률을 이해하는 데 가장 중요한 것은 기다림(인내)이다. 수익에는 기다림(인내)이 기본이다. 확실한 희망이 있고 돈을 많이 벌게 되는 미래가 예견된다면 현재 기다리고 있는 하루하루는 행복한 삶 자체일 수밖에 없다. 그래서 장기 투자의 기다림은 행복한 기다림이라고 필자는 정의한다. 주식이 내려가면 '한 주라도 더 사야지', '대출이라도 받아서 사야지'라는 마인드를 갖는 것이 바람직한 장기 투자 태도다.

복리 수익률 개념을 반드시 이해하고 실현하라

주식 투자를 할 때 대시세주 투자와 장기 투자를 하면서 복리 효과를 거둔다면 금상첨화가 된다. 대시세의 투자종목으로 복리 효과 개념에 대해 살펴보면 다음과 같다. 계좌 수익 10배를 달성하기 위해 가장 빠른 것은 대시세주 투자 종목(최소 100% 이상 수익이 나는 종목)에 투자하는 것이다. 이는 단기적으로 복리 효과가 가장 빠르게 작용한다고 보면 된다. 대시세주의 장점은 단기나 장기 어느 것이든 상관없다는 것이다. 결국 주식 투자로 큰 수익을 내는 가장 빠른 길은 대시세주를 발굴하여 매매하는 것이다. 대시세주는 빠르게 움직이니까 한두 달 만에도 100%의 수익이 날 수 있고 그때 매도하고 또 다른 대시세주 종목으로 100% 수익을 내면 된다. 이것을 반복하면 수익이 단기에 눈덩이처럼 불어나는 복리 효과를 맛보게 된다.

시장 상황(모멘텀)을 분석해서 대시세주를 매수하여 몇 달 만에 50% 수익을 실현하고, 다른 대시세주를 매수하여 또다시 50%씩 수익 내는 것을 반복적으로 성공한다면, 아무리 작은 돈이라도 수년 만에 기하급수적으로 불어나게 된다. 대시세주 1억 원(1천만 원)을 가지고 매매해서, 10억 원(1억 원)으로 불리는 데 시간이 얼마나 걸릴까? 연간 40%의 복리 수익을 내면 7년밖에 걸리지 않는다. 대시세주는 투자로는 연간 40% 수익이 가능하다. 대시세주 투자로 수익을 반복적으로 내는 것이 큰돈을 버는 가장 빠른 길이다. 그런데 대시세주 투자의 경우 모멘텀 투자가 기본이기에 등락이 심하고, 중소형주가 대다수이기에 수억 원을 그 한 종목에 올인 투자하기가 어렵다. 따라서 수십억까지 내 돈을 불릴 수가 없

복리 수익률 예시

	기준: 50%				기준: 40%		
구분	기초자산	수익	순자산	구분	기초자산	수익	순자산
1	30,000,000	15,000,000	45,000,000	1	100,000,000	40,000,000	140,000,000
2	45,000,000	22,500,000	67,500,000	2	140,000,000	56,000,000	196,000,000
3	67,500,000	33,750,000	101,250,000	3	196,000,000	78,400,000	274,400,000
4	101,250,000	50,625,000	151,875,000	4	274,400,000	109,760,000	384,160,000
5	151,875,000	75,937,500	227,812,500	5	384,160,000	153,664,000	537,824,000
6	227,812,500	113,906,250	341,718,750	6	537,824,000	215,129,600	752,953,600
7	341,718,750	170,859,375	512,578,125	7	752,953,600	301,181,440	1,054,135,040
8	512,578,125	256,289,063	768,867,188	8	1,054,135,040	421,654,016	1,475,789,056
9	768,867,188	384,433,594	1,153,300,781	9	1,475,789,056	590,315,622	2,066,104,678
10	1,153,300,781	576,650,391	1,729,951,172	10	2,066,704,648	826,441,871	2,892,546,550

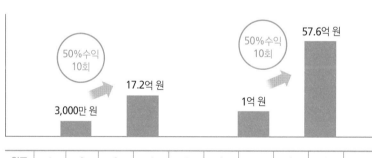

원금	1	2	3	4	5	6	7	8	9	10
30,000,000	45,000,000	67,500,000	101,250,000	151,875,000	227,812,500	341,718,750	512,578,125	768,867,188	1,153,300,781	1,729,951,172
100,000,000	150,000,000	225,000,000	337,500,000	506,250,000	759,375,000	1,139,062,500	1,708,593,750	2,562,890,625	3,844,335,937	5,766,503,906

는 것이 치명적인 단점이다.

한 종목에 올인 투자해서 매번 40% 이상의 수익을 7번 반복하면 쉽게 10배를 벌게 된다. 그런데 두 종목을 사게 되면 두 종목 모두 40%의 수익이 나야 한다. 확률상 한 종목을 사서 40% 수익 내는 것이 두 종목을 사서 두 종목 모두 40% 수익 내는 것보다 쉽다. 그러면 당연히 한 종목으로 승부를 보는 것이 논리적으로도 맞는 투자법이다. 주식 투자 계좌에 종목 백화점을 만들 듯 여러 개의 종목에 투자하면 변수가 많아져 복리 효과 도모가 어려워진다. 따라서 계좌 수익은 잘 오르지 않는다. 일반적으로 공모 펀드는 포트폴리오 구성을 통해 수익을 내기 때문에 개인이 직접 투자하는 것보다 안전하지만 큰 수익을 보기는 어렵다는 것을 알 수 있다. 펀드에서 수익률은 일반적으로 지수와 연동된다. 물론 펀드를 장기간 유지한다면 가능하겠지만 펀드로는 복리 수익 도모가 어렵다.

복리 효과 없이 거액자산가가 탄생하는 일은 불가능하다고 필자는 주장한다. 주식 시장의 경우 급락 장세, 횡보 장세 등 변동성 장세의 출연이 잦기 때문이다. 시장은 변동성 또한 높기 때문에 개인이 정확히 예측해서 매매하는 것은 불가능하다. 기본적인 투자 마인드(투자 철학)가 없으면 조바심 때문에 복리 효과를 보기 힘들어진다. 복리 효과의 개념은 계속해서 벌기만 해야 하는 양(+)의 수익률 영역이다. 결코 쉽지만은 않다. 10년 동안 주식 투자를 지속했을 때 투자자의 90퍼센트는 채권 이자율에도 못 미치는 수익을 가져간다고 한다. 가장 큰 이유는 복리 효과를 못 봤다는 것이고 또한 장기 투자 계획과 실천 없이 시황을 보면서 매매만 했기 때문이다.

아래 그림을 보면서 복리 개념을 알아보자. 최초 원금 3,000만 원을 투입하여 3억 원이 되고, 6억 원이 되고, 9억 원이 되는 과정을 살펴보자. 3,000만 원의 최초 투자금으로 연 30% 수익률을 내면서 복리 투자를 하게 되면, 10배(3억 원) 수익을 내는 데 8.5년의 시간이 소요된다. 3억 원부터는 3억 원을 추가로 벌어 6억 원이 되는 데 걸리는 시간은 3년 정도밖에 소요되지 않는다. 또 다시 6억 원이 9억 원이 되는 데는 1년 8개월밖에 소요되지 않는다. 복리 투자에 성공하여 10억 원을 확보하게 되면, 그 이후 3년 동안 단리로 30%만 수익을 내도 그 수익금은 3억 원이다. 그럼 연간 기준으로 1억 원이라는 수익이 확보된다. 따라서 비교적 작은 금액인 3,000만 원으로 복리 투자해서 큰돈(10억 원 이상)을 만드

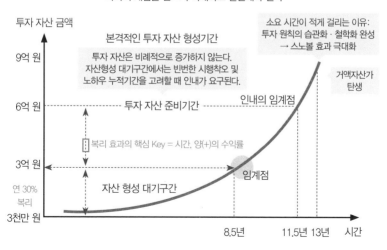

투자 자산과 시간의 상관관계

복리의 개념을 반드시 이해하고 실천해야 한다

는 일이 어렵지만은 않은 것이다. 1년 만에 연간 30%의 수익을 내는 복리 투자를 반복하거나 3년 동안 100%의 수익을 내야 하고 반드시 1~2종목으로 집중 투자, 올인 투자해야만 한다. 복리 개념을 수학 공식처럼 외워서 투자를 실행해야 한다. 3,000만 원으로 10배인 3억 원의 수익을 내기까지는 시행착오가 있기 때문에 많은 시간이 소요될 것이다. 8~10년 뒤 10배 수익을 목표 삼아서 주식을 하는 투자자는 적을 것이다. 보통 10년 뒤에 10배 수익보다는 지금 당장 손해 보지 않는 10% 수익이 더 중요하다고 생각할 것이다.

대부분의 투자자들은 학교 다닐 때 상위 5%에도 들어본 적이 없으면서 단기 매매를 통한 성공을 꿈꾼다. 세계 최고의 트레이더이자 심리 투자기법의 창시자인 알렉산더 엘더 박사는 이렇게 말한다. "트레이딩으로 장기간 성공하고 싶다면 매매에 참여하는 트레이더 상위 5% 안에 들어라, 최고의 트레이딩 기법을 만들어라" 매매 참여자 중에서 상위 5% 안에 들어갈 수 없다면, 방법은 장기 투자로 복리 수익을 도모하는 것뿐이다.

장기 투자가 아니라면 투자자 대다수의 경우 10년 후의 주식 인생도 그저 그럴 것이다. 우리가 인생을 살다 보면 10년이란 세월도 흐르는 강물처럼 훌쩍 흘러감을 느낀다. 목표했던 돈도 못 벌고 세월 따라 나이만 들었음을 실감한다. 그리고 자조 섞인 이야기를 하기도 한다. "그때 그랬다면, 그때 삼성전자, 셀트리온, 에이치엘비를 안 팔았다면… 내가 다시 학창 시절로 돌아간다면, 30대로 돌아간다면, 어떻게 해서든 지금 성공했을 텐데…" 필자는 단언한다. 이런 분들은 다시 그때로 돌아간다고 하더라도 결과는 지금과 같을 것이다. 왜 그때로 돌아간다면 할 수 있었을 것이라고 생각하는 것을 지금은 못하는가? 나이 탓을 하며 늦었다고 후회하고 미래보다 지금 당장만 바라보는 그런 자세로 삶을 살다 보면 10년, 20년 후가 되어도 같은 상황이 반복될 것이다. 대부분의 투자자들은 과거와 마찬가지로 현재에도 미래를 대비하지 않는다. 주식 투자의 기본인 10년 뒤를 계획해서 실천하라는 비법을 등한시하고 있는 것이다.

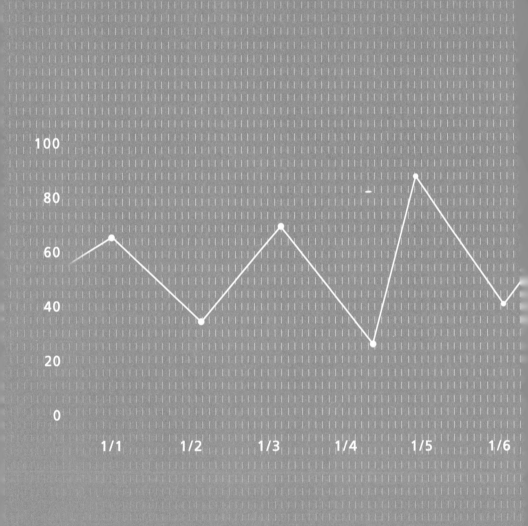

2부

성공을 위한
주식 보유 형태

필자의 수익률 개념은 종목 수익률보다는 최종적인 계좌 수익률을 말한다. 잔꾀를 부려 3종목을 사서 전부 10%의 수익을 낸 후 팔고, 또 사고팔고, 다시 10%의 수익을 내서 또 팔고, 이렇게 10%씩 3번을 사고팔아서 30% 수익을 내겠다는 생각이 잔꾀에 해당된다. 이런 투자 개념을 갖고 있으면 고수라도 실패하는 게임이 주식이다. 주식 시장이 받쳐주지 않을 때나 하락장에서는 시장의 지수를 절대 이길 수가 없는 것이 주식 시스템이다. 아무리 어려운 시장에서도 시황과 큰 상관없이 시간에 구애받지 않고 종목을 보유하기 위해서는 장기 투자 전략하에 100% 이상 상승할 종목을 냉정하게 찾아서 주식 투자를 해야 한다. 물론 시장이 폭락하거나 하락장이 수년 동안 지속된다면 장기 투자 종목도 하락할 수 있다. 그러나 종국에는 큰 수익을 볼 수밖에 없는 것이 장기 투자의 마력이다. 시장이나 남을 탓하지 않고 온갖 유혹을 이겨내고 장기 투자 비법대로 투자를 실행할 필요가 있다.

시간도 없고 빨리 이익을 내서 이익금을 사용하고 싶다면, 매매 기법에 통달해서 실행할 수 있는 단기 매매 최고수가 되어야 한다. 학교 다닐 때나 직장에서나 늘 상위 5%에 속했던 월등한 사람들은 주식 매매법을 공부하고 연습하면 단기 투자로도 돈을 벌 수 있을지 모른다. 그러나 무엇이든 중간 정도만 하는 일반적인 투자자들에게 가장 안전하고 확실히 돈을 버는 길은 장기 투자다. 그래도 단기 매매로 10배 수익을 내고자 목표를 세웠다면 다음과 같이 해야 한다. 계좌 수익률 연간 30%를 반드시 확정 짓고, 복리로 10배 수익을 내겠다는 계획을 세워야 한다. 그러려면 종목 수를 3개 이내로 압축하여 매매 전략을 수립하고, 10억 원이라면 1종목당 기본 3억 원씩 편입한다. 여러 종목을 편입한다면 반드시 100% 이상 수익 나는 종목이 한 종목은 있어야 한다. 그럼 그 한 종목의 비중만큼 계좌 수익이 발생하므로, 연간 30%의 수익률은 올릴 수 있게 된다.

이 책에서 배우고 있는 것은 장기 투자 비법이다. 필자의 장기 투자 비법의 핵심은 단지 30%의 수익만 내는 것을 넘어 한 종목으로 최소 100% 이상 수익을 내는 것이다. 비중을 얼마를 싣든지 수익률이 아주 중요하다는 것이다. 시간이 얼마가 걸리든 기본 2배에서 10배는 수익을 내야 한다는 것이다. 한 종목을 사서 100% 수익을 내든, 두 종목을 사서 100% 수익을 달성하든, 수익률 개념에서 무조건 100% 수익을 목표로 해야 한다. 계좌 수익률의 경우 한 번 투자하면 3년 이내에 100% 수익이 나와야 한다.

계좌 수익률 개념으로 1억 원을 투자해서 2억 원이 될 때까지 걸리는 시간은 짧게는 6개월이나 1년, 길게는 3년이 될 수 있다. 집중 투자, 올인 투자해서 큰 수익이 나면 주식을 보는 관점이 완전히 달라진다. 이렇게 수익을 내면 그 다음부터는 기하급수적으로 돈을 버는 방법을 터득하게 된다. 티끌 모아 태산, 즉 10%씩 10번의 수익을 내서 100% 수익을 내고자 하면 안 된다는 것을 이해했을 것이다. 또한 4종목 이상을 사서 계좌 수익 100%의 수익을 내고자 하면 안 된다. 대다수 중급 이하의 투자자들은 이것저것 사서 여기저기 수익을 내서 빨리 돈을 불리고자 한다. 4종목을 사서 각각 30%의 수익을 내봐야 연간 수익률이 30%밖에 되지 않는다. 과연 실전에서 손절 없이 모든 종목이 늘 30% 이상 수익이 날 수 있을까? 종목수가 많아지면 종목마다 변수가 많아지는, 바람 잘 날이 없는 주식이 되는 것이다. 실력을 끌어 올려 종국에는 1종목이나 2종목으로 투자하여 100% 이상의 목표 수익률로 승부를 내야 한다.

목표 수익률이 100% 이상이라면 기본적으로 큰 성장이 보장된 산업의 수혜주여야 한다. 많이 오른 종목 (바닥 대비 2배, 3배, 10배)은 일단 관심 종목에서 제외될 것이다. 결국 향후 수년 뒤까지 실적이 보장된 주식이거나 바닥권에 머무는 종목을 선정하게 될 것이다. 장기 투자는 시간의 개념을 가지고 있지 않다. 한 달 만에 목표 수익률이 나올 수도 있고, 6개월 보유한 후에 수익이 날 수도 있다. 무조건 몇 년 이상이라는 시간에 매인 관념은 장기 투자 개념과는 거리가 있다. 목표 수익률에 도달해야만 장기 투자가 성공하는 것이기에 시간관념을 무시해야만 성공이 보장된다는 것이다.

장기 투자 전략하에 투자를 했는데 200%의 수익이 났다. 그런데도 그 종목이 현 시장 메커니즘상 지금 매도할 이유가 없다면 그대로 두는 것이 맞다. 시장이 리스크로 흔들린다면 오히려 추가 매수의 기회로 삼아야 되는 것이 장기 투자다. 무조건 더 사라는 얘기가 아니다. 팔면 안된다는 개념을 얘기하는 것이다. 한 종목, 두 종목으로 압축해서 목표 수익률을 달성했을 때에도 매도 이유가 있어야만 매도해야 한다. 한 번 매수하여 10배를 벌 수 있고, 100배도 벌 수 있다는 것이 장기 투자다.

인생역전 대역전
사례를 살펴보자

　필자가 운영하는 투자클럽 회원으로 가입했던 클미 회원의 주식 과정을 살펴보자. 클미 회원은 주식 투자 기간이 오래되었고 수준도 중급 정도였지만 그동안 큰돈을 번 것은 아닌 상태였다. 하지만 큰 수익이 없었던 투자를 해왔기에 장기 투자를 하고 싶었다고 한다. 자신의 투자법을 장기 투자로 바꾸기 위해서 2017년 2월 22일에 클미 회원이 투자클럽 회원으로 가입했다. 2017년 2월 22일 가입한 날 종가 기준 주식 계좌 포트에는 동국S&C, LG화학, KT, OCI, POSCO, 미래에셋대우 이렇게 6종목이 있었다. 신규 추천주로 컨설팅을 시작했다. 신규 종목으로는 동부하이텍 20%, 일진머티리얼즈 50%를 편입하라고 했다. 총 투자금은 2억 3,000만 원이었다. 기존 종목이 많았기에 일단 동부하이텍 8% 1만 8,000원에 1천 주를 사고 일진머티리얼즈 20% 1만 5,000원에 3천 주를 편입시켰다.

이렇게 신규 종목까지 편입하고 나니 각 종목의 비중이 10%, 20%씩 모두 8개였다. 그때 당시의 종목 포트는 좋았다. POSCO는 26만 9,000원에서 40만 원대까지 올라갔고, 미래에셋은 9,000원에서 1만 1,000원까지 상승하였다. 일진머티리얼즈는 1만 5,030원에서 7개월간 4만 5,000원까지 올랐다. KT는 2만 7,000원에서 3만 원, LG화학은 27만 원, 동국s&c는 4,600원대가 되었다. 특별하게 50% 이상 올라간 주식은 8개 중에서 일진머티리얼즈, POSCO 2종목밖에 없었다. 일진머티리얼즈는 1만 5,000원대에서 매수했는데, 현재 가격이 4만 5,000원이니까 거의 3배가 되었다. 즉, 대시세주였다. 물론 중간에 이것저것 사고팔면서, 성공했다면 계좌 수익률이 더 올라갔을 것이다. 그런데 20%의 비중으로 산 일진머티리얼즈가 결국 대시세주가 되니까 매수가 대비 현재 3배 올라 200% 수익이 된 것이다. 일진머티리얼즈에 의한 계좌 수익 기여도는 40%가 된다. 이 종목을 편입하지 않았다면 계좌 수익률은 거의 올라가지 않았을 것이다. 올라봐야 20%밖에 되지 않는다.

이 클미 회원의 사례는 개미에서 거액자산가로 바뀌는 시작 단계 컨설팅 사례라고 할 수 있다. 계좌 수익률이 크게 바뀐 주식인생 대역전 중인 사례다. 처음 투입 단가를 보면 일진머티리얼즈를 1만 5,000원에 3천 주를 샀다. 클미 회원은 필자의 지침대로 다른 종목을 계속 팔아서 장기 투자 종목인 일진머티리얼즈 한 종목만 매수했다. 지속적으로 추가해서 한 종목에 올인한 것이다. 지속 매수한 평균 단가를 보면 2만 1,000원대다. 총 2억 8,500만 원을 부입하였다. 지금 보이는 계좌 수익률은 106%로 평가되고 있다. 장기 투자에는 시간 개념이 없다고 했는데, 약 3억 원

예수금		2,043	총평가			589,394,660	총수익률		106.77%
총매입		285,054,054	총손익			304,340,606	추정자산		589,439,453

* 본화면은 원장기준 잔고로서 실시간으로 제공되지 않습니다.   수익률 산출식

종목명	보유량	결제잔고	전일	금일	매입가	현재가	평가손익	수익률
	13,500	13,500					304,340,606	106.77%

2018. 7. 10 기준

이 17개월 만에 100%의 수익에 와 있다. 앞으로 100억 원까지 벌 것으로 기대되는 긍정적인 사례다.

복리효과 표출 사례를 살펴보자. 원금 2억 8,000만 원에서 현재 120% 이상 수익 중이다. 투자 원금이 2억 8,000만 원인데, 102%의 수익을 내는 데 17개월 정도가 걸렸다. 원금 대비 10배의 수익이 되기까지는 얼마의 시간이 소요될까? 전날 기준으로 계좌 수익률이 106%에서 현재 120%다. 하루 만에 계좌 수익이 14%가 올라갔다. 종목 수익률은 7% 올라간 것 뿐인데 말이다. 원금이 2억 8,500만 원이다. 어제 3억 원의 수익에서 4,000만 원이 더 늘어나서, 하루만에 3억 4,000만 원이 되었다. 오늘 하루 7%가 올라가서 원금 대비 14%의 계좌 수익이 난 것이다. 예전 상한가(15%)와 거의 동일하다. 하루에 오를 수 있는 최대치까

예수금	2,043	총평가	628,421,340	총수익률	120.46%
총매입	285,054,054	총손익	343,367,286	추정자산	628,466,133

★ 본화면은 원장기준 잔고로서 실시간으로 제공되지 않습니다.　　　　수익률 산출식

종목명	보유량	결제잔고	매입가	현재가	평가손익	수익률	매입금액
	13,500	13,500	21,115	46,700	343,367,286	120.46%	285,054,054

지 올라간 것이다. 이것이 바로 복리 수익률이다. 기하급수적으로 돈이 불어나는 것을 보여주는 복리 효과가 표출된 사례다.

올인 투자한 현재 종목이 현재 4만 6,700원에서 상승하여 10만 원이 되었다고 가정해보자. 10만 원에서 하루에 1만 원이 올라 10%의 종목 수익률이 발생하게 되었을 때 1만 3,500주 보유 중이니 금액으로 환산했을 때 하루 만에 1억 3,500만 원의 수익이 되는 것이고 원금(2억 8,000만 원) 대비 계좌 수익은 47%가 늘어나게 되는 것이다. 이렇게 돈이 벌리는 것을 체험하게 되면 주식 투자의 개념이 완전히 바뀔 수 있다. 이상의 사례는 한 회원이 처음 시작 단계에서부터 강의를 듣고 이해하면서 장기 투자 비법을 배운 대로 확신을 가지고 올인 투자, 집중 투자한 과정을 담은 것이다. 매수 단가는 높아졌지만 최고 수준의 단계다. 앞으로 이 책의 내용을 잘 이해하고 실천한다면 여러분도 이 정도의 실전 고수가 될 수 있을 것이다.

이제는 복리 효과 단계에 대해 알아보고자 한다. 엄청난 시세가 나는 스노볼(돈이 눈덩이를 굴리는 것처럼 불어나는 것)의 효과가 나오는 단계에 대

해 살펴보자. 복리효과 표출 사례를 보면 현재 6억 2,800만 원 정도다. 필자는 예수금을 하나도 놔두지 말라고 했다. 복리 효과를 위해서 현금을 놔두지 않는 것이다. 미국의 월스트리트 펀드매니저조차도 주식운용 분으로 준 돈을 현금으로 보유하고 있으면 당장 질책을 받게 된다.

이 종목이 4만 6,700원의 현재가 기준으로 35%만 상승한다면, 1만 6,000원이 올라가므로 6만 3,000원이 된다. 6만 3,000원까지 상승하면 계좌 수익률이 200%가 된다. 이처럼 계좌 수익률이 일정 시점이 지난 후에는 기하급수적으로 올라가서 120%에서 35%가 추가 상승하게 되면 총수익률(계좌 수익률)은 200%가 되는 것이다. 이것이 복리 개념이다. 그럼 2억 8,000만 원이 3배이면 거의 8억 4,000만 원, 여기서 또 3배이면 거의 27억 원 정도가 된다. 그럼 2억 8,000만 원이 10배의 수익이 되는 것이다. 필자의 장기 투자 전략으로 찾은 장기 투자 종목 3배짜리에 투자해서, 두 번만 성공한다면 거의 10배가 된다.

이래서 장기 투자가 가장 중요하다고 말한다. 대시세주로 10배의 꿈은 이렇게 이루어진다. 이 분이 앞으로도 필자의 투자 전략을 계속 실천한다면 30억 원은 충분히 가능하다고 본다. 50% 이하의 수익이 나는 것을 가지고 장기 투자라고 얘기하면 안 된다. 수익률이 2~3배 이상 갈 수 있는 주식이 장기 투자다. 30% 이하의 수익이 예상되는 종목으로는 그냥 단기 매매, 중기 매매를 하는 것이다. 장기 투자는 기본 100% 이상의 수익을 낼 수 있어야 한다.

2종목 이상 편입은
허송세월 연장

　2종목 이상 편입하는 것은 잘못된 투자 방법이라고 단언한다. 주식 투자로 돈 버는 법을 모르기 때문에, 다른 이들처럼 주식은 위험하다고 생각하기 때문에, 분산 투자가 정답이라고 생각하는 사람들이 많다. 주식은 비중 100%를 선택한다고 해서 위험한 것이 아니다. 단 1종목을 사더라도 안전할 때 사면 안전한 것이고, 10종목을 사더라도 위험한 영역에서 사게 되면 위험한 것이다. 2종목 이상 편입한 다양한 투자 사례를 통해 시간 낭비하지 않는 집중 투자의 중요성에 대해 알아보자.

　다음 주식 보유 현황을 보면 2종목을 넘어 주식 백화점이다. 주식 좌판을 벌려 놓은 듯하다. 필자의 투자클럽에 가입하는 회원들이 대부분 이런 주식 계좌를 들고 온다. 이런 식의 주식 투자는 전형적인 잘못된 투자 사례다.

　그러나 투자 시점과 매도 시점을 모르고 남들이 좋다고 하니 이것저것

잘못된 투자 사례 1

계좌번호 [ ] ⊙ 주식잔고평가 ⊙ 주식관련 총 평가   조회
☑ 잔고 ☐ 정렬   일 당 상 체 현 QV AMB 보유비중 가로출력 세로출력

순자산액	389,442,009	평가금액	387,948,719	매입원가	388,944,124	손익(천)	-995	수익률	-0.25
예수금	15,102,134	D+1 예수금	15,102,134	D+2 예수금	1,504	담보비율			
출금가능액	26,470,719	현금증거금	15,102,134	이자미납		미상환금			
현금미수금		대용증거금		매도증거금		활동유형		활동	
대용금액	277,698,050	대주담보금		기타대여금		대출금			
30%주문가능		40%주문가능		100%주문가능		신용용자금			

종목#	종목명	증(%)	구분	결제잔고	미결제	현재잔고	매입가	현재가	매도손익(천)	손익(천)	수익률	평가금액	신용/대출
005930	삼성전자	30%	현금	11		11	1,658,636	1,640,000		-205	-1.12	18,040,000	
006360	GS건설	40%	현금	300		300	29,916	28,850		-320	-3.56	8,655,000	
011790	SKC	30%	현금	200	300	500	27,815	27,250		-282	-2.03	13,625,000	
015750	성우하이텍	30%	현금	600		600	7,775	7,870		57	1.22	4,722,000	
023590	다우기술	40%	현금	550	300	850	23,379	22,700		-578	-2.90	19,295,000	
047050	포스코대우	30%	현금	5,100		5,100	23,540	23,500		-205	-0.17	119,850,000	
051910	LG화학	30%	현금	30		30	269,333	263,500		-175	-2.16	7,905,000	
078930	GS	30%	현금	3,000		3,000	48,490	49,350		2,578	1.77	148,050,000	
102260	동성코퍼레이션	40%	현금	3,000		3,000	7,283	6,860		-1,270	-5.81	20,580,000	
214390	경보제약	40%	현금	45		45	30,026	16,800		-595	-44.05	756,000	
MMW100	한국증권금융 예치		현금	26,470,719		26,470,719						26,470,719	
	< 합 계 >									-995	-0.25	387,948,719	

잘못된 투자 사례 2

편입해서 보유하고 있다. 아마도 장기 투자로도 좋다고 생각해서 매수한 이후, 평가금이 나게 되면 장기 전망이 좋으니 괜찮다고 생각한다. 장기 투자 종목의 기본 요건, 핵심 전략을 모르고 투자한 결과인 것이다.

2018년 여름의 경우 에코프로, 셀트리온 모두 장기 투자 종목이 아니다. 단기 매매 종목이다. 셀트리온은 20만 원 이하까지 내려가면 모를까. 신라젠은 2017년 5월에 1만 원대였는데 1만 원대에도 사지 않은 사람들이 15만 원 올라갔다 내려오니 이제 사고 있다. 가격이 올라갔다 내려오니 낙폭이 과대하다고 하면서 또 다시 올라갈 것이라 생각하고 이제야 사는 것이다. 시대 흐름을 하나도 모르고 시장을 읽지 못하고 있다. 그냥 돈 가지고 장난치는 것처럼 투자를 하고 있다. 주식 투자에서 수익을 내지 못하는 사람들이며 투자자의 90% 정도가 이런 투자를 하고 있다. 그것도 수년 또는 그 이상의 기간 동안 수익 없이 사고팔고 하며 시간을 낭비하고 있다.

다음 사례를 보자. 컨설팅받은 6개월 후에 많이 바뀌었다. 필자가 리딩했던 주식 계좌 사례다. 필자와 함께 한 이후로 종목이 교체되고 많이

필자의 리딩 계좌 1								
계좌평가금액		매입총금액	유가증권평가금액	손익금액		총평가수익(%)		D+2추정예수금
146,753,894		117,662,282	193,449,860	75,787,578		64.41		304,034
□	종목명	체결잔고	매도가능	평균가	현재가	평가손익	손익률	매입금액	평가금액
						69,695,998	143.35%	48,619,432	118,315,430
	7,000만 원 투자원금(주식담보대출이용중) → 6개월 후 1.47억 원, +110%					-12,746,808	-30.00%	42,488,748	29,741,940
						-449,140	-28.40%	1,581,252	1,132,112
□						5,469,222	38.48%	14,213,550	19,682,772
□						13,818,306	128.43%	10,759,300	24,577,606

압축되었다. 평가 수익률 −30% 종목은 아이진(바이오신약 개발업체)이다. 컨설팅 시작 후 1년 뒤인 지금은 어떻게 되었을까? 주가가 회복하고 크게 올라와 큰 수익 중에 있다. 처음 시작할 때 5천만 원은 레버리지(주식 담보대출)를 활용했고 그래서 6개월 뒤에 총평가 수익이 64%였지만 원금 대비 110%의 수익이 났다. 당연히 담보 대출 레버리지를 활용한 사례이지만 레버리지를 쓰지 않아도 64%의 계좌 수익이 나왔다.

2016년 어떤 회원은 4,000만 원 투자원금으로 장기 투자 종목 1종목에 올인 투자를 했다. 지속적으로 3천 주(평균 매수가 1만 3,000원)를 확보해서 처음으로 100%의 비중으로 투자했다. 3천 주를 지속 보유하면서 2년이 지나고 1억 5,000만 원 정도가 되었다. 물론 평가 수익이지만 2년 만에 3배가 된 것이다. 이처럼 장기 투자 원칙대로 투자하면 주식 계좌는 기하급수적으로 올라간다.

또 다른 필자의 리딩 계좌를 살펴보자. 다음 계좌는 1개월의 컨설팅 결과 시작 단계의 잔고 현황이다. 일반 투자자는 어렵겠지만 필자의 경우 4종목을 하더라도 중장기 투자와 종목별 수익이 좋아서 계좌 수익률

필자의 리딩 계좌 2			
순자산	221,826,371		
손익	35,212,333	D+2 예수금	67,121
수익률	18.87%	평가금액	221,759,250
종목명	잔고	평가손익	수익률
*****	3,010	5,200,350	9.74%
*****	5,899	25,594,360	30 10%
*****	5,050	1,694,841	8.38%
*****	1,185	2,722,782	9.73%

이 올라가고 있다. 1년 뒤에 한 종목이 3배가 올라왔으니 종목 수익률이 200%, 그럼 계좌 수익률 100%는 기본적으로 나왔을 것이다. 그러면 4종목을 사도 모두 수익을 보고 있고 복리 개념으로 이익이 산출되니 계좌는 끊임없이 불어난다. 종목이 전부 플러스면 복리 개념이 되고 손절하는 것이 아니기 때문에 시간이 지나면 정(+)의 수익률로 이익을 실현하므로 계좌 수익률은 계속 올라갈 것이다.

개인 투자자가 혼자 해서 이렇게 할 수 있겠는가? 혼자 하면 이런 방식으로 하지 않고, 조금 수익이 나면 바로 팔고 손실 난 것은 물 타기를 반복할 것이다. 이런 식의 행동을 반복하다 보니 복리 효과가 안 나는 것이다. 아무리 오랫동안 해도 마찬가지일 것이다.

다음 사례를 보면 2종목으로 승부가 진행된다. 원금 2,700만 원으로 집중 투자(2종목 편입)해서 현재 4,200만 원이 되었다. 이 2종목만으로도 계좌 수익률은 크게 올랐다. 83% 오른 대시세주 종목이 있으니 계좌 수익률이 54%가 되는 것이다. 일반 투자자들이 비중 50%를 집중 투자해서 83%의

거액자산가 컨설팅 사례 1

	종목명	보유수량	매도가능	매입단가	평가손익	수익률	현재가	평가금액	매입금액	증감	잔고비중(%)
					4,835,560	31.22					
					9,898,375	83.83					

원금 2,700만 원으로 시작하여
현재 4,200만 원

총매입 27,292,168 실손익 0 총 손익 14,733,935 추정비용 136,327
총평가 42,162,430 평가손익 14,733,935 순정자산 수익률 53.98

거액자산가 컨설팅 사례 2									

예수금	604,385	출금가능액		2,955	주식평가금액		330,105,300	펀드	0
D+1 정산액	604,385	자동대출가능액		0	채권평가금액		0	CMA/CD/CP	0
D+2 정산액	2,955	D+1 출금가능액		0	대출대여평가		0	선물옵션	0

순자산 총액	330,108,255	총평가 금액		330,105,300	총평가 손익		104,847,614	총수익률	47

유형	종목번호	종목명	구분	보유량	평균단가	현재가	매입금액	평가금액	평가손익	수익률
상장			현금				98,634,378	124,131,300	25,496,822	25.85
상장			현금				97,278,048	178,073,400	80,795,352	83.06
코스			현금				29,335,260	27,900,600	−1,434,660	−4.89

수익이 나는 종목을 잡을 수 있을까? 이런 종목을 보유하고 있을까?

위 계좌를 살펴보자. 이 계좌에서 마이너스인 종목(아이진, 바이오 신약 개발사)들은 바닥권이었고, 그 이후 이 종목들에서도 대시세가 났었다. 즉, 엄청난 탄력성이 붙어 1만 원에서 3만 원까지 올랐다. 큰 수익이 났으니 당연히 팔라고 했을 때 팔았을 것이고, 그럼 2~3배에서 익절했을 것이다. 또 한 종목도 똑같이 많이 올라왔다. 투입 비용 1억 원에 매입 단가가 1만 2,000원이고 지금 4만 6,000원이니까 주당 3만 4,000원의 이익이다. 2억 2,000만 원 투자금이 3억 3,000만 원이었다. 지금은 그 당시보다 크게 수익을 내고 있으니 아마 5억대로 올라가 있을 것이다. 이분에게 20억 원의 수익은 그저 꿈이 아닌 현실이 될 것이다. 2억 원의 원금이 20억 원이 되는 데 몇 년 남지 않았다.

다음 계좌를 보면 4종목을 매수해서 2종목이 손실인 반면, 2종목 중 한 종목은 142%, 103%의 수익이 나 있다. 이 계좌의 경우 교육의 힘으로 수익이 많이 올라갔다. 4종목 중 2종목이 비중 50%에서 종목 수익

| 주식매매 | **실시간잔고** | 실시간미체결 | 체결 | 주문가능 | 예수금 |

동방박사 가입후
8개월후 계좌현황

| 전체 | ▼ | □ 신용합 □ 비용반영 | 매도가 | 현재가 | ▼ |

평가손익

수익률

	구	종목명	평가손익	수익률	잔고	가능	손익분기	현재가
□				-7.95				
□				-15.49				
□				142.89				
□				103.63				
□								

률 100% 이상까지 수익이 났으며 평균 계좌 수익률이 50%가 된다. 집중 투자, 올인 투자 비중 50%로 수익률이 100%이면 계좌에 대한 종목 기여도는 50%인 것이다. 이 계좌의 투자 방식에는 문제가 없다. 이런 전략대로 여러 종목을 편입해도 반드시 100% 이상 수익 나는 종목이 있어야 한다. 종목을 편입하면 수익률은 당연히 복리 개념으로 반영될 것이다. 그래서 복리 효과를 받을 수 있는 장기 종목을 사면 반드시 양의 수익이 나올 수밖에 없는 것이다.

다음 계좌를 보면 한 종목이 100% 수익 중에 있다. 1,300만 원어치를 매입해서 2배인 2,600만 원 정도가 되었다. 1,300만 원 7%의 비중을 투자해서 100%의 수익이 난 상태다. 계좌 수익 기여도가 7% 정도지만, 100% 수익이 나고 1,300만 원의 이익이니 그나마 계좌 수익률은 올라간다. 비중이 적다면 대시세주가 되어야만 계좌를 불어나게 할 수 있다. 예를 들어, 비중 70%로 30%의 수익을 내서 팔아도, 계좌 기여도는 21%밖에 안 되니까 돈이 별로 안 불어나는 것이다.

4개월 후 계좌현황	0	총 손익		23,170,822	추정비용		657,969
	),822	추정자산			수익률		13.04

매도가능	매입단가 ▼	평가손익	수익률	현재가	평가금액	매입금액	
		2,660,711	4.17		66,626,300	63,747,200	
		2,537,250	7.97		34,450,000	31,800,000	
		4,844,520	7.03		73,920,000	68,833,460	
		13,128,341	99.55		26,400,000	13,186,849	

1종목이라도 대시세주로 최소 100% 수익이 나야 계좌 수익률이 오른다

필자의 리딩으로 아이진에 1,300만 원을 투입했다. 결국 200%의 수익이 나서 팔았고, 나머지 1종목도 200% 올라와 있으니 이제부터 복리 효과가 본격적으로 나는 것이다. 전문가의 리딩으로 4종목을 해도 복리 효과가 나온 사례다. 18%의 비중을 실어 매입한 2종목이 수익률 8%, 250만 원의 이익인데 이익 실현을 한다면 계좌 기여도가 1.4%다. 이것을 10번 성공해야 계좌 수익 기여도가 14%가 된다. 과연 실전에서 일년 동안 비중 18%씩 매번 사서 손절 한 번 없이 매번 8%의 익절이 10번이나 가능할까? 실전에서는 고수한테도 불가능한 일이다. 다시 말해 비중 20%씩 실어 10~20% 수익을 내고 나와서, 다른 종목으로 교체 매매하여 수익을 내고 연간 계좌 수익률을 10년 동안 30%씩 낼 수 없다는 것이다. 그 정도의 수익을 낼 수 있다고 생각하며 주식 투자하고 있다면 착각에 빠진 것이고 자신의 실력을 오판한 것이다.

일반 투자자는 결국 4종목을 사면 안 된다. 한 종목에 집중해서 그 종목의 비중을 높임으로써 시간에 구애받지 않고 100%씩 수익을 내야한다. 어떤 경우든지 집중 투자를 해야 한다.

1종목으로 두 배,
세 번이면 인생 대역전

1종목으로 두 배, 세 번이면 인생은 대역전된다. 중요한 것은 이제부터 한 종목으로 두 배는 수익을 내야 한다. 수익 100%에 대한 계획, 또는 한 종목으로 세 배 수익을 내는 계획을 수립해야 한다. 종목당 100%의 수익이 나면 세 번만 성공하면 된다. 1종목을 사서 3년, 5년 동안 세 배만 이익을 취하고 판다면 시간이 걸리더라도 인생역전이 될 것이다. 2억 원을 투자하여 20억 원을 만드는 것이 가능하게 된다. 능력이 모자라고 자신이 없어서 하지 못하는 것이다. 주식을 남들처럼 하기 때문에 주식 전문가들도 주저하고 있고 여러분도 못하는 것이다.

왜 한 종목에 올인 투자를 못할까? 성공과 실패가 반복되기 때문이다. 요즘 같은 장에는 변동성이 높아 내려가는 종목이 많다. 그래서 이익금을 또 잃고 또 한 종목을 사고 또 손해를 보는 그런 투자가 반복된다. 장기 투자 종목의 경우 손절할 필요가 없기 때문에 계좌에서 돈이

1종목 올인 투자 기법

> 왜 한 종목에 집중하지 못할까? 성공과 실패가 반복되어 겁이 나는가?
> 1종목(올인투자) 투자하는 비법을 배워야 한다

1종목의 기본 전제 조건은 장기 투자 종목이어야 한다

장기 투자 비법을 장악해야 한다
첫째, 전략을 세워라
둘째, 중도에 전략을 바꾸지 않는다

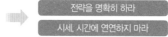

전략을 명확히 하라
시세, 시간에 연연하지 마라

빠져나가지 않는다. 장기 투자 종목이라면 주가가 하락해도 손절하지 않고 오히려 이를 기회로 삼아 더 사 모으기 때문이다. 결론적으로 장기 투자 종목을 찾는 공부가 중요하다. 스스로 리스크 관리나 심리 컨트롤을 하지 못하기 때문에 한 종목에 올인 투자를 하는 것을 어렵게 여기는 것이다. 따라서 아카데미를 통해서 끊임없이 공부하고 매매 기법을 배워야 한다. 공부에 소홀하면 안 된다. 자신감을 가져야 주식을 할 수 있다. 혼자 하고 싶다면 증권 서적, 증권 방송을 통해서 투자 전략을 습득하고 실전 연습을 해야 한다. 투자금이 소액이라면 실전에서 사실상 큰 돈을 벌 수가 없다. 즉, 소액의 투자금으로 고수가 되어가는 교육 과정을 이수할 수가 없어, 혼자 독학하다 시행착오를 거듭하고 결국 포기하게 되는 것이 개미들 대부분의 주식 인생일 것이다.

　필자는 TV에서 와이지엔터테인먼트를 3만 원(A) 초반에도 사라고 추천했었다. 와이지엔터테인먼트를 3만 원에 사게 되면 수익률이 4만 3,000원의 목표가까지 50%밖에 안 나온다. 이런 것이 바로 대시세주 투자다. 2018년 3월 2만 5,000원일 때에는 장기 투자를 해도 된다고 했다. 그러

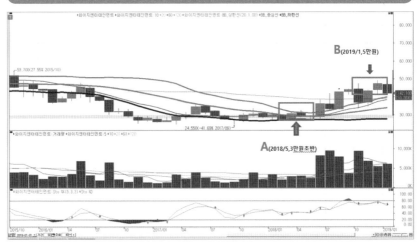

나 목표가인 4만 원(B)대 이상에서는 장기 투자를 하면 안 된다. 단기 매매를 해야 한다. 그래서 필자는 2018년도 3월 말에 아카데미에서 와이지엔터테인먼트가 집중 투자 종목이라고 했다. 장기 종목으로 집중 투자를 하면서 비중을 최소 50% 이상 매수해야 하는 것이다. 왜 그럴까? 왜 올라가야 하는지를 분석해야 한다. 장기 투자는 매수 근거를 찾는 것이 중요하다. A지점이 4월 4일이다. 장기 투자를 할 때의 월봉을 보면 정답이 나온다. 2015년 고점에서 3년간 추세하락했다. 2만 원대에서 저점 싸인이 나왔으니 2만 4,000원부터 매집을 해도 된다. 왜 그럴까? 엔터테인먼트 주식은 고성장주이기 때문이다. 셀럽 하나만 있어도, 걸그룹 한 팀으로도 회사가 성장할 수 있는 매출이 생긴다. 따라서 엔터테인먼트는 그렇게 성장할 수 있는 근거만 생기면 단기간에 급등할 수 있다.

2018년 3월 블랙핑크가 일본 공연을 한다는 기사가 났다. 바로 이때가 장기 투자로 와이지엔터테이먼트 종목에 집중 올인 투자할 때다. 일본 공연으로 매출 성장성이 나타나기 때문에 100% 이상 대시세가 가능한 대시세주 등극은 기정사실인 것이다.

10배를 내는 종목을 편입했으면 중도에 전략을 바꾸면 안 된다. 장기 투자 종목 수는 1개, 많아야 2개여야 한다. 중간에 그 종목이 조금 내려갔다고 해서 손절하거나 다른 것으로 교체하면 안 된다는 얘기다. 종목에 대한 진정성과 전략을 가지고 투자 기간의 정체성을 명확히 해야 한다. 어느 시점까지 시세를 보지 말아야 한다. 시간에 연연하면 절대 안 된다. 장기 투자 종목은 어떠한 상황이라도 팔아야 할 이유를 찾을 때까지는 빨리 팔고 나오면 안 된다는 뜻이다.

시세만 보고 '빨리 수익 내고 나와서 또 수익 내러 가야지'라는 생각은 안 된다. 30% 이상의 비중을 실었으면 팔아야 될 이유가 생기기 전까지 매수만 있는 것이지 매도는 없다. 그래야만 시간이 흐른 후 2배, 3배의 수익이 쉽게 날 수 있다. 장이 좋은 2017년도는 그냥 100%의 수익이 단기간에 바로 날 수 있었다. 2018년 여름 시장은 그렇지 않았다. 1월 정도에 코스닥이 대폭등할 때 100% 수익 날 종목을 샀다면 금방 목표가 이루어졌을 것이다. 바이오주를 샀다면 바로 100%의 수익이 났을 것이다.

시대의 흐름을 보는 공부를 충실히 해야 장기 투자와 올인 투자가 가능하다. 장기 투자로 올인한다는 것은 시대의 흐름을 반영한 성장 가치주, 성장하는 가치가 있는 주식에 올인한다는 뜻이다. 예를 들어, 기계주, 건설주, 철강주 등을 사서 장기 투자를 하는 것은 시대의 흐름과 역행하는 투자이고, 돈을 벌지 못하는 개미들의 투자법이다. 시장 흐름에 반하고 시대의 흐름에 뒤떨어진 투자다. 도박적인 마인드를 가진 사람들이 하는 투자라는 것이다.

다음 아모레퍼시픽 월봉 차트와 코스맥스 월봉차트를 살펴보면 화장품주가 많이 내려왔다. 성장성이 없는 화장품주를 가지고 무역 분쟁이 해결되면 다시 올라간다고 생각하거나, 사드 피해가 해결되는 조짐이고 급락했으니 매수해서 가져가면 올라가겠지, 이런 막연한 생각으로 투자한다면 그것은 잘못된 투자다. 이 시기 중국 화장품주가 시대의 흐름인가? 2015년도 화장품 시대가 다 끝났는데 낙폭과대이기 때문에 장기 투자하라는 것은 틀린 말이다. '장기 투자로 오래 가지고 가서 전고점까지

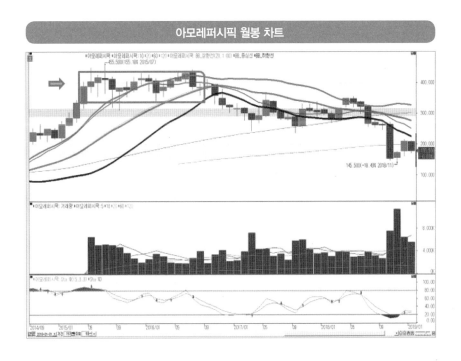

아모레퍼시픽 월봉 차트

코스맥스 월봉 차트

호텔신라 월봉 차트

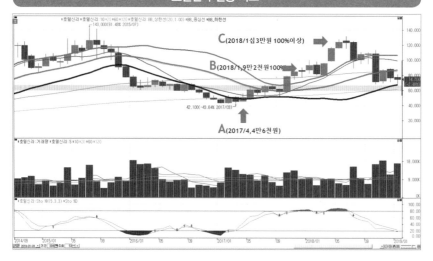

올라가면 2배, 3배의 수익을 내야지' 하는 매매 방식은 가격만 보는(가치를 보지 않는) 투자다. 시대 상황을 보고 그런 종목은 대시세주(100% 이상 수익)로 탄생되지도 않는다는 것을 알고 있어야 한다.

호텔신라 월봉 차트를 살펴보면, 코스맥스와 월봉 차트 모양이 비슷하지만 시세 흐름은 크게 다르다. 이 종목은 장기 투자 종목이 아니라 대시세 투자 종목이다. 필자는 A지점 4만 6,000원에 2017년도 4월에 목표가 8만 7,000원으로 사라고 했었다. 2017년도 4월부터는 중장기로 가도 된다. 그때 샀으면 4만 6,000원에서 100%(B) 이상 올라왔을 것이다. A가격대 바닥에서는 장기 투자해도 되는 가격 구조다. 왜 그럴까? 필자는 2017년 봄에 이제는 면세점, 공항 면세점이 아닌 시내 면세점이 수익 구조에 크게 기여하게 되고, 신라스테이도 수익에 기여한다고 분석해주었다. 4만 6,000원대 주가에서는 이제 장기 투자로 가도 된다는 말이었다. 100% 이상 대시세가 가능한 매수 영역이라 장기 투자로 100%만 보고 진입하기 좋은 초대형주였다.

호텔신라 컨센서스						
결산기 (12월)	12/15	12/16	12/17	12/18F	12/19F	12/20F
매출액 (십억원)	3,252	3,715	4,011	5,144	5,809	6,293
영업이익 (십억원)	77	79	73	228	302	326
영업이익률 (%)	2.4	2.1	1.8	4.4	5.2	5.2
순이익 (십억원)	18	28	25	133	195	237
EPS (원)	462	696	632	3,334	4,867	5,921
ROE (%)	2.5	4.0	3.8	18.3	22.2	21.9
P/E (배)	167.3	69.2	134.3	33.1	22.7	18.7
P/B (배)	4.1	2.5	4.4	5.0	4.1	3.4
배당수익률 (%)	0.5	0.7	0.4	0.3	0.3	0.3

주: K-IFRS 연결 기준. 순이익은 지배주주 귀속 순이익
자료: 호텔신라, 미래에셋대우 리서치센터

호텔신라는 장기로 가되 대시세주로 투자해야 하는 종목이었다. 1년 정도 들고 간다면 100%의 수익을 바라볼 수 있었기 때문이다. 4만 6,000원의 전후로 매수하고 나서 더 내려가면 더 사도 되는 구조였다. 2017년부터 실적이 좋아지기 시작하여 2018년도에 더 좋아졌다. 그래서 가치 평가를 할 줄 알아야 한다. 필자는 호텔신라 종목을 2017년도 3월에 분석 후 증권 방송에서 추천주로 공개했었다. 2017년도 영업 이익이 700억대에서 2018년도 영업 이익은 1,500억 원 정도 나오고, 그 다음에는 2,000억 원이 될 것으로 예상했다. 그럼 앞으로 3배가 올라갈 것이었다. 매출액이 19% 성장하고, 그 이듬해에는 13%가 성장한다. 실적이 역성장하다가 성장으로 전환하는 첫 해에 투자해야만 100% 이상의 수익을 낼 수 있는 것이다. 미래가 보인다면 아무도 가지 않는 길이라도 미리 가야 한다.

미래의 실적이 예상되기 때문에 미리 주가를 예측하고 저가에 매매 전략대로 사면 된다. 확신을 가지고 사야만 장기 투자가 된다. 호텔신라는 성장주이며 그룹주의 매출액이 19% 성장했다. 이 시기 호텔신라에 들어가서 고점인 12만 원에 사고 물리는 분들이 많았다. 몇 배가 오른 상태에서 10% 수익을 내고 나오려고 뒤늦게 진입하는 투자자들이 많았다. 이렇게 하는 것은 바람직한 주식투자 방법이 아니다. 기법 공부와 시대의 흐름을 같이 보는 공부를 해야 한다. 확신이 있을 때 장기 투자를 하고 올인 투자를 해야 하는 것이다. 호텔신라처럼 더 이상 내려갈 수 없는 구조에서 향후 실적이 3배씩 늘어난다면, 차트 바닥에서는 리스크가 거의 없다. 그러면 장기 투자 종목으로, 대시세 종목으로 선정해놓고 사면 된다. 이 기법을 알면 4만 5천 원, 5만 원 이하에서 충분히 집중 투자, 올인 투자할 수 있다. 그런 후 장기로 보유하고 있다가 목표가인 8만 원, 12만 원 이상이 되면 매도를 하면 되는 것이다.

장기 투자의 경우 기본적으로 최소 2배 이상의 수익을 예상하고 진입해야 한다. 수익이 2배도 안 되는 장기 투자는 장기 투자가 아니다. 장기 투자 비중을 50%, 100%로 편입하고 난 후 1~3년 동안 기다리면 목표 수익률은 거의 달성된다고 볼 수 있다. 장기 투자 비법을 공부를 하지 않고 수준도 안 되면서 집중 투자를 하는 것은 패망의 길이다.

집중 투자는 본인의 수준이 어느 정도의 위치에 올라와 있어야 가능하다. 자신의 역량이 고급 수준에까지 미치치 못한다고 생각한다면 전문가를 고용하는 방법도 있다. 공부해서 고급 수준까지 못 올라갈 것 같고, 공부하기도 싫고, 집중 투자도 어렵고, 이해하기도 어렵다면 전문가의 도움을 받는 방법을 택해야 한다. 즉, 주식 집사를 고용하면 된다.

원금 1억 원으로 연간 10% 이익 시 100% 수익을 내려면 복리 투자로 8.3년이 소요된다. 원금 1억 원으로 연간 20% 이익 시 3.9년이 걸리고 10배의 수익을 내기 위해서는 12.8년이 걸린다. 원금 1억 원으로 연간 30% 이익 시 2.7년이 걸리고 10배의 수익을 내기 위해서는 8.7년, 30배의 수익을 내기 위해서는 13년이 걸린다. 한 종목만 투자하라고 하니까 투자(매매)에 대한 지식도 짧고 그동안 돈도 못 번 분들이 용기를 내서 한 종목을 샀다. 그러면 대다수 투자자들은 손해를 본다. 왜 그렇게 될 수밖에 없을까? 여러 가시 이유가 있겠지만, 단기적 시각으로 이미 많이 오른 주식을 10~20%의 수익만 보고 매수하게 되는 뒷북 투자를 일삼기 때문이다. 10%의 수익을 내면 뭐하겠는가? 1년에 계좌 수익률이 10%라고 해도 8년 뒤에 2배밖에 벌지 못한다. 20%의 수익을 내도 비슷하다. 4년 뒤에나 2배다. 그것도 한 번도 실패 없이 1종목을 100%의 비중으로 매매해서 20%씩 수익을 복리로 해야만 나올 수 있는 계산이다.

2016년 12월에 가입한 회원에게 가입 상담 시 2억 2,000만 원으로 6개월 내에 3억 원이 되도록 도와주기로 하고 위탁 매매를 해지하고 가져오라고 했다. 위탁 운용사에 3억 원을 맡겼는데 18개월 동안 2억 2,000만 원으로 내려가 있었다. 위탁 매매를 해지하자 마자 바로 1억 원씩 2종목, 2천만 원 1종목을 편입해서 3종목을 편입하는 컨설팅을 시작했다. 그렇게 포트를 변경하여 투자한 후 18개월간 보유한 결과, 1종목에서 5배, 또 1종목에서 3배, 또 다른 1종목은 본전 유지 중이다.

계좌의 자산이 1년 반 만에 2.2억 원에서 6억 원대로 오른 것이다. 물론 목표 포트를 최초 변경한 8개월 후에 이미 4억 원으로 올라왔다. 이를 매도하지 않고 장기 보유한 결과, 18개월이 지났을 때 원금의 3배인 6억 원대가 된 것이다. 이 회원의 사례에서 1종목을 50% 비중으로 200%의 수익이 나게 되면 계좌는 100%의 수익이 난다는 것을 알 수 있다. 큰 수익을 내는 것이 가장 중요하다는 것을 여실히 보여주고 있다. 한 계좌에 2종목을 사서 1종목의 수익률이 제로이고, 1종목의 수익률이 100%라면 계좌 수익률은 50%가 된다.

예를 들어, 2종목을 샀다. 1종목은 제로 수익이고 1종목만 수익률이 200%가 된다면 계좌 수익률은 100%가 된다. 당연히 계좌는 원금인 1억 원에서 바로 2억 원이 되는 것이다. 이렇게 한 번, 두 번 성공하고 세

번을 성공하면 8억 원이다. 돈이 불어나고 있는 것이다. 즉, 2종목을 편입하더라도 몇 배 가는 종목이 있어야만 거액자산가가 될 수 있다. 평균적으로 연간 30%의 계좌 수익률을 내고 원금의 2배로 만들려면 3년이 걸린다. 여러 종목을 매매해서는 3년 동안 계좌 수익 100%를 내는 것은 불가능하다. 따라서 장기 투자 전략대로 투자하는 것이 중요하다.

위의 사례를 보면 이 회원은 그동안 배운 것이 충분하기에 본인의 판단과 지식을 바탕으로 용기를 내어 투자하고 있다. 배운 대로 집중(올인) 투자를 실행하면 된다. 1종목을 매수했기 때문에, 종목 수익률이 그대로 계좌 수익률이 되면서 복리 효과가 빛을 발하고 있는 것이다.

계좌와 종목의 수익률이 120.46%로 똑같다. 1종목 올인 투자는 종목 수익률과 계좌 수익률이 똑같은데, 2종목이라면 상황이 달라진다. 예를 들면, 한 종목은 50% 비중으로 수익이 120%가 나고, 다른 종목은 50%의 비중으로 제로 수익이라면 결국 계좌 수익률은 60%밖에 나오지 않는다. 종목당 수익률이 계좌 수익률과 똑같지 않은 이유가 여기에 있다. 이 때문에 집중 투자, 올인 투자가 중요한 것이다. 종국에는 장기 투자를 실행할 때 100%의 비중으로 하는 것이 당연하다. 2종목으로 집중 투자한 경우, 1종목을 50%의 비중으로 산 계좌가 200% 올랐고, 다른 1종목의 수익률이 제로라면 계좌 수익률은 100%다. 그렇기 때문에 두 종목을 사면 어느 순간에 지켜보다가 1종목으로 뭉치면 된다. 뭉치는 시점은 공부를 통해서 최적의 타이밍을 포착해야 한다. 그런데 여기서 이 두 종목이 최종 목표가에 도달하지 않았더라도, 우선 1종목으로 수익을 크게 내는 전략을 수립했기 때문에 2종목, 3종목을 샀다가 어느 순간에 이익을 실현하고 나서 최고의 1종목으로 뭉치는 게 가장 바람직한 최고의 실전 투자다.

앞에서 최종적으로 1종목으로 가야 하기 때문에 어느 한 순간에 뭉쳐야 된다고 했다. 왜 이렇게 해야 할까? 장기 투자이기 때문에 한 종목이 많이 내려간다고 해서 이익이 난 종목을 팔아서 물린 종목의 단가를 보완하는 데 집중하지 않는다. 장기 투자 종목(많이 오를 종목)으로 올인해야 하기 때문에 복리 효과를 위해 집중 투자해야 한다. 이 장기 투자 전략에 대해 알아듣고 이해하는 수준까지는 공부해야 한다. 그래야 최적의 시점에 순간적으로 집중해서 올인 투자를 할 수 있다. 필자가 2016년 초봄에 전기차 배터리주들이 최소 저가 대비 10배는 오를 것이라고 한 것을 그 당시에 알아들었어야 했다. 2016년 6월에 반도체인 삼성전자, SK하이닉스가 기본 2배는 오른다고 했을 때 알아들었어야 했다. 2016년 여름에 은행주를 집중 올인 투자해도 된다고 했을 때 알아듣고 장기 투자를 했어야 했다. 미리 공부하여 그때 알아들었더라면 지금 거액자산가 반열에 들어선 분들이 꽤 있을 것이다.

다음 차트는 현대건설 주봉 차트다. 2018년 3월 필자의 투자클럽에서는 이 현대건설을 올인 투자 종목으로 추천했었다. 그 당시 주식선물 3,000만 원을 기준으로 10%를 사고, 다시 4만 1,300원 이하에서 나머지 10%를 사고, 다시 4만 5,000원을 돌파한 후 3파동에(본격적으로 상승 엔진이 걸린 후) 접어들면 마지막 10%를 사고, 총 비중 30%(원금의 3배)를 매수하여 집중해서 들고 가라고 했다. 신입 회원의 경우 30%(원금의 3배) 비중으로 바로 매수 진입해서 한 달 만에 200%의 수익을 냈다. 초보자

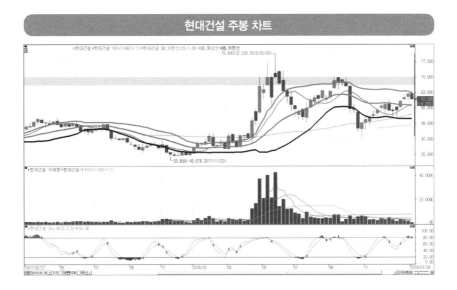

현대건설 주봉 차트

인 신입 회원은 처음으로 주식선물을 배웠기 때문에 고정관념이 없다. 그래서 배운 대로 실행한 것이다. 그 결과로 큰 수익을 얻었다.

기존의 고정관념을 버리지 못한 사람들은 많이 알지 못하는 상태이기 때문에 오히려 내려가면 손절해버리곤 한다. 주식 투자나 주식선물에 대해 잘 모른다면 고민하지 말고, 배운 대로 그대로 실천하는 진정성이 중요하다. 기본적으로 진정성이 없으면 큰돈을 벌기 어렵다. 단번에 큰 수익을 내고 주식선물을 잘 하는 사람들의 특징은 '확신'이 있다는 것이다. 전문가에 대한 믿음, 종목에 대한 끊임없는 공부는 확신을 만들어준다. 주식도 이렇게 해야 한다. 필자가 힘주어 설명한 장기 투자 종목을 단기 매매로 편입한 후 단기 매매로만 투자한다면 투자 기간과 관련하여 정체성의 혼란을 겪을 것이다. 장기 투자 종목은 장기적으로 투자를 해야 하고, 단기 종목은 단기로 매매해야 한다. 너무 당연한 말이지만 투자자들이 지키지 못하는 원칙이기도 하다.

　아래 회원이 가지고 있는 총 계좌 금액은 5억 5,000만 원이다. 이게 바로 장기 투자 주식 계좌다. 처음 매수 시 투자금액은 2억 6,000만 원이었다. 자금이 적은 사람은 이 회원의 계좌 금액이 크다고 생각할 것이다. 하지만 그렇지 않다. 이 계좌의 수익은 2억 8,000만 원이기 때문에 현재 잔고 기준으로 5억 원대다. 비중 60%로 한 종목의 수익률이 5%이지만 비중 40%로 한 종목의 수익률이 257%로 크게 발생되었기에 총수익률이 108%가 되는 것이다. 계좌의 수익률이 100% 이상이 되면 주식 투자의 개념이 많이 달라진다. 그 이후로는 원금이 절대 깨지지 않게 된다.

　향후 투자 원금을 주식 계좌에서 인출하고 나면 목표에 도달될 때까지는 스스로 절대 내 돈이 아니라고 생각해야 한다. 복리로 굴리기 위해서다. 그래야만 장기 투자 비법을 실천하면서 목표로 했던 20억 원, 30억 원, 100억 원을 벌 수 있다. 특히 중산층은 주식으로 수익이 생기면 빨리 이익 실현을 한다. 평가 수익은 챙겨야 내 돈이라고 생각하기 때문에 돈을 바로 인출한다. 돈

이란 자꾸 굴려가야 하는데 원점에서 또 다시 시작해야 하니 돈이 불어나지 않는 것이다. 그래서 중산층이란 굴레에서 벗어나지 못한다.

필자의 지인 중에 4,000만 원을 투자해서 90억 원을 벌고 주식시장을 떠난 사람이 있다. 4,000만 원 정도의 주식 투자금으로 A종목을 원금 대비 10배의 수익을 내고 팔았었다. 즉, 4,000만 원이 4억 원이 되었다. 4,000만 원에서 4억 원이 되는 데 2년 정도 시간이 걸렸다. 그때 당시 보증금 1,000만 원에 월세를 살았고 아기도 있었다. 4억 원이면 본인이 월세 살던 동네의 집을 사고도 남았을 돈이다. 일반인이라면 4,000만 원이 4억 원이 되었으니 쓸 생각부터 했을 것이다. 그런데도 그는 부인이 버는 돈으로 생활을 했고 계속 장기 투자하여 원금 대비 10배인 4,000만 원에서 4억 원을 만들었다. 그때부터는 거액자산가가 되는 것이 어렵지 않다.

그는 어떻게 성공할 수 있었을까? 4,000만 원의 종잣돈을 가지고 아

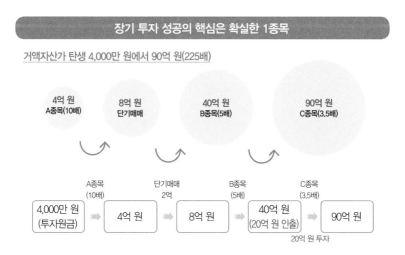

장기 투자 성공의 핵심은 확실한 1종목

거액자산가 탄생 4,000만 원에서 90억 원(225배)

무리 단기 매매를 해봐야 큰돈 벌 자신이 없다고 결론 내리고 대시세주를 찾아 다녔다고 한다. 4억 원이 된 이후에 장기 투자 종목이 없어서 필자가 단기로 2종목 정도를 매매하게 하여 6개월간 8억 원대로 만들어 주었다. 그리고 8억 원을 가지고 B종목에 올인 투자했다. 그런 후 B종목을 이익 실현하니 40억 원이 되었다. 40억 원이라는 최종 목표를 달성하고서 그제서야 20억 원을 빼서 부인에게 주고 집을 사고 생활하라고 했다. 그리고 나머지 20억 원을 가지고 또 다시 1종목을 샀다. C종목에 올인해서 2년 만에 또 다시 3.5배를 내고 팔았다. 20억 원의 투자금이 그렇게 90억 원이 되었다. 4,000만 원의 투자 원금으로 90억 원이라는 돈을 번 인생 역전 모범 사례다.

이것이 바로 복리 개념이다. 복리 수익률에는 양의 수익률만 있다. 한 번의 손절 없이 1개의 종목에 들어가서 몇 배씩 수익을 내는 이것이 진정한 거액자산가 투자법이다. 첫 종목으로 10배, 단기 매매로 계좌 수익의 2배, 그런 후 장기 투자 종목인 두 번째 종목으로 5배, 수익 낸 것의 절반을 인출하고서 세 번째 장기 종목으로 3.5배 수익, 단 3종목으로 90억 원을 번 것이다.

집중(올인)투자해서 수익을 내는 장기 투자는 이렇게 복리 투자 방식을 통해 큰돈이 되어 간다. 계좌 수익이 100% 이상이 된 후 돈이 필요하면 원금만 인출하고 절대 수익금은 인출하면 안 된다. 20억 원이 최소한의 목표일 뿐 최종 목표는 아니다. 장기 종목으로 1종목을 하든 2종목을 하든 계좌 수익률 100% 이상만 벌면 된다. 그 이후에는 항상 1종목에만 투자하는 올인 투자를 기본으로 해야 한다. 10억 원을 투자하더라도

1종목에만 투자해야 한다. 그래야만 30억 원이 되고, 50억 원이 되는 것이다. 10억 원을 투자하더라도 100억 원을 투자하더라도 1종목 올인 투자를 할 만한 종목에 투자해야 한다. 왜 그런지 다음 사례를 통해 살펴보자.

다음 LG전자 사례는 필자의 장기 투자 종목, 대시세 종목 리딩 사례다. 2015년 하반기부터 2배를 낼 수 있는 5만 원 내외에서는 장기 투자 종목이 된다고 주장했다. A에서 B구간까지를 보면 매수만 해야 하는 장기 투자 종목이라고 강조했다. B가격대에서 더 내려가도 추세가 장기 종목으로 가고 있기 때문에 내려간다 할지라도 B 가격대에서 더 사야 되는 것이다. 실제로 5만 6,000원(B)에서 더 사라고 했다. 기법을 알면 곧 급등하는 구간이라는 걸 알 수 있다. 이 종목을 가지고 100%의 수익이 나는 것은 어려운 일이 아니며, 이 종목은 10억 원, 100억 원을 사도 되는 주식인 것이다.

한 회원의 투자금 4억 원을 1종목에 올인하도록 장기 투자 컨설팅하

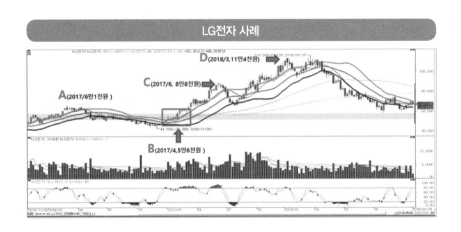

LG전자 사례

여 20억 원으로 불려준 적이 있다. 그 이후 또 다시 올인 투자 종목에 20억 원어치를 매수하라고 투자 자문을 해주었다. 그게 바로 엔씨소프트 사례다. 그 이후 엔씨소프트를 2015년도 4월 20일 기준 19만 1,500 원(A)에 비중 100%로 20억 원어치를 사라고 리딩했다. 100% 오를 것이고 40억 원이 될 것이니 다 사라고 했다. 엔씨소프트는 얼마나 올라갔을까? 48~52만 원(B)으로 올라갔다. 그 회원에게 1만 주를 사라고 했는데 5천 주밖에 안 샀다. 또 다른 전문가의 말을 듣고 NHN을 샀는데 결국 손실을 보았고, 그 상태에서 필자의 투자클럽에 재가입했다. 그 당시 국민연금도 엔씨소프트 1종목을 4,000억 원씩 매수했다. 2015년도 그가 엔씨소프트를 살 수 있는 가능 금액이 20억 원. 이 종목은 돈만 있다면 100억 원, 1,000억 원 어치를 사도 되는 종목이었다.

다시 말해 이 경우 엔씨소프트 주식을 20만 원 내외에서 리스크가 없을 때 사야 된다는 거다. 그리고 나서 40만 원 이하로 내려가면 보유 금

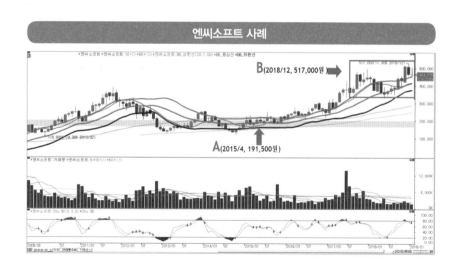

엔씨소프트 사례

B(2018/12, 517,000원)

A(2015/4, 191,500원)

지라고 볼 수 있다. 이처럼 대형주를 매매해봐야 연습이 된다. 목표하고 있는 수익이 10억 원, 20억 원이라면 처음에는 개별 주식, 중소형주에 투자해도 된다. 나중에 투자금이 거대해지면 엔씨소프트, SK하이닉스처럼 대형주에 손을 대야 한다. 다음 주식선물 계좌에서 엔씨소프트, SK하이닉스를 매매하고, 대형주에 관심 갖고 계속 기업을 분석하며 차트를 볼 줄 알게 되면 그때 현물로 10억 원, 100억 원을 다 사도 되는 것이다.

확실하다면 심플하게 한두 종목에만 투자해야 한다. 확실한데 왜 딴 생각을 하겠는가? 배우자를 찾듯이 고심한 끝에 확실한 한 종목을 찾았다면 그 다음부터는 묵묵히 장기 투자의 길을 가야 한다.

다음은 바로 1,000억 원어치를 사도 되는 삼성전자다. 130만 원(A)에서 정확히 리딩해서 280만 원(B)에 다 팔고 보유금지시켰다. 수십억 원, 수백억 원으로 투자할 단 1종목을 찾을 수 있어야 한다. 삼성전자는 2016년도 6월에 조정한 131만 원대에서 강력 매수할 것을 리딩했다. 주식선물도 131만 원 시점에서 167만 원까지는 무조건 올라간다고 했다. 그 이후 또 다시 180만 원에서 285만 원까지 최종적으로 올랐다가 다시 내려와 200만 원대에 머물렀다. 6개월 조정한 후 고점인 285만 원을 돌파할 것이라 전망했는데, 미중 무역 전쟁과 금리 인상 등으로 못 오르고 있다. 2016년 6월 삼성전자는 131만 원, SK하이닉스는 2만 5,600원대에 중장기로 큰 수익이 예상되는 단골 추천주였다. 삼성전자는 1,000억 원은 물론 1조 원을 주고도 사도 되는 주식이다. 시가총액이 300조이니 아무리 투자금이 커진다고 해도 돈을 굴릴 수가 있다. 하지만 2018년 여

B(2017/11, 280만원)

A(2016/06, 130만원)

액면분할 1/50(2만6천원/130만원, 5만6천원/280만원)

름이었다면 이 시기에 삼성전자 1조 원어치를 사는 것이 맞을까?

이 시기는 아니다. 반도체가 어떻게 될지 모르고, 무역분쟁이 어떻게 될지 모르기 때문에 삼성전자, SK하이닉스를 장기적으로 살지 말지는 더 고민을 해야 한다. 2018년 5월 삼성전자가 장기적으로 6만 원 간다, 10만 원 간다고 말하기에는 불확실한 부분이 많다. 확실한 시기가 오면 그때 가서 기법을 익히고 모멘텀과 지수 등을 보고 분석하면 된다. 삼성전자를 사야 할 때가 오면 그때 100억 원, 1,000억 원씩 사도 되는 것이다. 그만큼 시기를 볼 수 있는 눈이 중요하고 10억 원, 100억 원어치를 사도 되는 그 한 종목을 찾는 능력을 갖추는 것이 중요하다.

그 다음에는 용기 있게 지식과 경험을 활용해야 한다. 여러분은 아직 지식과 경험, 용기, 결단력을 갖추고 있지 않다. 장기 투자, 집중 투자, 올인 투자에 대한 심도 있는 공부가 아직 부족하기 때문이다. 가치 평가를 하고 매매 기법하에 장기 투자도 하고, 심리 컨트롤도 해봐야 한다.

내려가면 더 사고 싶은 주식에도 투자해봐야 하고, 추가 매수할 돈이 없으면 안타까워하면서 기다려보기도 해야 한다. 이 정도의 확신이 있다면 어느 정도 기본을 마스터했다고 볼 수 있다. 심리 컨트롤을 통해 기다리고, 기본을 지키고, 결단을 내리고, 용기를 내서 올인 투자하면서 진정한 투자자가 되어 가는 것이다. 사실 세상에서 가장 돈 벌기 쉬운 것이 어떻게 보면 주식 투자다. 그중 가장 많이 벌 수 있는 주식 투자 기법은 장기 투자다. 하지만 차트만 보고 사고판다면 그저 남들이 하는 방법으로 접근한다면 주식은 그리고 장기 투자는 돈 벌기 가장 어려운 투자법이 되고 말 것이다.

부록: 내 자식 금수저 만드는 수익 10배 종목

1. 아마존닷컴(4차산업혁명 1등주)

20년간 114배 상승(1997년 18$ → 2018년 2,050$), 사상 최저가 1.31$ 기준 20년간 1,565배 상승하였다. 시가총액 1천조 원을 돌파하였다. 또 다른 미국의 4차산업혁명 시대 1등 수혜주인 애플도 시가총액 1천조 원을 돌파하였다. 왜 이런 현상이 벌어졌을까? 전 세계의 4차산업혁명 시대가 본격화되면서 이 흐름의 수혜를 입은 종목의 주가가 끊임없이 오르게 된 것이다.

2. 삼성전자(반도체 1등주)

32년간 740배 상승(1985년 3,458원 → 2017년 256만 원), 사상 최저가 대비 32년간 740배, IMF 1997년 대비 80배 상승하였다. 시가총액은 300조 원을 돌파하였다. 국내 코스피 기준 시가총액 20% 정도를 차지한다. 세계 시가총액 기준 15등 정도로 파악된다. 왜 이런 현상이 벌어졌을까? PC 시대, 스마트폰 시대, 인공지능(AI) 인프라 구축 시대에 이르기까지 지금까지 끊임없는 혁신을 통해 시대를 선도해 왔기 때문이다. 현재는 메모리반도체 세계 1등 선도기업이자, 인공지능 기술을 활용한 비메모리 반도체 추격자로 나서고 있다. 1등을 하겠다는 목표를 세웠기에 또다시 고성장세를 보여줄 것이므로 지금도 팔지는 말고 사야만 하는 주식이다. 향후 언젠가는 시가총액 1천조 원을 돌파할 것으로 보인다. 2010년 이후 조선 고성장 시대는 끝났고 앞으로도 고성장은 어려울 전망이다.

3. 현대미포조선(중형선박 1등주)

5년간 148배 상승(2002년 2,760원 → 2007년 40만 7,500원), 사상 최저가 대비 5년간 148배 상승하였다. 조선 산업 고성장 시대에 가장 많이 오른 종목이었다. 현대중공업은 55배 올랐다. 왜 이런 현상이 벌어졌을까? 2000년 초 중국 서부 대개발 등 중국의 산업화가 본격화되었을 때 최대 수혜주는 조선 산업이었다. 그중 가장 빨리 실적이 폭발하는 종목을 찾는다면 중형선박의 비중이 높은 현대미포조선이다. 2010년 이후 조선 고성장 시대는 끝났고 앞으로도 고성장은 어려울 전망이다.

4. 아모레G(화장품 1등주)

15년간 220배 상승(2000년 974원 → 2015년 21만 5,500원), 사상 최저가 대비 15년간 220배 상승하였다. 왜 이런 현상이 벌어졌을까? 중국이 자본주의 경제 체제를 받아들이면서 도시를 만들고 건물을 세우고 그곳에 사는 사람들이 여유로워지면서 외모를 꾸미고 여행을 다니게 된다. 즉, 소비를 하게 되는 시대가 오는 것이다. 그런 시대를 맞이한 중국 관광객들이 가장 가까운 한국을 여행하게 되면서 한국의 면세품 특히 화장품에 관심을 갖는 것이다. 이 시대의 최대 수혜주가 화장품 단일사업부로 구성된 명품 이미지의 아모레퍼시픽이다.

5. 컴투스(모바일게임 1등주)

7년 간 56배 상승(2008년 3,406원 → 2015년 19만 1,500원), 사상 최저가 대비 56배 상승하였다. 2014년에는 1년간 10배 상승하였다. 왜 이런 현상이 벌어졌을까? 이전까지는 온라인게임이 대세인 시대였다. 휴대폰 시대가 본격화되면서 휴대폰으로 콘텐츠를 소비하기 시작했다. 초기에는 이용에 불편을 느꼈지만 기술혁명은 게임시장의 패러다임을 바꾸어 놓았다. 휴대폰을 넘어 스마트폰 시대가 열리면서 스마트폰으로 인터넷과 게임을 하기 시작한 것이다. 이제 온라인게임 시대에서 모바일게임 시대로 넘어간다. 이런 상황에서 성장의 한계가 있는 한국을 넘어 중국에까지 진출한 모바일게임 1등 선두주자가 컴투스다. 기존 게임 시장은 성숙기에 진입된 지 오래다. 향후에는 새로운 게임 시대가 열릴 것으로 전망된다. 5G를 통한 AR게임, VR게임, 게임 스트리밍 시대가 도래할 것이다. 여기서 투자 아이디어를 찾아야 한다. 5G 관련 게임 1등 수혜주에서 10배 종목이 탄생될 것으로 전망된다.

6. 에이치엘비(항암신약개발 1등주)

7년간 143배 상승(2011년 1,060원 → 2018년 15만 1,500원), 사상 최저가 대비 7년간 143배 상승하였다. 2012년부터는 80배 상승하였다. 2017년부터 2년간 15배 상승하였다. 왜 이런 현상이 벌어졌을까? 고령화 시대가 시작되면서 생명 연장과 건강한 삶에 대한 시대의 요구가 강해졌고 그 요구에 발맞춰 바이오신약 개발 시대가 본격적으로 시작되었기 때문이다. 바이오제약 최대 규모의 시장은 항암, 당뇨, 비만 시장이다. 에이치엘비는 항암 신약의 선두주자이자 가장 편리하면서도 부작용이 적은 경구용 표적 항암제로 순조롭게 임상이 진행되면서 매출이 기대되고 있다. 향후 지속적으로 항암신약개발 시장의 선두주자일 것이다.

7. 전기차 배터리 일진머티리얼즈, 엘앤에프, 대주전자재료(4차산업혁명 1등주)

3년간 일진머티리얼즈, 엘앤에프, 대주전자재료 등 10배 상승(2015년 8월 → 2018년 8월), 사상 최저가 대비 각 분야 1등 배터리 소재주 대부분은 3년 동안 최소 8배에서 평균 10배 상승하였다. 왜 이런 현상이 벌어졌을까? 4차산업혁명 시대의 심장 역할을 하는 것이 배터리 산업이고, 전기차 시대가 도래하면서 핵심이 되는 대규모 산업이 배터리 산업이기 때문이다.

8. 삼성SDI(2차 전지 1등주)

2년간 3배 상승(2016년 11월 → 2018년 9월), 사상 최저가 대비 30년간 42배 상승하였다(1988년 6,227원 → 2018년 26만 3,500원). 왜 이런 현상이 벌어졌을까? 삼성전자 부품(브라운관, LCD, LED재료, 핸드폰 배터리)과 ESS, 전기차 배터리를 제조하는 업체이며 전기차 시대가 도래하면 전사 실적 기여도가 가장 빠를 것으로 예상되는 전기차 배터리셀 업체다. 삼성그룹 주 중 제조업체로 삼성전자에 이어 외국인 소유 비중이 50%를 초과할 것으로 예상된다. 팔지 않고 사기만 해야 하는 주식인 것이다.

9. 일진머티리얼즈(글로벌 동박 1등주)

3년간 11배 상승(2015년 8월 → 2018년 8월), 사상 최저가 대비 3년간 11배 상승하였다(2015년 5,421원 → 2018년 6만 100원). 왜 이런 현상이 벌어졌을까? 4차 산업혁명 시대의 핵심 소재주로 특화된 중견그룹이자 삼성그룹의 핵심 부품 협력업체다. 글로벌 동박 시장점유율 1등 업체이자 글로벌 전기차 배터리셀 제조사에 동박을 납품하는 업체다. 전기차 시대가 도래할 때 전사 실적 기여도가 가장 빠를 것으로 예상되는 전기차 배터리 소재 업체이며 조선 산업 시대의 가장 많이 올랐던 현대미포조선과 닮은 회사로 평가할 수 있다. 경제적 해자를 보유한 기업이다. 끊임없는 혁신과 실적 성장을 경험하고 있는 4차산업혁명 시대에 특화된 1등 그룹주로 1급 투자자와 장기 투자자들이 팔지는 않고 사기만 하는 주식이다. 따라서 성장품절주가 되었다. 내 자식을 금수저로 만들어줄 대표적인 주식이 될 것으로 전망된다.

10. 셀트리온(바이오시밀러 1등주)

바이오시밀러 10년 사이클의 1등 수혜주로 이미 주가가 100배 상승했다. 그렇다고 앞으로 가격, 기간 조정을 거친 후에 10배 그 이상이 오른다고 확신할 수는 없지만 언제든지 장기 투자로 두세 배의 수익을 낼 수 있을 것으로 예상되는 고성장 산업의 핵심 종목 중의 하나다. 대시세주 투자 비법하에 장기투자가 아닌 모멘텀 투자로 접근해야 하며 두세배 이상 수익이 난다면 팔고 나온다는 전략을 세워 투자를 하면 좋을 듯하다.

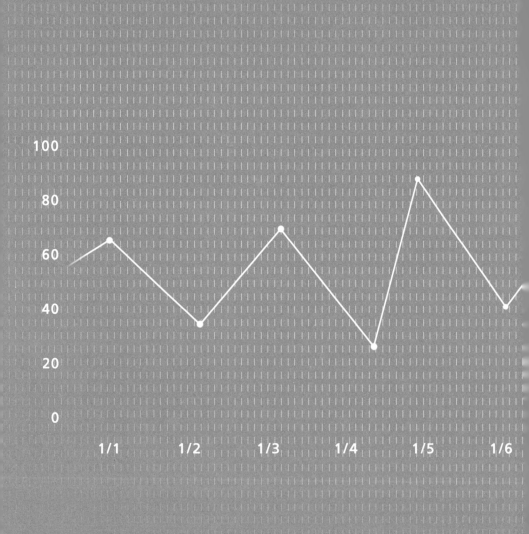

3부

올인 투자의
전제 조건

자신의 주식 계좌에 장기 투자 종목이 있는가? 시장 상황이나 가격 등에 연연하지 않고 장기 투자를 하고 있는 종목, 아직 매도할 이유가 없어서 보유하는 그런 개념으로 장기 투자를 실천하고 있는가? 단기 매매가 손해가 크기 때문에 보유하는 것이 아니라, 시간과 가격에 상관없는 개념으로 장기 투자 개념으로 보유하고 있는지 묻는 것이다.

　이익이 난 상태에서 가장 오래 보유했던 기간이 얼마였는가? 곰곰이 생각해봐야 한다. 3년 이상 보유하고 있으면서 이익이 난 상태에서 단 한 번의 매매 없이 4~5년이나 그 이상인 10년을 장기 보유하고 있다면 진정한 장기 투자자라고 볼 수 있다. 그러나 현재 손실 중이어서 원금 회복을 위한 본전 마인드로 장기 보유를 하고 있다면 장기 투자가 아니라 그냥 물린 상태인 것이다.

　필자의 투자클럽 회원 중 한 친구와 상담한 사례를 들어보자. 해외로 이주한 지 20년 후인 2017년에 귀국했더니 마치 하늘에서 150억 원이 뚝 떨어진 상황을 맞이했다고 한다. 주식으로 대박이라도 나셨냐고 물으니 해외 이주 전 삼성전자 주식 5억 원어치를 사놓고 살기 바빠서 그 사실을 까맣게 잊고 살았다고 한다. 그런데 20년 뒤 귀국 후 이 사실을 알았고, 증권사에 가서 확인하니 150억 원의 거금이 되어 있었다는 것이다. 그래서 바로 주식을 모두 팔아 현금화했다고 한다. 이분께는 이제 더 이상 주식을 하지 말라고 했다. 제대로 된 주식 투자 방법을 모르는 상태에서 이것저것 조금씩 매매하는 것으로는 돈이 늘기는커녕 줄어들 것이 분명했기 때문이다.

예상했던 것처럼 증권TV, 증권맨들에게 컨설팅을 받으면서 이것저것 매매하며 여전히 주식을 하고 있다는 그분의 소식을 듣곤 한다. 이 사례에서 한 번 생각해보자. 만약 이 주식 초보자가 삼성전자 주식 매입 사실을 잊어버리지 않았거나 계속 한국에서 살았다면 주식을 20년간 장기 보유할 수 있었을까? 만약 계속 한국에서 살았다면 연말이나 주총 때 증권사에서 보내온 우편물로 인해 삼성전자 보유 사실을 인지했을 것이고 두 배도 안 되어 다 팔고 지금처럼 이것저것 매매했을 것이다. 따라서 150억 원이란 거금은 만져보지도 못했을 것이다. 삼성전자, 대한민국 최고의 주식을 IMF 위기 때 샀으니 복리 마법이 붙어서 30배가 되었던 것이다. 즉, 자신도 모르게 장기 투자 비법이 작용되었기에 가능했던 것이다. 여기서 핵심 투자 포인트는 대한민국 1등주, 그룹주, 시대 흐름에 부응하면서 끊임없는 혁신과 실적 성장을 하는 기업인 삼성전자 주식에 자신의 돈을 장기 투자했다는 것이다. 이미 이익이 난 상태에서도 몇 배, 수십 배가 올라도 팔 이유가 없다면 계속 보유하는 것이 장기 투자 전략의 핵심이다.

그 다음 중요한 것은 미래에 대한 정확한 전망이다. 1~3년 내에 미래의 주가가 보이는 종목이 있는가? 1년, 2년, 3년 뒤 이 종목의 주가가 어디에 머물지, 얼마나 올라갈지 미래가 예측되고, 눈에 선하게 보인다면 최고의 전문가 수준이라고 할 수 있다. 미래를 보는 눈을 가져야 한다. 그러면 엄청난 돈을 벌 수 있다. 본인이 가진 장기 투자 종목이 1년, 2년, 3년 뒤에 어떻게 될지 예측할 수 있어야 한다. 늘 불안함이 있을 수 있다. 그래서 본인이 투자한 종목에 대한 확신이 생길 때까지 끊임없이 공부해야 한다.

장기 투자 사례를 하나 들어보자. 필자는 2016년 2~3월 일진머티리얼즈 주식이 1만 1,000원대에 있을 때 장기 투자 종목으로 선정한 후, 수많은 강연회 및 증권방송 온라인 생방송 회원들에게 일진머티리얼즈에 주목할 것을 강조했다.

필자의 투자클럽에서도 일진머티리얼즈를 매수하도록 추천한 지 6개월 후 80% 상승하였다가 2016년 겨울부터 2017년 봄까지 1만 1,000~1만 5,000원 제자리로 내려와 머물렀던 적이 있었다. 자금이 적은 사람들에게는 1만 2,000~1만 3,000원대에 50% 비중으로 이 종목을 매입하게 리딩했었다. 그 이후 이 종목은 1만 9,000원까지 갔다가 다시 1만 1,000원대로 내려왔다. 그 당시 왜 고점에 팔아주지 않았냐고 따지는 회원들이 있었고 일부 회원들은 엄청난 불만을 터뜨리며 투자클럽을 탈퇴하였다. 주식 투자금 5,000만 원이 있는 계좌에 2,500만 원어치나 되는 비중 50%를 편입하라고 리딩했으니, 고점(1만 9,650원)에 팔았다면 1,500만 원 정도 수익을 챙겼을 텐데 다시 본전까지 내려온 상황에서 화도 날만 했다.

하지만 그 이후 일진머티리얼즈의 주가가 1만 7,000원 이상 올라갔을 때 신규로 가입한 분들에게는 비중을 30%만 편입하라고 하고, 나중에 1만 5,000원 이하로 내려가면 그때 비중 20%를 추가해서 총 50%의 비중을 확보해 장기 투자 전략하에 장기 투자를 해야 한다고 강력히 리딩했다. 왜 그렇게 강력하게 리딩했을까? 50%의 비중을 편입하여 매수가 대비 30% 하락한다면 회원들이 대다수 탈퇴할 텐데도 왜 그렇게 했을까? 2016년 봄 전기차 산업의 성장성과 기업의 경쟁력, 기술력, 시장 점유율, 거래처 등을 종합해볼 때 미래 주가는 3만 7,700원의 사상 고점을 반드시 돌파한다는 것이 기정사실이었다. 내년이나 1년, 2년 안에 아무리 늦어도 3년 안에 어떤 경우에도 고점을 돌파할 것이라고 수없이 말했다. 이것이 미래를 보는 눈이다. 결국 예측대로 돌파했고, 최초 추천 후 1년 반 만에 4만 5,150원까지 올랐다. 그 이후 1년 뒤에는 또다시 4만 5,150원을 돌파한 후 최고가 6만 100원까지 2년 반 만에 추천가 대비 5배가 올랐다.

또 하나의 투자 사례를 살펴보자. 아이진이라는 바이오 신약주를 대시세주 투자 전략하에 리딩할 때도 미리 말했었다. 중장기 목표가 3만 8,000원이라고 설파했으며, 재료가 나오기도 전에 목표가 3만 8,000원까지 상승하게 되면 이 종목을 팔아야 한다고 주장했다. 왜냐하면 신약 재료가 나오면 다시 올라갈 수도 있겠지만, 신약 재료가 나와도 주가에 새로운 큰 모멘텀을 주지 못할 것이고, 바이오주는 테마성으로 움직이기 때문이다. 실제 아이진은 3만 7,400원을 찍고 1만 원대까지 내려갔다.

일반적으로 장기 투자를 할 때는 기간을 3년으로 보고, 주가는 2배, 3배 오를 것이라는 목표치를 두고 투자해야 한다. 대시세주는 2~3배의 수익을 보고 사기 때문에 투자하기 전에 이미 아이진처럼 1만 원에서 매수했다면 3만 원대까지 주가가 오를 것이 예상되어야 한다. 일진머티리얼즈 종목도 2016년에 1만 원대였을 때 최소 3만 원대까지 갈 것이 예상되었기 때문에 필자가 장기 투자와 대시세주 투자 종목으로 선정했던 것이다. 대시세주나 장기 투자 종목을 분석할 때는 반드시 그 종목의 1~3년 내의 주가 라이프 사이클을 그려보아야 한다.

이 책을 통해 도움을 받으면서 혼자 매매를 할 때도 미래를 반드시 예측할 수 있어야 한다. 주가가 내려갈 때 불안을 느끼는 것이 아니라, 기회로 여겨 더 사서 모으고 싶은 종목이 있다면 그게 바로 장기 투자 종목이 된다. 그런 확신을 가졌다면 누구나 장기 투자를 해도 된다. 내려가는 종목 중에 추가 매수하고 싶은 종목이 보였다면 장기 투자 종목이다. 반대로 장기 투자하지 말아야 할 한 가지 예를 들어보자. 만약 LG 디스플레이를 3만 원 대에 매입했는데 물렸다. 1만 9,700원으로 주가가 내려갔다. 그럼 많이 빠졌으니 이 주식을 추가적으로 사고 싶다면 장기 투자를 해도 된다. 그런데 물 타서 본전만 유지하고 나오는 것이 목적이라면 그건 장기 투자 종목이 아닌 것이다. 그냥 물린 것이다. 주가가 일시적으로 급락하여 40%, 50% 반 정도 내려갔다 해도 불안하지 않고, 추가 매수의 기회라는 생각이 든다면 그게 바로 장기 투자 종목이다. 내려가면 불안한 주식은 물 탈 게 아니라 도리어 바로 팔아야 한다.

2종목 편입에
적합한 투자자

앞에서 살펴본 상황을 고려한 다음에는 두 종목을 살지 세 종목을 살지 선택해야 한다. 장기 투자에 대해 공부해본 후 자신의 투자금으로 몇 종목을 편입할 수 있을지 생각해보자.

투자자 성향의 전제조건

2종목 편입에 적합한 투자자의 전제조건

☑ 성격이 급하고 참을성이 적다.
☑ 시간이 많다(퇴직자, 주부, 무직, 자영업)
☑ 중급 이상의 실력을 갖췄다.
☑ 매매가 잦고 특히 평가손 상태에서는 못 견뎌 한다.
☑ 심리 콘트롤에서 진다.

→ 자신에게 맞는 옷(매매기법 마스터)을 골라 입어야 한다.
→ '장기 투자 1개 + 단기매매 1개'로 큰 수익과 재미 도모가 필요

최적의 종목수는 투자자의 성향에 따라 결정된다. 직업에 따라서도 두 종목을 사야 할 사람과 한 종목을 사야 할 사람이 구분된다. 성격이 급하고 인내심이 적은 투자자는 주가가 조금만 내려가도 불안해한다. 자기 통제, 즉 마인드컨트롤이 안 되기 때문이다. 이런 분들은 한 종목을 사면 안 된다. 이들은 매매 성향상 주가의 가장 바닥에서 팔게 된다. 내 주식만 안 오르고 다른 종목만 다 올라가면 화가 나서 팔아버리고 만다. 참을성이 적은 투자자는 절대로 한 종목만 매매해선 안 된다. 퇴직자, 주부, 무직자, 일부 자영업자와 같이 시간이 많은 사람도 한 종목을 사면 안 된다. 이들의 경우 매일 시세만 들여다보면서 감정 조절이 안 되기 때문이다. 주가가 조금 올라가도 빨리 팔게 되고, 보유하지 않은 다른 종목이 눈에 보이면 팔랑 귀가 되어서 남들이 하는 말에 휘둘리게 된다. 내 주식이 100%의 수익이 나는데도 누가 다른 종목이 좋다고 하면 빨리 이익을 얻고자 갈아탄다. 그냥 보유해도 200~300%의 수익이 날 게 뻔한 종목이어도 마찬가지로 행동한다.

중급 이상의 실력을 갖춘 사람은 두 종목이 적당하다. 주로 고수나 중급 이상의 실력을 갖춘 투자자, 전문가들은 한 종목만 사지 않는다. 한 종목이 많이 올라가면 일부를 팔아 다른 한 종목을 더 산다. 보유한 종목이 많이 올랐기에 다른 종목도 많이 오를 거라 생각한다. 또 본인 스스로 자기 매매를 잘 통제하고 잘한다고 생각한다. 그래서 차트를 보고 교체 매매를 자주하게 된다. 따라서 중급 이상의 실력을 가진 사람은 한 종목만 하면 안 된다. 우직한 사람(진정성이 좋은 사람) 빼고는 한 종목에 매진하지 못한다. 평가 손익에 연연하는 사람에게는 두 종목 정도를 권장한다. 올인 투자에 집중하여 10배를 내기 위한 전략을 수립했더라도 이러한 성향을 가진 사람이라면 두 종목을 매입해야 한다. 즉, 자신에게 맞는 최적의 종목 구성을 하는 것이 현명하다.

주식 시장에서 투자자의 성별로 보면, 여성이 훨씬 더 주식 투자를 꼼꼼하게 잘 하는 특징을 보인다. 참을성이 많고 성격이 급하지 않는 여성의 특징이 주식 투자에 도움이 된다고 한다. 일반적으로 여성이 남성보다 인내심이 더 많은 것으로 여겨지는데, 그런 점에서 여성이 주식 투자를 잘하며 평균적으로 증권사의 수익률을 살펴보면 여성의 수익이 더 좋다고 한다. 필자의 투자클럽만 봐도 여성들이 더 많고 장기 투자를 잘하는 특징을 보인다. 남성들도 우직하게 잘하지만 여성, 특히 나이가 많은 여성의 경우 훨씬 더 우직하게 장기 투자를 잘한다. 성격이 급하고 갈아타기 좋아하며 기회비용을 따지는 투자자들은 한 종목에서 빨리 수익을 낸 후 다른 종목으로 가고 싶어 한다. 결국 실패로 돌아가고 만다.

이런 투자자들은 복리 효과를 얻기 힘들며 투자 성향상 절대 한 종목에 올인하면 안 된다. 조금 오르면 팔고, 또 내려가면 손절하고, 바쁘기만 하지 수익이 크지 않기 때문이다. 그래서 두 종목을 하되 한 종목은 장기로 투자하고 나머지 한 종목은 단기로 매매하는 것이 본인 성향상 가장 합리적인 방법이다. 결국 큰 수익은 장기 투자로 벌고, 그 외 한 종목은 교체 매매, 빠른 매매, 단타 매매하면서 시간을 보내면 된다.

예를 들면, 두 종목 중 한 종목은 앞으로 배터리 산업의 고성장성과 기업 실적(외형 + 이익)이 보장되는 삼성SDI를 장기 투자로 편입해두는 것이다. 다른 한 종목은 단기 매매를 하면서 사고파는 재미를 도모하면 된다. 그리고 장기 투자인 삼성SDI가 많이 빠졌을 때에는 단기 자금까지 투입하여 올인 투자하는 게 최선이다. 그 이후 본전 이상으로 올라가면 다시 일부를 팔고 그 다음 원래 목적대로 다시 단기 매매를 하면 된다.

자금 규모별 전제조건

2종목 편입에 적합한 자금 규모별 전제조건

☑ 투자금이 5억 원 이상
☑ 투자금 규모와 상관없이 매달 생활비나 용돈을 빼쓰고자 한다.
☑ 투자금 규모와 상관없이 재미(이익 실현)가 있어야 한다고 생각한다.
☑ 3,000만~1억 원 투자금으로라도 단기 매매를 해야 직성이 풀린다.

→ 그래도 장기 투자 종목으로 단기 매매하는 것이 낫다.
→ 결국 장기 투자 2종목 중에서 1종목씩 고점 매도 저점 매수

투자금의 규모와 상관없이 매달 생활비나 용돈을 빼 쓰고자 하는 사람도 한 종목을 사면 안 된다. 장기 종목을 편입하였는데 그 종목이 올라가면 팔고 내려오면 다시 매수하려고 하다 보면 결국 장기 투자도 못하게 된다. 반드시 장기 투자를 하겠다고 생각한다면 계좌를 장기, 단기로 구분해야 한다. 주식 투자금이 1억 원이라면 7,000만 원은 매매하지 않는 장기 투자 계좌로 하고, 나머지 3,000만 원은 단기 매매 계좌로 하는 것이 좋다. 투자금의 규모와 상관없이 사고파는 재미를 위해 이익을 실현하면서 소일거리로 하는 사람도 두 종목이 맞다.

세상에서 가장 재미있는 것이 돈 버는 것이다. 자본주의 사회에서 돈 버는 재미가 제일 크다. 투자 규모와 상관없이 이익을 실현하면 돈 버는

재미는 제법 쏠쏠하다. 장기 투자는 자주 매매가 이루어지지 않아 너무 단조로운 측면이 있으니 자신이 가만히 있지 못하고 계속해서 매매를 해야만 하는 성격이라면 두 종목을 하면 된다. 마인드 컨트롤이 안 되면 당연히 훈련을 해야 한다. 중요한 점은 장기 투자 종목으로 단기 매매를 하는 것은 금물이다. 그렇기 때문에 두 종목을 하는 것이 좋다는 말이다. 자금이 적더라도 단기 매매를 해야 직성이 풀리는 사람이 많다. 대다수의 투자자들은 장기 투자를 견디기 어려워하며 그냥 사고팔고 빨리 수익을 내고 싶어 한다. 이런 투자자에게 최적의 투자 종목수는 두 종목이다.

1종목 편입에
적합한 투자자

투자자 성향의 전제조건

> **1종목 편입에 적합한 자금 규모별 전제조건**
>
> ☑ 성격이 느긋하고 참을성이 많다.
> ☑ 시간이 없다(직장인, 전문직, 바쁜 자영업, 출장(여행)이 많은 사람)
> ☑ 아무것도 잘 모르겠다는 사람, 공부하기 싫은 사람, 나이 들어서 귀찮은 사람
> ┈┈┈┈┈┈┈┈┈┈┈┈┈┈┈┈┈┈┈┈┈┈┈┈┈┈┈┈┈┈┈┈┈
> → 평가손(이익) 상태에서도 잘 보유할 수 있고 종목 진정성이 좋다.
> → 자신에게 맞는 옷을 잘 골라 입어야 하며 종목에 '진정성'을 바쳐야 한다.

한 종목 편입에 가장 적합한 투자자는 누구일까? 앞에서 언급했듯이 본인이 한 종목을 할지 두 종목을 할지는 각자가 고민해서 선택해야 한다. 내일 세상이 끝난다 해도 오늘 사과나무 한 그루를 심을 정도의 마인드를 가진 사람이라면 장기 투자가 맞다. 반면에 직장인, 전문직 종사

자처럼 시간이 없고 출장이 잦은 사람은 물론 정년 퇴직 후 온전히 편안한 노후를 보내고 싶은 사람이라면 주식 시장을 자주 들여다볼 시간이 없기 때문에 최소 두 종목을 사야 한다고 생각할 수 있다. 하지만 아니다. 한 종목을 사는 게 훨씬 더 좋은 투자법이다. 초보자들은 아무것도 모르면서 주식 공부를 하기 싫어한다. 주식 공부라면 차트 공부를 하는 게 전부인 줄 안다. 장기 투자는 차트가 중요하지 않은데 말이다.

앞에서 종목에 대한 믿음이 없고 이것저것 생각이 많은 사람들과 조금만 내려가도 바로 손절하고 다른 종목을 사야 되나 안달하는 사람들은 한 종목 매매를 하면 안 된다고 했다. 반대로 종목에 대한 믿음이 강한 사람들은 한 종목을 사야 하고, 최고 수준의 실력을 갖춘 사람들(손절이 거의 없이 이익 보고 나오는 사람들)은 한 종목(올인 투자)이 맞다.

자신에게 딱 맞는 옷을 입혀주는 전문가는 드물다. 그래서 스스로 주식 시세 형성 원리를 배워 실전 투자를 해야 한다. 가격 원리, 시간 원리, 에너지 원리를 배워 놓고 대시세주 투자비법을 배워서 한 종목에 올인 투자할 능력을 갖추어야 한다. 대시세주 투자 비법과 장기 투자 비법은 일부 중복되는 내용이 있지만 많이 다르다. 대시세주는 경기 민감주도 가능하지만, 장기 투자의 경우 저성장 시대에 맞지 않는 경기 민감주는 손대지 않는 것이 중요한 투자 포인트이기도 하다.

2016년과 같이 경기가 다시 성장할 때 확실하게 주식 시장의 흐름이 바뀌었을 때라면 경기 민감주에 장기 투자를 해도 괜찮았다. 가능하다. 경기가 좋지 않았다가 2~3년간 경기가 좋아지게 되면 그때는 저가 대비 100%의 수익이 가능하기에 경기 민감주도 1년 정도로 보고 투자하기도 한다. 2016년에서 2018년 초까지는 경기가 좋았기 때문에 그 기간에는 경기 민감주에 편승하여 장기 투자를 해도 되었다. 박스권이나 하락장에서 경기 민감주는 주식 시장과 역행하기 때문에 이때는 장기 투자 종목이 아니다. 지수가 오랜 박스권을 돌파했을 때나 2017년 1월부터 지수가 상승할 때에는 경기 민감주인 POSCO나 은행주, 반도체주까지 다해도 되었다. 세부적으로 들여다보면 반도체의 경우 기술 혁명주이므로 경기 민감주의 개념과 조금 다르다. 반도체는 하나의 혁명 기술로 패러다임이 바뀌면 엄청나게 올라가기 때문에 장기로 투자해도 된다. 대시세주 투자 비법과 장기 투자 비법을 모두 마스터하면 한 종목을 투자할 수 있는 능력을 갖추게 된다. 투자한 종목이 향후 대시세가 날지에 대해서는 투자하기 전에 알아야 된다. 어디서 집중 투자를 할지 올인 투자를 할지를 알아야 한다. 그러기 위해서는 평상시에 계속해서 장기 투자에 대한 공부를 해야 한다. 장기 투자에 대한 확신과 안목이 생기고 난 후 투자하게 되면 종목에 대한 진정성이 부여된다.

"종목에 대한 진정성을 바쳐야 한다"의 의미는 오래 갈 종목을 샀다 팔았다 하면 안 된다는 이야기다. 아기한테 사탕을 줬다 뺏는 행위를 반복하면 그 아기가 조급증에 걸리고 성질만 나빠지는 이치와 같다. 주식도 마찬가지다. 가격만 보고 우왕좌왕하면서 팔고 사는 행위를 반복하게 되면 정작 주가가 본격적으로 대시세를 만났을 때는 주식을 보유하지 못하는 낭패를 볼 수 있다. 또한 장기 투자 종목을 사놓고도 시황을 보고 그 주식을 샀다 팔았다 반복하면 안 된다. 그런 행동이 반복되면 잔꾀를 쓰는 나쁜 투자버릇이 형성된다. 어떤 경우라도 잔머리를 쓰면 큰일을 그르치게 된다. 투자금 2억 원 이상을 가지고 주식을 시작할 때 이 종목 저 종목 사고팔기를 반복하면서 잔꾀 부리고 매매만 한다면 20억 원을 만드는 것은 하늘의 별 따기처럼 어려운 일이 된다. 하지만 장기 투자 종목에 대한 진정성을 가지고 집중(올인) 투자를 하면 실제로 10년 안에 목표치(10배)를 달성하는 것이 허황된 일이 아니다.

필자는 2016년도 전기차 배터리의 최대 수혜주들은 대다수 최소 10배는 올라갈 것이라 전망했었다. 전기차 배터리 산업의 경우 최소 10년 이상 고성장하기 때문에 장기 투자할 것을 방송을 비롯해 수많은 사람들에게 강력하게 강조했다. 특히 직장인에게 급여액의 10%라도 매월 매수하고 팔지 말라고 했다. 왜 그랬을까? 앞으로 4차산업혁명 시대가 본격화되기 때문이다. 혁명이 일어난다는 것은 새로운 시대가 열린다는 의미다. 변화가 일어날 때 생존에 유리한 방법은 변화의 흐름을 제대로 읽고 이에 편승하는 것이다. 이와 같은 세상 이치는 주식 투자의 핵심 비법과 아주 비슷하다. 우리 주변에도 과거에 집착하는 투자 행태를 일삼아서 망한 사례가 많다. 투자자 대다수는 자신만은 주식 투자로 망하지 않는다고 생각한다. 하지만 이

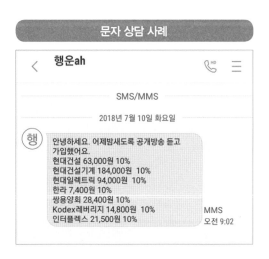

는 엄청난 착각이다. 과거에 집착하는 투자를 일삼는 사람들, 아무것도 모르고 샀다 팔았다를 반복하는 사람들은 실패할 확률이 크다. 이들은 도박처럼 주식을 하면서도 성공하겠다는 꿈을 꾼다. 이런 사람들은 더이상 더 크게 망하지 않도록 지금이라도 당장 주식을 그만 두는 것이 맞다.

앞의 문자 상담 사례를 살펴보자. 분명 시대에 뒤떨어진 투자다. 세상이 뒤집어지는데 나만 아니라고 생각하고 행동하는 나쁜 투자 사례다. 현대건설 6만 3,000원에 10%, 현대건설기계 18만 4,000원에 10%, 현대일렉트릭 9만 4,000원에 10%, 한라 7,400원에 10%, 쌍용상회 2만 8,400원에 10%, KODEX레버리지 1만 4,800원에 10%, 인터플렉스 2만 1,500원에 10%, 이건 주식 백화점, 주식 좌판이다. 더 자세히 살펴보자. 이렇게 하면서 어떻게 돈을 벌겠다고 하는지 도저히 이해가 되지 않는 포트다. 말도 안 되는 투자를 했다. 현대건설, 현대건설기계, 현대일렉트릭까지 건설과 기계 위주이자 3종목이 현대 그룹 주식이다. 그럴 바에는 3개 중에서 한 종목을 사야 한다. 현대건설 1종목을 그냥 30% 비중으로 사는 게 낫다는 것이다. 현대건설을 6만 3,000원에 10%를 샀다면 추가 하락 시 10% 더 사고, 5만 원 이하에서 10%를 추가로 사서 최종 30%의 비중을 확보하는 게 더 합리적인 투자다. 2018년 7월 말 무역전쟁이 한창인데 시대에 뒤떨어지게 레버리지 매수할 때가 아니었던 것이다.

아무리 주식 초보자라 해도 이런 투자는 지양해야 한다. 그것도 각 종목마다 10%씩의 비중인데 이것은 소중한 내 돈으로 장난치는 것이나 마찬가지다. 왜 10%씩 종목을 사야 하는가? 잘 모르니 불안하고 깨진 경험이 많아 위험해서 그런 것이다. 잘 모르면 사지 말아야 한다. 놀면 뭐하나 싶어 이 종목 사서 잠깐 먹고 나올까 하는 생각이 바로 개미의 사고방식이다. 또한 이 분은 비중 조절을 어떻게 해야 하는지에 대한 공부가 전혀 안 된 것이 분명하다. 비중 조절에 대한 공부는 철저히 할 필요가 있다. 주식 투자 비중 조절을 위해 가장 기본적이고 유용한 법칙은 켈리 법칙이다. 방정식처럼 외워서 실전 투자에 활용하면 비중 조절에 대한 고민이 해결될 것이다.

켈리 법칙 (2 × P) − 1 = x(P: 수익 날 확률, x: 비중)

이 방정식에 대입해보자. 현대건설이 현재 6만 3,000원이다. 최고가 7만 9,000원(2018.05.28)에서 내려왔으니 매수하면 안 된다. 이 종목은 대시세주 투자 전략하에 4만 원대였던 2018년 3월과 4월이 집중(올인) 투자하는 시점이었다. 실제 필자의 투자클럽이 3월경 주식선물로 투자금을 올인해서 2달 만에 종목 수익률 80% 내외의 수익을 확정하고 나온 종목이다. 아무것도 모르는 사람들은 고점 대비 20% 내려오니 그때에야 뒷북 투자를 조금 한다. 그럼 고점에서 내려오는 상황에서 6만 3,000원에 매수하게 되면 수익 날 확률이 얼마나 될지 계량화해봐야 한다. 물론 수익이 날 거라 생각하고 매수했을 것이다. 그렇지만 수익 날 확률이 단기적으로 50%도 안 된다. 50%라 가정하고 비중 조절 방정식에 대입해보자.

수익 날 확률이 50%니까 $(2 \times 0.5) - 1 = 0$이다. 결론은 비중이 제로다. 즉, 사면 안 된다는 말이다. 그럼에도 불구하고 이렇게 과학적이고 논리적인 방법으로 접근하지 않고 그저 막연하게 수익을 기대하고 매수한다. 수익 날 확률 P를 계량화하는 것이 가장 중요한 핵심이다. 투자자마다 다르겠지만, 초대형주가 단기에 100% 폭등했다가 내려오면 보통 다시 오를 것이라 예상하는데, 오히려 추가 하락할 확률이 80% 이상이다.

주식 투자는 과학이며 리스크 관리의 경우 더더욱 과학적으로 접근해야 한다. 필자의 투자클럽에서는 현대건설을 4만 원대에 매수해서 7만 원대가 되었을 때 매도했다. 왜 매도했을까? 집중(올인) 투자를 해서 목표치를 달성했기 때문이다. 거액자산가들이 투자를 결정할 때 이런 과정을 거치는 것이 기본이다. 이처럼 의사 결정 과정을 공부해서 자기 것으로 만들어야 한다.

2018년 3월 무슨 일이 일어났나? 남북정상회담 발표, 북미정상회담 발표가 있었다. 그러면 대북 수혜주의 실질적인 수혜주 중 그룹주를 찾아야 한다. 그리고 실적이 개선되는 종목을 찾아야 한다. 열심히 찾아서 차트와 대비해보고 딱 한 종목을 선정한 후 비중을 결정해야 한다. 4만 원대에 매수할 때 수익과 리스크를 계량해야 한다. 당시 계량 결과 리스크 10%, 수익 날 확률 중 최소 5만 8,000원까지 오를 확률 70%, 5만 원 내외까지 오를 확률은 100%라는 결론을 도출했었다.

$(2 \times p) - 1 = x$일 때 $p = 70 \sim 100\%$이니까 $(2 \times 0.7 \sim 1.0) - 1 = 0.4 \sim 1$이다. 그렇다면 40 ~ 100%의 비중으로 편입하면 된다. 일단 40%를

양말과 주식의 구별 투자법	
양말	주식
필요할 때 산다	다른 사람이 원할 때 산다
세일 때마다 더 많이 산다	세일이 아닐 때 더 많이 산다
여러 해 보관한다	가급적 빨리 판다
구멍이 나면 헝겊 주머니에 보관한다	가격이 내려가면 두려움을 느낀다

자료: 제이슨 츠바이크, 《머니 앤드 브레인》

매수한 후 평가손 났을 때 추가 20%를 산다. 그리고 기다리다가 박스권 돌파 시 나머지 40%까지 추가(총 100%)하면 된다. 이것이 바로 최고의 대시세주 투자 비법하에 대시세주를 집중(올인) 투자하는 비법인 것이다. 이는 돈이 돈을 버는 단계에서 거액자산가들의 한결같은 투자 전략이다. 이런 방법으로 공부하여 실전 연습을 하고 실력을 다질 때 주식을 정상 적으로 하고 있다고 볼 수 있다.

주식 투자를 할 때 투자나 매매 기준을 정해놓고, 원칙 없이 사고팔지 않고, 가격(시세)에 연연하지 않으며, 종목에 대한 확신을 갖고 주식을 시 작해야 한다. 양말 하나를 구입할 때에도 내 체형이나 유행, 실용성, 가 격, 수량 등을 체크한 후 최종적으로 제품을 결정한다. 하물며 주식 투 자를 할 때는 말할 것도 없다. 누구에게나 소중한 돈이며 적지 않은 돈 을 가지고 주식 시장에 뛰어들면서도 양말 고르는 일보다 쉽게 생각할 때가 많다. 양말 하나 구입할 때보다 더 어리석은 생각과 불합리한 의사 결정 과정을 거쳐 주식 투자를 감행하는 것이 투자자들의 일반적인 행 태다. 체계적인 과정을 통해 제대로 된 내용을 완전히 습득했을 때 돈이 돈을 버는 진짜 주식 투자자로서의 기본 소양을 갖출 수 있을 것이다.

자금 규모별 전제조건

┌───┐

1종목 편입에 적합한 자금규모별 전제 조건

☑ 투자금이 5억 원 이하가 좋다.
☑ 5억 이상부터는 KOSPI200, KSQ150 이내에서 투자금에 맞춘 종목 선정을
  해야 하기 때문에 장기종목 선정이 아주 어렵다.
☑ 투자금이 10억 원 이상부터는 3~10년간 보유해도 되는 종목 선정이 우선이다.

──

→ 투자금이 1억 원 이상부터는 1종목 장기 투자는 실패 없다.
→ 투자금 1억 원 이상부터는 장기 투자로 50% 수익은 기본이다.
→ 1종목 올인 투자는 기하급수적으로 수익을 낸다.

└───┘

투자 금액은 5억 원 이하가 가장 좋다. 한 종목으로 코스피 200, 대형주(시가총액 1조 이상)에 5억 원을 투자해도 된다. 5억 원 이상부터는 코스피 200 내에서 한 종목을 선택해야 하고, 코스닥 150, KRX 300 안에서 선택해야 한다. 10억 원으로 한 종목을 산다면 코스피 100 내에서 사든지 더 압축을 해야 한다. 5억 원 이상부터 투자금에 맞춰 종목을 선정해야 하기 때문에 장기 종목 선정이 아주 어려워진다. 예를 들어 2018년 7월 말 장세에서 10억 원을 투자하여 한 종목을 사려면 엔씨소프트를 사야 했고 삼성전자나 하이닉스를 사면 안 되는 거였다. 왜 그럴까? 이때부터 50%, 100% 수익이 날 수가 없기 때문이다. 지수가 움직이지 않는 시대, 박스권 장이라든지 하락할 때는 장기 투자 종목이라 하더라도 10억 원씩 한 종목을 올인하면 안 된다. 매수 가능한 종목이 거

의 없기 때문에 투자금이 큰 분들은 더더욱 큰돈 벌기가 어렵다. 투자금 10억 원 이상부터 최고의 투자 비법은 3년간, 10년간 보유해도 되는 종목을 선정하는 것이다. 즉, 본인이 장기적인 안목을 갖고 최소 3년 정도, 10년 정도는 보유해도 되는 종목에 투자하는 것이 장기간 성공적으로 투자하는 최고의 비법이다. 그래야만 수년이 지나면 계좌 수익률이 50~100% 올라 수십억 자산가로 탄생하게 된다. 만약 10억 원의 투자 원금으로 세 종목을 편입한다면, 한 종목을 3억 원어치 사고 두 종목을 3억 원어치 산다고 했을 때 세 종목 모두 3년, 5년 동안 보유해도 괜찮은 종목이어야 한다. 성장주, 고성장주 중에서도 미래 가치가 끊임없이 증가할 수 있는 종목이어야 한다. 그래야만 수년이 지났을 때 계좌 수익률이 50~100% 오르는 것이 가능하다.

만약 본인이 은행 이자 정도로 안전하게 돈을 버는 것이 목적이거나 소심한 성향이어서 평가 손익에 연연해 잠도 잘 못 잘 정도라면 올인하지 말고 다른 방식을 택하는 것이 좋다. 그래도 10억 원이 투자 원금이라면 3종목 이상 편입하면 안 된다. 5~20종목을 편입해야 직성이 풀린다면 직접 투자하지 말고 펀드 매니저에게 맡겨서 간접 투자하는 것이 훨씬 안전하다. 만약 10억 원으로 3종목을 편입한다면 A종목에 4억 원, B종목에 3억 원, C종목에 3억 원으로 분산하되, 최소 3년 이상이나 10년 동안 투자해도 되는 대형주 중장기 투자 종목을 선정해서 분할 매입에 나서야 한다. 즉, 장기 고성장 산업 내에서 고성장 대기업을 찾고 미래 가치를 평가해서 투자하기로 결정했다면 그때부터 비중이 확보될 때까지 지속 매수하기만 하면 된다. 물론 장기 고성장 산업, 장기 고성장 기업을 찾기가 요즘은 하늘의 별 따기처럼 어렵다.

필자는 딸이 둘인데, 부모에게 자식이 모두 그렇겠지만 눈에 넣어도 아프지 않을 존재들이다. 그래서인지 애들 엄마가 이렇게 얘기하곤 한다. 네 아빠는 너희들이 원한다면 별도 따다 줄 거라고. 정말 그렇다. 뭐든지 다 해주고 싶다. 당연히 할 수 있다면 별도 따다 주고 싶다. 어린 딸들의 반짝이는 두 눈에 별을 영원히 담아주고 싶다. 말이 안 된다는 걸 알지만 아무튼 그 순간은 참 행복한 시간이다. 왜 이런 얘기를 하냐고? 장기 투자의 전략을 공부하고 장기 투자를 실행해서 돈을 벌기 시작하면 주식 투자도 참 행복한 과정일 수 있기 때문이다.

시간을 들여 연구해서 고성장 산업을 찾아내고 관련 수혜주를 찾아서 분석하는 일, 최종 장기 투자 종목으로 결론을 내는 과정, 그 이후 투자를 집행하는 일, 행복해하는 가족과 함께 거액자산가가 된 나의 모습… 이 얼마나 행복한 투자자의 모습일까? 필자에게 주식 투자가 행복하다고 얘기하는 클럽 회원들이 많다. 이 글을 쓰는 지금도 필자는 행복을 느낀다. 장기 투자 전략에 대한 내용을 한 사람이라도 더 읽고 주식에 대한 새로운 개념을 형성하여 도박이 아닌 장기 투자를 하는 데 도움을 주고 싶다.

올인 투자에 필요한
자세와 방법

1등주만 사 모아도 인생역전은 떼어 놓은 당상

그렇다면 고성장주, 미래가치주를 미리 사 두어야 하는데 어떻게 큰 시세가 나기 전에 예측하고 선택할 수 있을까? 확실한 방법은 무엇일까? 그 방법은 뒤에서 좀 더 다루도록 한다. 이것도 저것도 잘 모르고 귀찮다면 그냥 전문가를 선택하는 것도 하나의 방법이다. 투자금이 1억 원 이상인 경우 어떤 경우에도 주식 투자로 실패해선 안 된다. 실패는 없어야 한다. 실패하지 않는 비법은 분명하고 간단하다. 장기 투자 전략을 제대로 세우고 장기 투자를 실천하면 된다. 지식이 짧거나 시간이 없거나 돈이 적거나 하는 문제는 전혀 큰 문제가 아니다.

왜 우리 국민들이 대한민국 1등 주식을 절반도 갖지 못하는가?(거래소 전체 외국인 비중 33%, 삼성전자 비중 56%), 우리 국민들(직접투자 + 간접투자)이 최소 절반 이상은 가져야 한다. 삼성전자가 상장될 때부터 돈이 생기면 단 몇 만 원 이상이라도 저축하듯 사 두었다면 지금 어떻게 되었을까? 노후 걱정 없이 살 수 있었을 것이다. 만약 수입의 20%만 매달 사 두었다면, 국민연금이 매달 자산 증식 규모에서 삼성전자가 전체 주식에서 차지하는 비중만큼(현재 시가총액의 20% 내외) 삼성전자를 88년(국민연금 시작)부터 30년간 사 두었다면 지금 어떻게 되었을까? 만약 그랬다면 국민연금이 삼성전자 주식을 현재 매입 금액 기준 130조 원어치(국민연금 총 수입금액 2018년 기준 650조 원의 20%)를 보유하게 되었을 것이다. 그럼 현재 시가총액의 절반은 국민연금이 보유하게 되는 것이다. 배당금만 연 3%에 해당된다. 이렇게 했다면 국민연금이 고갈될 걱정을 할 이유는 전혀 없었을 것이다.

장기 투자(퇴직연금) 성공 사례를 보자. 호주는 직장인이 퇴직하면 퇴직연금으로 매달 250만 원 이상이 나온다고 한다. 자산 운용을 살펴보니 장기 주식 관련 투자가 60% 비중이다. 즉, 장기 투자 비법을 실천한 결과로 국민을 위한 넉넉한 연금이 보장되는 것이다. 이렇게 직장 퇴직연금 가입자들을 돈 걱정에서 해방시켰다. 이런 사례를 접할 때마다 우리나라 국민연금의 주식 투자 현황과 현실이 너무 안타깝게 느껴진다. 다음은 우리나라 퇴직연금 DC형 수익률 톱5 현황이다. 10년간 가장 높았던 수익률이 4.78%다. 이러면 어찌 퇴직 후에 퇴직금으로 살아갈 수 있단 말인가? 매스컴에서는 국민 연금 운용 수익률 연 1%만 올려도 연금 고갈 시기를 60년 정도 늦출 수 있다고 한다.

주식 관련 일을 하는 오피니언 리더 집단들이 지금까지 자신의 이익을 위해서 단기 매매를 유도했다고 의심할 만하다. 이제라도 리더 집단

퇴직연금 DC형 수익률 톱5				
DC형		1년	5년	10년
1	한국투자증권	0.02	1.55	4.78
2	하나금융투자	1.39	2.12	4.55
3	대신증권	0.03	1.70	4.51
4	유안타증권	0.82	2.59	4.45
5	신영증권	−0.85	1.66	4.37

* 1년은 2018년 2분기~2019년 1분기, 단위: %
자료: 금융협회별 공시

들은 대중 투자자들이 성공적인 투자를 하는 데 방해는 되지 말아야 한다. 성공적인 투자를 하고 싶다면 제발 잦은 매매는 하지 말고 기업 실적을 보고 주식 투자를 하라고, 특히 장기 투자를 해야 돈을 벌 수 있다고 설파해야 한다. 주식을 단기 매매해서는 큰돈을 벌 수 없다는 사실을 나도 알고 너도 알고 있다.

성공한 사람들은 한결같이 미래는 자신이 설계하고 자신이 보는 대로 이루어진다고 말한다. 그렇다면 우리가 가진 여유 자금 중 50%만, 또는 내 수입 금액 20%만 무조건 눈 딱 감고 장기 투자 전략하에 주식에 투자해보자. 그러면 우리의 미래는 어떻게 될까? 국민 소득이 연 3만 불을 돌파했다. 그럼 수입의 평균 20%면 기본 50만 원은 매달 주식 매입이 가능하다. 연간 600만 원, 10년이면 6,000만 원이고 20년이면 1억 2,000만 원이다. 그리고 20년간은 경제 활동으로 수입이 생긴다. 그럼 주식 투자 원금은 1억 2,000만 원일 것이다.

처음부터 주식에 대해 아무것도 모른다면 그냥 대한민국 1등주(성숙기,

쇠퇴기 예상 산업은 제외)를 사고, 좀 더 공부가 되면 성장하는 산업의 1등 수혜주를 사라. 1등주가 더 이상 성장을 멈춘다면 팔면 되고, 또 다른 주식 중 새로운 성장 산업의 1등 수혜주를 사면 된다. 1등주가 무엇인지 모르면 전문가들에게 물어보면 된다. 이렇게만 해도 20년간 투자한 주식의 원금은 최소 10배가 불어난다. 당연히 아무것도 모르고 산 대한민국 1등주(삼성전자)도 10배는 오르고, 가장 나중에 산 신규 성장 1등주(2000년 초 조선주, 2010년 화장품주, 2016년 전기차주)도 주가가 수배 이상 올랐을 것이다. 그런데 왜 투자자들이 이렇게 행동(투자)하지 않을까? 그냥 사고파는 것을 주식 투자라 생각한 탓이다.

　더욱이 수년 동안 주식을 해서 돈을 벌지 못했는데도 오늘도 내일도 같은 방법으로 같은 실수를 반복한다. 이제는 제발 오솔길에서 탈출해야 한다. 그 오솔길이 다들 지름길이라 해도 더 이상 속지 말아야 한다. 얼마나 더 해봐야만 속았다는 걸 깨닫게 될 것인가. 단타, 단기 매매로는 거액자산가가 될 수 없다. 지금 당장 바꾸어야 한다. 생각을 바꾸어야 내 주식 인생이 바뀐다. 장기 투자 전략하에 주식 투자를 해야 한다. 엔씨소프트가 지금(2018.07) 35만 원인데, 앞으로 70만 원으로 갈 조짐이 보여서 이 종목을 장기 투자로 선정하여 10억 원어치를 샀다. 잠깐은 평가손이 나더라도 실패 이유가 없다. 10억 원을 한 번에 딱 살 만한 구간이면 사면 되고, 그렇지 않고 분산이나 분할 매집의 시점이라면 매집하면 된다. 기법을 보고 투자하면 투자금 1억 원 이상부터는 장기 투자 종목인 경우 50%의 수익은 기본이다. 투자금 1억 원 이상부터 장기 투자로 대형주를 사든지 어떤 주식을 사더라도, 한 종목 또는 두 종목을 편입하더라도 한 종목에 기본 50%의 수익이 나야 한다.

만약 LG전자를 장기 투자할 때를 예로 들어 살펴보자. 8만 원대가 깨진 2018년 7월 7만 원대에 사고자 한다면, 50%를 실어서 장기 투자의 개념으로 최소 15만 원은 올라가야 한다. 10억 원어치를 투자한다면, 7만 5,000원에 우선 5억 원을 투자하고 그 다음 올라가면 확인 후 사고, 아니면 내려갔을 때 더 사면 된다. 이런 방법으로 분할하여 10억 원어치를 다 사는 것이다. 그러는 과정에서 만약을 대비하여 주식에 대한 매매전략을 세워놓아야 한다.

그런데 LG전자가 중장기 목표가를 실현하고 내려왔다고 그냥 장기 투자로 사면 될까? LG전자라면 2018년 무역전쟁, 보호무역의 피해주다. 이 시기는 장기 투자 매수 시점이 아직 아닌 것이다. 단기로도 사면 안 되는 시기다. 자신의 계좌에서 LG전자를 한 종목으로 10억 원을 산다면 조정 후 다양한 경우의 시나리오를 짜놓아야 한다. 예를 들어 지금부터 바로 오를 것인가, 아니면 계속 내려서 4만 원까지 내려갈 것인가, 정말 손절해야 되는가 등의 리스크를 모두 감안하여 분석해서 리스크가 없다는 판단이 섰을 때 매수해야 한다. 주식은 아무 때나 매수하는 것이 아니다. 한 종목으로 집중, 올인 투자하는 길은 엄청나게 어렵다. 그러나 세밀하게 분석한 후 정확한 판단으로 한 종목에 올인 투자했을 때 돈은 기하급수적으로 늘어난다. 1종목에 올인할 만한 종목이나 용기가 없다면 현금을 들고 있으면 된다. 3억 원으로 10년간 30억 원을 벌려면 매년 3억 원씩 모아야 한다. 이건 정말 불가능하다. 그런데 3억 원이 3배가 되면 9억 원이다. 그 후 다시 9억 원어치를 올인한 후 몇 년에 걸쳐서

3배로 오르면 27억 원이 된다. 이렇게 하는 것이 기하급수적으로 돈 버는 비법이다. 즉, 3억 원을 매수하여 3배가 나서 9억 원이 되었다. 다시 더블로 가면 18억 원이다. 이렇게 수익을 내는 것이 필자의 전략이다. 장기 투자 비법대로 한다면 기하급수적으로 돈을 버는 게 결코 불가능하지 않다. 돈 버는 과정이 기하급수적으로 이루어져야만 돈이 돈을 벌게 된다. 자본주의 사회에서 주식 투자는 돈이 돈을 벌게 하는 최고의 투자법이다.

처음부터 1억 원을 가지고 시작하거나 3,000만 원으로 시작하여 3억 원으로 오를 수 있는 10배 종목을 사야 한다. 아니면 3,000만 원을 가지고 3배인 1억 원이 될 때까지 가지고 가서 1억 원이 되고 나면 다시 새로운 종목으로 3배, 즉 3억 원으로 올려야 한다. 그 다음부터 큰돈이 된 후에는 분산 투자를 해서 돈을 늘려가도 된다. 하지만 제일 중요한 건 일정한 수준까지 돈이 올라가지 않고는 절대로 큰돈을 못 번다는 사실이다. 한 회원이 2억 8,500만 원으로 다섯 개의 종목을 분산 투자해서 많은 종목을 샀다고 한다. 이 회원은 앞으로 5억 원을 만들 수 없다. 오히려 손실이 더 날 수 있다. 좌판식으로 여러 종목에 투자하는 것은 위험하다. 과연 하락장에서는 어떻게 될까? 예를 들면 3억 원을 가지고 7,000만 원씩 4종목을 샀다고 치자. 주식 시장이 좋지 않을 때 4종목 중에 1종목이라도 올라가면 다행이다. 나머지는 모두 지수와 함께 빠진다. 이런 투자로는 절대 돈이 되지 않는다. 본인은 충분히 가능하다고 확신하겠지만 시장 메커니즘을 모르기 때문에 가질 수 있는 확신이다.

올인 투자에 대한 전제 조건 핵심 포인트

올인 투자에 대한 전제 조건 핵심 포인트

☑ 첫째, 나의 수준을 파악하라.
☑ 둘째, 장기 투자 종목인지 파악하라.
☑ 셋째, 월봉 차트로 주가의 위치를 파악하라.

→ 결단했다면 중간에 전략을 바꾸지 말고 밀고 나가야 한다.
→ 올인 투자의 가장 중요한 덕목은 기다리는 것이다.
→ 기다림이 행복한 시간이어야 한다.

성공적인 장기투자를 위한 가장 중요한 조건인 똑똑한 한 종목에 투자하는 올인 투자에 대해 살펴보자. 첫째, 나의 투자 수준을 파악해야 한다. 한 종목에 올인했을 때 불안해서 잠도 못 잔다면 주식을 하지 않는 것이 좋다. 굳이 해야 한다면 목표 수익률을 낮추고 성장하는 산업 수혜주 중 1등주만 매매해야 한다.

둘째, 장기 투자 종목인지 파악해야 한다. 종목을 살 때 장기 투자 종목인지 아닌지 먼저 면밀하게 분석해야 한다. 주식 투자에서 분석 능력은 필수다. 이 책을 통해 장기 투자 종목인지 아닌지 파악할 수 있는 능력을 길러보자.

셋째, 월봉 차트로 주가의 위치를 파악해야 한다. 만약에 지금 LG전자의 주가가 30만 원 간다 하더라도 제일 중요한 것은 10만 원에 샀을 때 앞으로 30만 원으로 오를 것이라는 확신을 했어야 한다는 거다. 마냥 차트만 들여다본 다음 내려온 걸 산다면 실패한다. 본인이 알고 있는 차트만 믿고 어떻게 1종목을 장기 보유할 수 있겠는가?

장기 투자 종목의 핵심을 파악해야 한다. 향후 3분기 실적이 더 이상 나오지 않는다면 먼저 기업을 분석하고 장기 투자 종목인지 파악해야 한다. 성장성이 파악되면 그때 월봉 차트까지 보고 어디가 바닥인지 찾아내야 한다. 그 다음에 중기, 단기 분할 매수로 매집할 종목인지, 아니면 한 번에 투자해서 편입할 종목인지 파악하는 절차가 필요하다. 이렇게 분석했는데 그 종목의 주가가 벌써 랠리가 시작되었다고 판단되면 한 번에 다 사야 된다. 랠리가 아직도 멀었다고 분석되면 비중을 조절하면서 매집한다. 투자금이 10억 원이라면 일단 30%, 3억 원을 사고 그 뒤에 천천히 차트를 보면서 추가하면 된다.

신입 회원들의 3억 원 투자 사례를 한번 살펴보자. 3억 원 중 절반의 1억 5천만 원어치는 일단 올인 투자에 권한다. 그러면 투자자들은 "이런 장에 50%를 이렇게 올라온 주식에 투자하래? 미쳤나봐" 하며 의심하고 안 사고 내려가기만을 기다린다. 그리고 난 후 어느 시기에 주가가 크게 올라가면 그때 후회한다. 이래서는 장기 투자를 하기 어렵다. 초보자에게는 50%가 큰 비중이지만 전문가에게 50%의 종목 편입은 큰 비중이 아니다. 장기 투자 종목에 확신이 있다면 얼마나 많이 확보할 수 있는지가 중요한 것이기 때문에 주가가 내려가면 다른 종목을 다 팔아서라도 사야 한다. 그 정도 확신을 가져야 성공한다. 장기 투자로 삼성SDI를 10억 원어치를 사겠다고 결정했다고 가정해보자. 그럼 결정한 대로 10억 원을 편입하는 방법을 수립해두어야 한다. 현재 10억 원의 투자금 중에 일단 5억 원어치만 사야지('차트 모양이 별로니까', '더 내려갈 수도 있으니까')라고 생각했다면 5억 원어치를 사고 기다려야 한다. 빠질 만큼 빠지면 나머지를 3억 원에서 2억 원 정도 분할 매매할 것으로 전략을 수립했다면 그대로 실천해야 한다. 시장 가격을 보고 전략을 수정하면 안 된다. 실전에서는 전략을 수립하고서도 주가가 하락하면 두려워서 계획대로 실천하지 않는다. 그러면 장기 투자는 실패다. 전략대로 끝까지 밀어붙여야 한다. 장기 투자를 할 때는 시장에 따라 전략을 바꾸면 안 된다. 시나리오를 짰으면 그대로 밀고 나가야 돈을 벌 수 있다. 주식의 역사는 항상 똑같기 때문에 시장에 따라 잔꾀를 부리면 안 된다.

올인 투자의 가장 중요한 덕목은 기다림이다. 한 종목 다 사놓았으면 기다리는 방법밖에 없다. 농사를 지으려면 봄에 씨를 뿌린다. 가을도 되지 않았는데 추수부터 할 생각을 해서는 안 된다. 일단 매수했으면 익을 때까지 기다리는 시간이 필요하다. 봄에 씨를 뿌린 다음에는 물도 주고 풀도 뽑아 주어야 한다. 여름이 지나 가을이 되면 그때 추수를 한다. 기다리는 건 당연하다. 풍성한 열매를 수확하려면 기다려야 한다. 장기 투자는 이런 사이클이 기본이다. 주식의 기본은 가치 평가가 끝난 후 기다리는 것이고 복리 수익률을 실천하는 것이다. 즉, 손절하지 않고 수익이 났을 때 이익을 실현해야 한다. 어떻게 주식 투자의 기본인 기다림이 어렵다 하는가?

기본이 안 된 사람은 주식 투자를 하면 안 된다. 실전에서 전략 수립에 문제가 없다면 기다리는 시간은 행복한 시간이어야 한다. 내려가면 더 사고 싶어야 한다. '제발 올라가지 마라. 월급이 나오면 타서 더 사야 되는데, 3개월 뒤에 적금 만기라 그때 돈이 생기는데 그 전에 많이 오르면 어떻게 하지?' 장기 투자를 위해서는 이 정도의 마인드로 종목에 대한 확신을 가질 수 있는 공부가 되어 있어야 된다. 그 정도의 공부도 하지 않고 확신을 갖지 못할 바에는 차라리 쉬는 게 낫다. 확신할 수 있는 종목이 나올 때까지 그런 종목을 찾을 때까지 1년이고 2년이고 놀아야 된다. 그래야 돈을 번다.

수익금 20억 원 이상일 경우 5종목 구성 방법

수익금이 20억 원 이상이 될 경우에 다른 방법을 제시하고자 한다. 물론 기본 투자 금액이 2억 원 이상 되면 수익금이 20억 원 이상 되는 것은 더 쉬울 것이다. 중장기 투자 종목 2억 원어치를 가진 사람이라면 당연히 그 결과는 20억 원이 될 수 있다. 두 번 정도 매매해준다면 20억 원 이상의 수익이 예상된다. 그때부터는 주식 투자의 방법을 조금 달리하여 5종목을 편입해도 된다.

수익금 20억 원을 벌었다고 가정하자. 한 종목을 팔지 않고 벌었든 몇 번 사고팔기를 반복하며 벌었든 그 수익금이 20억 원 정도라면 이때부터는 다섯 종목을 포트에 편입해도 10배의 수익을 낼 수 있다. 그 방법을 제시하고자 한다. 투자금 2억 원으로 투자를 시작해서 22억원이 되었다면 수익금은 20억 원이다. 이 시기에도 수익을 끝없이 올리는 방법은 바로 종목을 5개 이하로 구성하는 것이다.

수익금 20억 원 이상일 경우 5종목 구성방법

☑ 첫째, 수익금이 20억 원 전에는 집중 올인 투자 전략을 변경하면 안 된다.
☑ 둘째, 종목 늘리는 기준은 일부 차익 실현 후 그 차익금으로 늘리는 것이다.
☑ 셋째, 차익금으로 신규 매집하는 종목도 대시세주 장기 투자다.

첫째, 수익금이 20억 원이 나오기 전에는 집중 올인 투자 전략을 변경해선 안 된다. 기본 전제조건은 수익금이 20억 원이 되었을 때다. 목표액이 20억 원이기 때문에 20억 원이 달성된 이후에는 5종목까지 늘려도 상관없다.

둘째, 종목을 늘리는 건 일부 차익을 실현하고 난 다음 원금이 아닌 그 차익금을 가지고 하는 것이다. 팔아야 되지 않을 주식을 전부 다 팔아서 종목 교체 차원으로 주식을 사면 안 된다. 만약에 5억 원어치를 사서 주가가 올라 3배인 15억 원이 되었다고 하더라도 매도할 근거가 없으면 보유해야 한다. 물론 3배의 수익을 달성하였기에 팔고 싶어진다. 그래도 15억 원을 다 팔고 다른 주식을 하면 절대 안 된다. 이런 마인드로는 10배 수익을 내는 주식을 보유할 수 없다. 필자도 그런 경험이 있다. 에이치엘비를 매수한 후 가만히 들고만 있었어도 100배 수익이 가능했던 것을 잘못된 판단으로 놓친 적이 있다. 교체를 해서 다른 걸 투자하면 더 빠르다고 생각한 것이다. 이 종목으로 4배, 5배 수익이 났으니 전량 팔아서 다른 종목으로 더블 수익을 내면 10배가 될 것이라는 생각으로 다른 종목으로 옮겨 탔다. 주식 투자로 세계 1위 부자가 된 워런 버핏은 그렇게 하지 않는다.

셋째, 차익금을 가지고 신규로 매집하는 종목은 대시세주 장기 투자에 적합한 종목이어야 한다. 시대의 흐름을 보면 한 종목이 아니라 여러 종목이 같이 오는 경우가 많다. 새로운 시대 흐름에 맞는 주식, 훌륭한 장기 투자 종목이 있다면 이런 방법을 사용하라. 그렇게 해야 이게 물리더라도 다른 걸 조금 더 팔아서 사는 게 가능하다. 계좌의 종목을 늘린다는 건 일부 매도한 차익금으로 신규 장기 투자 종목을 늘린다는 것이지, 빠른 교체 매매의 개념이 아니라는 것이 중요하다.

수익금 인출과 장기 보유 전략

☑ 워런 버핏처럼 10년 이상 들고 가도 되는 종목은 보유해야 한다. 단 이익 실현은 일부라는 걸 수익이 명심해야 한다.
☑ 인생동반주는 10배가 아니라 100배 이상가기도 한다.
☑ 수익금으로 원금회수한 후에는 추가 차익 실현에 신중해야 한다.

10년 이상 들고 가도 되는 종목은 매도할 이유와 근거 없이는 끝까지 보유해야 한다. 팔고 싶다면 이익 실현(투자 원금 회수)을 위해 일부만 팔아야 한다. '이익 실현'이라는 것을 명심해야 한다. 손절은 없다는 것이다. 결국 원금을 확보했기 때문에 이익금만 가지고 장기 투자를 하는 것이다. 그러므로 이 주식은 팔 이유가 없다면 평생 팔지 않아도 된다. 이렇게 해야만 투자금이 크든 작든 장기 투자로 10배 이상의 수익을 거둘 수 있다.

3배가 올라서 1억 원이 3억 원이 되어도, 장기 투자 전략에 견주어 봤을 때 팔 이유가 없으면 팔지 않고 계속 보유해야 한다. 그 이후 상승하여 저가 대비 10배까지 올라갔다면 그때 꿈은 이루어졌다고 볼 수 있다. 물론 10배 수익을 내기 전에라도 돈이 필요하면 팔아야 하지만 거액자산가가 되겠다는 꿈을 포기하지 않는 경우라면 투자 원금만 팔아야 된다. 즉, 3억 원까지 갔을 때 1억 원 어치를 팔고 2억 원은 남겨두어야 한

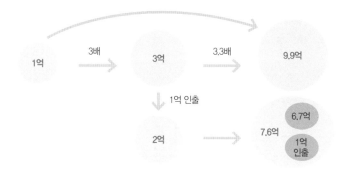

1억   3배   3억   3.3배   9.9억

1억 인출

2억   7.6억   6.7억

1억 인출

다. 남은 2억 원이 3.3배 더 오르면 6억 7,000만 원이 된다. 한 주도 안 팔았다면 10배인 9.9억 원이 되는데 중도에 1억 원을 뺐으니 수익이 6억 7,000만 원밖에 안 되는 것이다. 하지만 나머지라도 팔지 않고 장기 보유 했으니 그 정도라도 큰돈이 된 것이다. 10배, 30배, 100배 수익을 바라 볼 수 있는 종목은 워런 버핏의 말처럼 '죽음이 나와 주식을 갈라놓을 때까지' 팔아야 될 이유가 없을 때는 팔지 않아야 한다. 복리 효과를 위 해 이런 개념이 중요하다. 그래야 한 종목에서 10배 수익을 낼 수 있다.

장기 투자 전략대로 실천만 하면 누구든 거액자산가로 거듭날 수 있 다. 작은 돈을 투자하여 큰돈인 10억, 20억 원의 수익이 났다면 원금만 인출하고 이익금은 재투자해야 한다. 20억 원대가 되어도 한계를 느끼 지 말고 지속적으로 같은 방법대로 투자해야 한다. 수익금이 20억 원이 되더라도 20억 원에 머물지 말자. 다시 25억, 200억, 300억 원을 만들 수 있다. 지금까지 했던 방법대로 남들처럼 사고팔기만 반복하면서 수익 을 못 냈던 그 시절로 돌아가지 말자. 이제는 허송세월하지 말자. 필자도 바보 같은 짓을 여러 번 되풀이했었다. 그 이유는 제대로 된 방법을 실천하지 않았기 때문이다.

필자는 쳐다볼 수 없을 정도의 거금을 벌어들인 한 후배가 있다. 그 후배의 경우 장기투자 전략을 그대로 실천하여 한 종목으로 100배의 수익을 내고 나왔다. 한 번 더 강조하지만 수익금으로 원금을 회수한 후 나머지 금액은 매도할 이유가 생기기 전까지는 차익 실현에 신중해야 한다. 단순히 주가가 오르고 내려가는 상황만 볼 게 아니라 자신이 투자한 기업의 비즈니스 진행 상황을 보아야 한다. 그러면서 시대 흐름을 보면 된다. 매수할 때 초심을 끝까지 유지하라는 뜻이다. 지금 자신의 투자금이 몇 백만 원, 몇 천만 원밖에 없어도 상관없다. 이런 전략으로 하다 보면 나중에는 큰돈이 된다.

스스로 장기 투자 전략으로 성공하기도 했고 성공한 사례를 계속 지켜보는 입장에서 성공적인 투자를 위해 중요한 것은 "몇 배 가는 주식을 사라", "대한민국 최고 1등주를 사라", "1등이 될 주식을 사라. 주식은 사는 것이지 파는 것이 아니다"라는 투자 마인드다. 필자가 가장 잘하는 것이 장기 투자이고, 그에 대한 자부심도 크다. 필자의 회원들도 장기 투자자로서 자부심이 크다.

소수의 종목에 집중 투자하는 최고의 사례는 워런 버핏이 이끄는 버크셔 해서웨이의 장기 투자 보유 현황이다. 위 사례는 2017년 말 기준으로 버크셔 해서웨이의 투자 포트폴리오 보유 종목의 비중이다. 각각 17.2%, 16.5%, 12.1%, 10.8%, 8.8%, 다섯 개 종목의 비중이 65.4%를 차지한다. 이들 다섯 종목의 수익률은 각각 1,313%, 1,070%, 313%,

*2017년말 기준

34.6
기타

17.2(147)
웰스 파고

단위: %
*( )안은 수익률

16.5(35)
애플

아메리칸
익스프레스

8.8
(1070)

12.1
(313)

10.8
(1313)

코카콜라

뱅크오브아메리카

자료: 버크셔 해서웨이 홈페이지

147%, 25%로 10배 이상의 종목이 2개나 된다. 500조 원 이상의 투자 금으로 소수의 종목에 투자해서 지속적으로 성공한다는 것이 누구에게 가능한 일은 아니다. 따라서 워런 버핏의 투자 방식을 눈여겨볼 필요가 있다. 그의 투자 금액은 무려 500조 원이 넘는 규모다. 이 금액이면 대한 민국 KOSPI 시가총액의 40% 정도다. 5개 종목에 64%라면 300조 정 도를 이 5개 종목에 투자했다는 거다. 어떻게 그럴 수 있었을까? 옛날부 터 팔지 않고 계속 가져왔기 때문이다. 즉, 장기 투자했다는 증거다.

워런 버핏은 이렇게 얘기했다. "내가 죽어도 헤어지지 않을 종목, 죽음 도 나와 갈라놓을 수 없는 종목은 바로 코카콜라다. 뱅크오브아메리카 나 애플은 산 지는 그리 오래되지 않았다. 아메리칸 익스프레스는 2008 년 금융 위기 때 미국이 망한다고 했을 때 샀다. 그 이후 이 주식도 10 배 이상 올랐다. 코카콜라는 왜 사서 팔지 않았을까? 코카콜라는 세계 어디서든 소비한다. 중국이나 북한 사람들도 마시기 때문에 코카콜라는 성장을 지속한다. 그러니 절대 팔 일이 없는 것이다. 아직도 이들은 끝없이 이익을 내고 있다."

워런 버핏은 이 5개 종목으로 1년에 거의 90%의 수익을 거둔다. 배당금만 해도 최초 투자 원금이 나올 정도다. 이 다섯 개 종목의 이익이 위런 버핏의 회사, 즉 버크셔 해서웨이 전체를 먹여 살리고 있는 것이다. 그래서 워런 버핏은 분산 투자할 바에는 그 돈을 개나 갖다 주라고 한다.

한 강연회에서 워런 버핏은 이렇게 말한다. 능력 없는 펀드 매니저들이나 책임 회피형 운용사들이 흔하게 강조하는 것이 분산 투자다. 만일 몇몇 종목에 집중 투자를 했다면 장이 빠질 때는 큰 손실이 발생되면서 돈이 빠져나가기 때문에 분산투자를 해야만 한다는 것이다. 펀드를 하는 자산 운용사들이 돈을 지키는 유일한 방법은 분산 투자다. 만약 요즘 같은 장에 한 종목에만 집중해서 그 종목이 깨진다면 자산 운용사의 경영도 위기에 봉착하게 된다. 2018년 하반기에 코스닥 벤처 펀드를 많이 해약하고 나갔다. 기대감 대비 과도하게 오른 바이오주 종목들에만 너무 많이 집중되었기 때문에 바이오주가 하락하면 해약하게 되는 것이다, 하물며 개인이 어떻게 기다리겠는가? 그래서 분산 투자를 해놓는 펀드의 경우 손실이 나도 펀드 매니저가 책임을 회피할 핑계를 찾기 쉽다. 시장에서 얘기하는 종합 지수도 똑같다. 분산투자를 하면 자산 운용사의 잘못이 적어지는 것이다. 그러니까 워런 버핏이 시장에서 이야기하는 것은 전부 다 개나 갖다 줘야 한다고 단언한 것이다.

아직도 집중 투자를 공부를 하지 않고 분산 투자를 하면서 평생의 시간을 낭비하고 있는가? 100% 비중을 실어도 안전한 종목을 찾는 공부를 하는 것이 중요하다. 뭘 안다고 맨날 사고파는가. 확실한 종목에만 집중하라. 그래야만 워런 버핏처럼 복리 마법이 작동되어 20억 원 이상의 수익을 낼 수 있다.

장기 투자 마력에 빠지는 순간 이미 거액자산가

이제 서서히 장기 투자 마력에 빠져 들어야만 한다. 이 마력이 얼마나 흥분되고 희열을 느끼게 하는지 알게 될 것이다. 단기 매매는 이제 쳐다보지도 않을 정도로 달라지게 된다. 자금 3,000만 원이나 5,000만 원으로 무엇을 이루고자 단타나 단기 매매를 하며 매일 바쁘게 사는가? 올인 투자, 장기 투자가 거액자산가가 되는 지름길임을 아는데도 말이다. 10억 원이나 20억 원을 벌기 위해서는 지속적인 공부가 필요하고 그러다가 기회가 오면 과감하게 집중 투자를 해야 한다. 그것이 장기 투자의 기본이 되어야 한다.

3년 동안 장기 투자를 하며 그 주식 하나에만 미쳐서 살아보라. 그러면 돈에서 해방될 것이다. 3년 동안 한 종목에 미쳐 보았는가? 3년간 한 종목에 미쳐 있으면 그 누구라도 성공적인 결과를 만들면서 돈에서 해방될 수 있다. 무조건 3년 동안 한 종목에 미치면 2~3배 정도의 수익은 난다. 1억 원이면 2~3억 원이 되고, 3억 원이면 6~9억 원이 된다. 이런 식으로 3년 동안 한 종목에 미쳐서 3배의 수익을 내고 나면 그 다음부터 주식이 쉬워진다. 장기 투자 종목에 투자해놓고 기다린 후 수익을 내서 다 판다. 그 이후 두 배 수익이면 6배이고, 3배 수익이면 9배가 된다. 10배가 쉽게 이루어진다.

실적이 나오는 종목들은 3년간 투자한다는 생각으로 집중하고 올인 투자한다면 종목 수익률이 최소 50%에서 100%는 나올 수 있다. 2018년 주식 시장이 좋지 않고 2019년에도 별로 장이 좋지 않다면 강세장이 늦어도 2020년에는 나오리라 예상된다. 클미 회원의 사례처럼 원금 2.8억 원으로 1종목에 투자한 결과 2018년 7월 기준 6억 원대가 되었다. 강세장이 되어 전체 시장이 폭등한다면 이 회원의 자산은 기본 15억 원은 될 것이다. 즉, 15~20억 원이 된 상태에서 전량을 팔아서 다른 한 종목(예를 들어 증권주)에 투자해서 2배의 수익을 내고 나오면 30~40억 원이 된다. 그럼 원금 2억 원대에서 10배 이상의 수익이 나오는 것이다. 한 종목을 매수하여 5~10배만 수익을 내고 나온다면 그 다음부터는 더블 수익만 되어도 돈은 매우 크게 불어난다.

자신의 찬란한 미래를 그려 보아야 한다. 그럼 성공하는 것이다. 한 종목에 미쳐 보기 바란다. 1종목에만 집중하는 것이 어렵다면 1종목은 단기 매매로 가되 1종목만이라도 장기 투자 전략에 따라 투자하는 연습을 해보길 바란다. 그렇게 되면 주식으로 돈 버는 법을 알게 될 것이다.

사회생활을 처음 시작하는 사람이나 수백만 원의 여유 자금도 없어 살아가기 빠듯한 사람이라도 지금 당장 단 몇 만 원을 장기 성장 산업 수혜주 중 그룹주에 투자하라. 딱 한 종목만 선정하고 지속적으로 복권 사듯 그 주식을 사 모으는 것을 3년 동안만 실천해보라. 그럼 인생이 달라질 것이다.

4부

장기 투자의
기본

인생을 살면서 기본과 도리를 갖추어야 좋은 대우를 받으며 인간답게 살 수 있다. 주식도 마찬가지로 기본을 갖추는 것이 중요하다. 여러분은 주식 투자의 기본이 무엇이라고 생각하는가? 앞에서 잠깐 살펴본 주식 투자의 3가지 핵심 요소에 대해 짚고 넘어가자. 이 내용만큼은 꼭 기억해야 한다.

첫째, 가치 평가다. 이것을 모르고 주식을 하는 것은 도박을 하는 것과 다름없다. 주식은 현재의 가격만 보는 것이 아니라 그 기업의 미래 가치를 평가하여 투자해야 한다.

둘째, 기다림이다. 기다림이란 주식 투자에서 가장 중요하면서 또 가장 어려운 것이다. 특히 돈의 여유가 없거나 장기 투자 경험이 없는 사람에게는 기다림의 시간이 가장 어려운 문제가 된다. 그래도 명품(대시세)이 탄생하려면 기다리는 시간, 숙성되는 시간이 기본적으로 필요하다.

셋째, 복리 수익률이다. 복리 수익률은 양의 수익률과 시간의 개념이다. 장기 투자의 기본 개념과 일맥상통한다. 장기 투자를 하려면 이와 같은 주식의 세 가지 기본을 갖추고 있는 종목에 투자해야 한다. 장기 주식 투자를 한다는 것은 가치 평가를 통해 주가를 분석할 수 있어야 하고, 시간의 개념 및 기다림을 실천해야 한다는 것이다. 이러한 주식의 기본과 장기 투자 비법을 실천한다면 큰 수익은 너무나 당연한 것이다.

IMF 때 3천만 원대의 투자 원금으로 삼성전자 주식을 3만 원대에서 1,000주를 샀다면 현재 20~30억 원의 자산이 되어 있을 것이다. 그 주식을 자식에게 물려주어 자녀 세대에 또 2배가 되면 60억 원, 3배가 되면 100억 원이 된다. 금액의 볼륨이 완전히 달라지는 것이다. 지금도 계속해서 시대에 맞는 새로운 사업을 만들며 수익을 창출하고 있는 똘똘한 종목들이 여럿 있다. 장기적으로 이들의 주가는 계속해서 올라 갈 것이다. 장기 투자 주식은 대다수가 그렇게 오른다.

장기 투자에서 가장 중요한 것은 주가를 대하는 자신의 마음가짐이 바뀌어야 한다는 거다. 앞에서 살펴보았듯이 성공적인 투자를 위해 필요한 여러 중요한 요소가 있겠지만, 무엇보다 투자에 대한 기본적인 마인드가 제대로 정립되어 있어야 한다.

투자할 가치가 있는
종목 고르기

앞에서 장기 투자에는 매수가가 중요하지 않다고 말했다. 일진머티리얼즈를 사례로 장기 투자에 대한 기본적인 내용을 보자. 전기차 시대가 본격적으로 도래한다면 일진머티리얼즈 주가는 10배까지 갈 수 있는 종목이다. 5만 원 대의 가격에서 10배면 50만 원대다. 지금은 시가총액 2조 원 전반대지만 시가총액 20조 원대까지 진입할 수 있다고 본다. 향후 2025년 이후에 5,000억 원 정도의 영업 이익이 나온다면 시가총액 20조 원대가 될 것으로 전망된다. 그럼 주가는 저가 대비 100배 정도 갈 수 있다는 분석이다. 전기 자동차 산업의 성장과 함께 배터리 산업의 성장 속도를 본다면 충분히 50만 원대까지 갈 수 있으리라는 분석이다. 전기차 배터리, 즉 대형 배터리 산업의 성장 전망을 보게 되면 배터리 핵심 소재인 동박은 향후 2025년까지 7년간 13배 성장할 것이라 분석된다.

일진머티리얼즈의 사상 최저가는 5,000원대다. 100배가 오르면 50

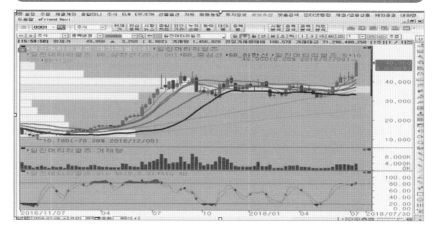

만 원대다. 아직은 전기차 시대가 반드시 도래할 것이라고 확신할 수 없

지만, 순수 전기차(EV)가 자동차 시장에서 30~50% 침투한다면 가능할

것으로 보인다. 물론 전기차 침투율이 10%도 안 된다면 불가능하겠지

전기차 배터리용 동박 수요 전망 차트

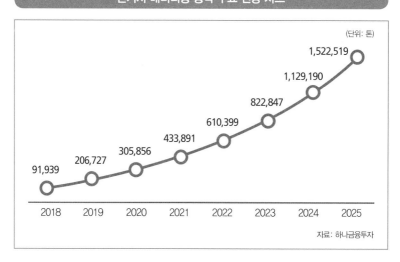

삼화콘덴서 월봉 차트

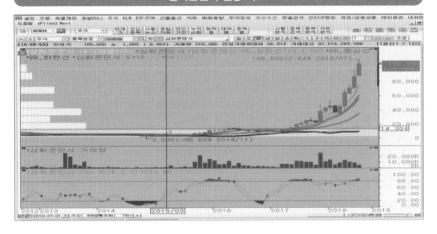

만, 향후 10년 이내에 전기차 비중이 30% 이상은 될 것으로 전망된다. 그렇다면 장기 시세로는 충분히 100배는 달성될 것이다. 전 세계 전기차 시장은 산업의 특성상 시대의 요구에 힘입어 도입기 이후 필연적으로 고성장 산업으로 탄생될 것이 분명하다. 이렇게 주가는 그 산업의 성장과 그 기업의 실적을 통해 예측하는 것이다.

위의 삼화콘덴서의 월봉 차트를 살펴보자. 주가가 사상 최저가 대비, 4년 동안 거의 30배가 된 것을 알 수 있다. 2018년 여름에 10만 원대였던 주가가 향후 조정을 거쳐서 5년 이후 30만 원대로 오른다면, 10년 동안 100배 주가가 탄생되는 것이다. 앞으로 전기차 시대가 본격화되고 10년 뒤의 실적을 예상하면 30만 원대로 오른다는 예측이 무리가 아니다. 물론 장기적으로 끊임없는 실적 성장이 입증되어야 가능하다. 일진머티리얼즈도 마찬가지로 50만 원대까지 가려면 앞으로 끊임없이 실적 성장이 받쳐주어야 한다. 시설 증설이 현재보다는 거의 10배(20만 톤 증설)가 늘어나야 한다는 것이다. 그래서 기업의 내용이나 산업의 발전 속도를 지속적으로 체크해야 한다.

주식은 살아 있는 생물이다. 따라서 주식은 변동성이 높아 끊임없이 오르다가도 언제 돌아서서 제자리로 내려갈지 모른다. 그 이유는 기대감과 성장 속도가 불일치하기 때문이다. 기대감 때문에 올라갔다가도 기대 실적이 늦어지면 주가는 제자리로 돌아가게 된다. 그러므로 산업과 기업에 관한 공부를 계속하고 성장 속도와 주가 관계를 계속 체크하며 대응할 준비가 되어 있어야 한다.

에이치엘비는 인간의 가장 큰 욕망인 생명 연장 이슈로 발굴된 종목이다. 2012년 봄 필자는 에이치엘비에 대해 처음에는 신약 개발의 속도 등을 감안하여 최초 매수했던 1,500원 대에서 기대감으로 최소한 1만 원은 오를 것이고, 10년 내에 10만 원대로 갈 수 있다고 모든 회원들에게 장기 추천주로 리딩했었다. 그 당시에 3년 내에는 절대 팔지 말라며

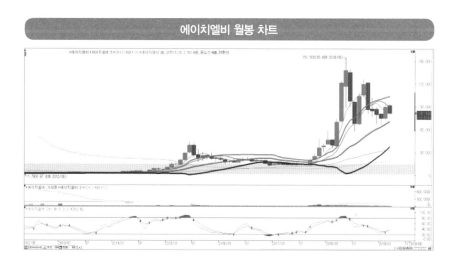

에이치엘비 월봉 차트

강력 추천하고, 150명의 유료 회원들에게는 1만 주씩 장기 투자하라고 말했었다. 컨설팅에서 장기 투자로 추천하면서 3년 내에 1만 원대로 갈 것이니 어떤 경우에도 1만 주 정도는 뺏기지 말라고 했으며, 임상 3상까지 신약 개발이 잘 진행된다면 10만 원대도 갈 거라고 전망했다. 그 이후 주가는 오르고 내리고를 반복하다가 2015년 바이오 열풍이 불면서 4만 3,500원까지 올랐다. 그리고 바이오 열풍이 꺼지기 시작하면서 급락하여 1만 원 초반대까지 내려갔지만, 2018년에는 100배인 15만 1,500원까지 올라갔다.

산업과 기업의 성장이 지속되더라도 주가는 요동친다. 주인과 개의 산책론(실적과 주가의 상관관계)을 생각한다면 이해가 쉬울 것이다. 에이치엘비의 주가가 4만 원대에서 1만 원 초반대까지 내려간 후, 2년간 머물고 있을 때 대다수 투자자들은 기다리다가 지쳐 손절이나 익절을 하고 다른 종목으로 교체했다. 그때 당시 간과하면 안 되었던 것이 바이오 신약에 대한 패러다임이 변하고 있었다는 거였다. 에이치엘비의 자회사인 LSK 바이오의 신약 개발 능력과 임상 속도를 잠시 잊어버리고, 그저 현재의 주가만 보고 판단하면 안 되었던 것이다. 에이치엘비의 주가는 2017년도 여름부터 그 다음해 5월까지 10배가 올랐다. 바닥에서 30배 정도 오른 후 고가 대비 1/3 정도까지 내려앉아 2년 동안 주가 부진이 이어졌다. 그런 후에 10배가 올랐다. 결국 이렇게 해서 최저 바닥 대비 100배가 되었던 것이다. 6년간 저가 대비 100배였으므로 사실 6년간 매수만 했더라도 인생은 주식으로 성공했을 것이다.

과거 중국의 고성장기에는 기계, 조선, 화학 등의 설비, 운송 산업 주가 상승률이 대단했었다. 중국 개혁 개방으로 경제 성장률이 좋아질 때 중국 인프라의 투자 최대 수혜주는 10배, 100배씩 올랐다. 현대미포조선이 147배, 현대중공업은 55배까지 올랐다. 이제는 저성장 고착화 시대이기 때문에 과거 전통 산업 수혜주로는 결코 10배, 100배가 오를 수가 없다. 주식도 반복의 역사이므로 주가가 10배, 100배 오를 수 있는 기업을 찾아 투자하는 것이 인생역전할 수 있는 가장 빠른 길이다.

종목을 선택하는 방법을 한번 생각해보자. 지금 코카콜라를 사서 10배를 기대하는 것은 미련한 짓이다. 넷플릭스, 아마존, 알파벳 등 4차산업혁명의 핵심 수혜주를 사고 10배를 기대하는 것이 더 합리적이다. 왜 그럴까? 코카콜라도 세계 인구가 줄어들게 되면 수요가 지속적으로 줄고, 코카콜라의 수요가 줄면 서서히 실적도 줄 것이기 때문이다. 그럼 장기적으로 주가도 내려갈 것이다. 이런 생각이 바로 주식 투자자에게 중

에스엠 월봉 차트

요하다. 하루 이틀 또는 한 해 두 해의 시세보다는 시대의 큰 흐름을 보고 투자하는 장기 투자 마인드가 필요하다.

에스엠 월봉 차트를 살펴보자. 에스엠은 엔터테인먼트 산업 중 국내 1위 기업인 대형 연예 기획사다. 실적의 변동이 있었지만 그래도 1위를 지속적으로 유지하였기에, 최저가 대비 거의 100배 정도 올라 사상 최고의 주가를 기록했다. 에스엠의 오너인 이수만 회장의 능력을 초창기에 알아보고 장기 투자 관점에서 지속적으로 매집하여 보유했다면 인생역전이 시작되었을 것이다.

다음은 삼성전자 연봉 차트다. 삼성전자는 한 번도 성장이 멈춘 적이 없는 1등 기업이다. 실질적 창립 시기로 보는 1988년부터 30년간 매출은 80배 이상을 기록했고 수익은 계산할 수 없을 정도로 폭발적 성장을 지속했다. 물론 스마트폰 시대가 성숙기에 진입했지만 전기차, 바이오,

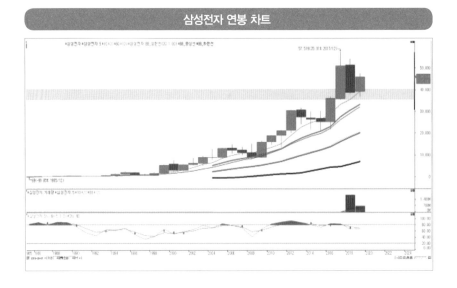

삼성전자 연봉 차트

전장 반도체 등 새로운 사업을 통해 공격적인 투자를 지속하고 있다. 가전 시대 1등, 스마트폰 시대 2등, 메모리 반도체 시대 1등에 이어 바이오 비메모리 반도체 등에서 또 1등이 되기 위해 바짝 따라붙고 있다. 즉, 대한민국 1등이자 세계 1등의 유전자가 지속적인 진가를 발휘하고 있는 것이다. 그런데 그 똑똑하다고 하는 전문가 집단이 삼성전자는 고평가된 종목이고 주가가 많이 올랐으니 팔라고 한다. 미래에도 끊임없이 성장할 기업(끊임없는 성장 기업)을 보지 못하고 현재의 주가만 보는 것이다. 이 주식을 35년 동안 사기만 했다면 어떻게 되었을까?

삼성전자와 같은 기업이 고작 10년 성장하고 멈출까? 아니다. 시대가 요구하는 새로운 사업을 끊임없이 발굴할 것이다. 4차산업혁명은 이미 시작되었다. 시대의 요구는 무엇일까? 지금도 늦지 않았다. 세상을 앞서 나가는 4차산업 주체 세력군에 지금이라도 합류해야 한다. 주체 세력군이 어디에 집중하고 있는지를 파악해서 행동으로 옮겨야 한다. 그래야만 앞으로 주식 투자로 성공한 인생을 살 수 있을 것이다.

이 시대에는 전기차, 신약, 게임, 엔터테인먼트 기업에 주시할 필요가 있다. 에스엠을 보자. 에스엠의 주가는 끊임없이 오르면서 폭발력을 발휘하고 있다. 1등주인 에스엠 주가는 기본적으로 10배, 30배까지 올랐고 장기적으로는 100배가 올랐다고 볼 수 있다. 그런데 엔터테인먼트주의 경우 신약이나 게임 등의 업체같이 주가가 100배까지 가는 것이 쉽지는 않다. 아이돌 가수의 경우 30대가 되면 인기가 떨어져 단명하는 직업이고, 또다른 새로운 아이돌 발굴을 위해 투자와 시행착오가 필요하기 때문이다.

한편 코스닥의 셀트리온 주가는 저점 3,230원에서 시작하여 39만 원까지 올랐었다. 2018년 기준 시가총액은 36조다. 이처럼 바이오의약품 제조업체인 셀트리온도 고성장 산업의 1등 수혜주여서 100배 주식이 탄생된 것이다. 셀트리온의 실적 컨센서스를 보면 2020년의 영업 이익을 1조 원으로 예상했다. 영업 이익이 1조 원이므로 시장에서의 시가총액은 50조로 형성될 수 있다. 영업 이익을 기준으로 PER로 환산하면 50배이기 때문이다. 2017년 기준으로는 100배가 된다. 2018년 여름 그 당시 분석으로는 끊임없이 고성장하는 것으로 파악되었기 때문에 시장에서 먹힌 것이다. 지금도 고성장을 하고 있지만 향후 성장 속도에는 한계가 있다. 경쟁 기업들이 새로운 복제 의약품을 판매하고 있기 때문이다. 중국산 제품들이 저렴하게 들어오면서 경쟁하는 과정에서 복합 변수가 생기기 마련이다. 또한 타사의 복제 의약품뿐 아니라 오리지널 의약품과도 경쟁해야 한다. 그렇기 때문에 이제는 장기 투자에 신중해야 한다.

실적 성장의 신뢰도가 예전보다 많이 낮아지고 있다. 영업 이익률이

셀트리온 실적 전망

12월 결산	매출액 (십억 원)	영업이익 (십억 원)	세전이익 (십억 원)	순이익 (십억 원)	EPS (원)	증가율 (%)	BPS (원)	PER (배)
2016	670.6	249.7	229.3	178.0	1,427	13.2	16,447	73.8
2017	949.1	522.0	505.7	399.4	3,195	123.9	19,380	69.2
2018F	1,091.3	522.4	501.8	395.5	3,153	(1.3)	22,018	87.5
2019F	1,506.1	778.0	766.5	603.4	4,719	49.7	26,223	58.5
2020F	1,882.7	992.0	981.7	772.9	5,929	25.6	31,533	46.6

50%로 너무 좋은 상황이기에 자연스럽게 경쟁사가 계속 생겨 실적이 낮아지는 과정이라고 볼 수 있다. 따라서 영업 이익의 성장은 한계에 부딪힐 것이다. 다만, 아직은 다른 제품으로 수익을 커버할 수 있으므로 시장 점유율 유지 정도는 가능하고 일단은 성장하고 있다고 본다. 현재로서는 고평가라고 단정 짓기는 어렵다는 것이다. 향후 2020년에는 영업 이익의 20배인 18만 원 정도가 적정 주가라 사료되기 때문에 시가총액은 20조 원 정도까지 조정받을 수 있다고 봐야 한다.

가치주와 성장주의
기본 이해하기

　가치주와 성장주에 대한 매매기법을 배우기 전에 기초적인 지식을 배워야 한다. 즉, PER, PBR, ROE 등 가치평가 지표를 배워야 한다. 지금 시대는 가치주만 고집하지 않기 때문에 성장주의 개념도 배우고 성장주에 투자해야 한다. 예를 들어, 바이오는 성장주다. 이슈가 있을 때 가파르게 올라갔다 금방 하락하여 원위치로 내려오는 경우가 많다. 성장 기대만 있고 대다수 가치가 없기 때문이다. 필자는 가치가 있는 성장주를 일명 성장 품절주라고 부른다. 여기서는 성장 품절주를 찾는 방법에 대해 배울 것이다. 예를 들면, 과거 화장품 시대의 성장 품절주는 아모레퍼시픽이었고, 중국의 사드 보복의 피해 시대의 성장 품절주는 LG생활건강이었다. 성장 품절주만 찾는다면 성공은 쉬워진다.

주가는 미래가치가 선반영된다

주식 투자 성공에 필요한 중요한 키는 우선 이분법적 사고방식인 흑백 논리에서 벗어나야 한다는 것이다. 중요한 것은 융합이다. 4차산업혁명의 핵심 키가 융합이듯 말이다. 산업에서도 인생에서도 융합이 중요하듯 주식에서도 역시 융합이 중요하다.

사물 인터넷은 4차산업혁명의 수혜주다. 그런데 사물 인터넷의 경우 핵심 수혜 기술이 딱 한 개로 보이지 않는다. 모두 다 좋다고 하니까 사물 인터넷 관련주를 고점에서 매입했다면 수년 동안 손실 중일 것이다. 사물 인터넷의 중소형 수혜주들의 경우 눈에 띄는 실적 성장을 보여주지 않기 때문이다. 기대감은 높은데 실적이 받쳐주지 않는 것이다. 또 다른 4차산업의 수혜주가 통신이라고 하는데 수익성이 확실하지 않아서 실제로 잘 올라가지 않는다. 그래서 성장주, 가치주라고 해서 무조건 사면 낭패를 본다. "성장주가 좋다", "가치주가 좋다"라는 그런 개념을 없애야 한다. 결국은 투자자의 입장에서 봐야 되고 사람들이 앞으로 많이 사용할 만한 종목인지 아닌지를 봐야 한다. 주가에 미래 가치가 선반영되는 것은 기본적인 생리다.

따라서 좋은 종목을 선택하기 위해서는 주가의 핵심인 미래 가치에 대해 관심을 갖고 잘 알고 있어야 한다. 자동차도 그렇다. 지금 산업재 등의 실적이 좋으니 주로 현재 가치를 보고 주식을 산다. 투자자가 하는 가장 우매한 행동이다. 왜 그럴까? 현재만 중요시하고 미래를 모르는 단기 매매이기 때문이다. 물론 기본적으로는 현재 실적을 봐야 한다. 하지만 현재만 중요시하면 잠깐 치고 나와 10% 정도 수익만 내는 단타 매매에 머물게 된다. 주가의 기본은 최소한 6개월 뒤의 가치가 선반영되는 것임을 잊지 말아야 한다. 삼성전자에도 미래 가치가 선반영되어 있다. 아직은 반도체가 단기 과열 등으로 시장이 불확실하고 경기가 확실히 좋아지고 있지 않지만 새로운 먹거리로 계속 성장한다는 확신이 있을 때 삼성전자의 주가는 또 다시 올라갈 것이다. 또한 무역 전쟁이 일단락되고 세계 경제가 다시 안정된다면 다시 올라갈 것이다. 그동안 단기 매매를 하면서 돈을 잃은 초보자들은 반드시 가치 평가 및 위험 평가를 한 후에 매입을 할 것인지 매도를 할 것인지 명확히 분석하는 투자 습관을 가져야 한다.

☑ 가치 투자: 주가가 내재가치를 밑도는 주식을 매수하는 것
☑ 성장주 투자: 평균 이상의 속도로 이익이 성장해서 오르고 있거나 높은 수준인
    주가를 지지할 수 있는 기업에 투자하는 것
☑ 실제 대중 투자자의 패턴: 특정 섹터에 집중 투자
    예) S&P 500 성장주 지수에서 FANG 등 기술 섹터 비중이 41%
    → 2017년 성장주 주가 상승률 35~56%, 가치주는 15~20%

가치 투자란 주가의 내재가치, 즉 PER, PBR 등을 비교 분석하여 평균 업황이나 업종의 수치에 밑도는 주식에 투자하는 것을 말한다. 통신주를 예로 들어보자. 시장 업종 평균 PER 8배, 은행주는 PBR 0.6배일 때 그 이하에 머물러 있는 종목을 발굴해야 한다. 한마디로 가치 투자는 기업의 내재가치를 평가하는 것이다. 동종의 업종 평균보다 낮은 종목을 발굴하여 투자한 후 주가가 올라가서 PER나 PBR이 업종 평균에

도달하면 그때 파는 것을 말한다.

성장주 투자는 적정 주가로 올라가면 파는 것이다. 전통적으로 워런 버핏이나 벤저민 그레이엄이 했던 매매 방법이다. 그런데 워런 버핏은 주가가 목표 가격에 도달하더라도 관련주가 계속 성장하고 있다면 성장 가치주처럼 주식을 팔지 않고 가지고 갔다. 성장주 투자는 평균 이상의 속도로 이익이 증가된다. 예를 들어 GDP 경제 성장율이 3%인데 이것보다 몇 배 높은 10% 이상 성장하였다면 그것은 성장주 개념이 된다.

셀트리온을 보면 1년 매출 28~30% 정도로 성장하고 있다. 경제 성장률 대비 10배나 성장했다는 것을 알 수 있다. 10배의 성장률이 생기면 당연히 주가는 PER 기준으로 실제 몇 십 배는 더 올라갈 수 있는 것이다. 시장 평균 PER는 10배인데 성장시장 대비 종목이 10배 성장한다면 PER는 90배까지 올라갈 것이다. 그래서 고성장주는 주식 시장 PER보다 3배 더 적용해서 PER 20~30배 이상으로 적정 주가가 형성된다. 장기적으로 성장주에 투자하는 것이 주식의 기본이다. 가치 투자의 경우 산업이 성장하여 가치를 기준으로 삼지만, 산업이 성장하지 않고 하향하면 가치 개념의 효과가 축소되고 없어진다고 볼 수 있다. 높은 수준의 주가를 지지할 수 있는 기업은 길게 볼 때 미래 가치가 지속적으로 올라가는 기업이다.

실제 대중 투자자의 주식 투자 패턴을 보면 주로 어떤 특정 섹터에 집중한다. 조선주를 좋아하는 사람은 끝없이 조선주에만 집중하고, 낙폭과대주인 경기 민감주를 좋아하는 사람은 그런 류의 종목에만 집중한다. 특정 섹터인 바이오주 위주로 투자하거나 소형주, 테마주에만 투자

한다는 것이다. 바이오주 테마에만 쏠림 투자를 하는 사람들은 어느 날 갑자기 바이오주가 움직이기 시작하면 바이오주를 리딩하는 곳으로 몰려간다. 그러나 잠깐의 불꽃 잔치가 끝난 후 대다수 손실을 본 회원들은 또 다시 나가게 된다. 왜 그러는 것일까? 불꽃이 영원할 줄 아는 착각 때문에 그렇다. 테마의 바람이 불어올 때 그 리딩 종목으로 단기에 대박의 꿈을 쫓아가지만, 결국 남는 것은 마이너스 계좌뿐이다. 이런 투자 방식과 습관으로는 10년 동안 주식을 하더라도 수익도 내지 못한다.

필자는 일시적 바람에 의한 테마주로 쏠림 매매를 하지 않는 것을 원칙으로 하며, 그 테마 섹터 중 성장성 이슈가 있는 종목의 대시세주에 접근하여 집중한다. 주식 시장의 큰 흐름을 알고 있으니 가능한 일이다. 테마주는 중단기적인 이슈가 일시적으로 반영되어 주식 시장에서 바람을 일으키기도 한다. 그런데 일반인의 눈으로는 큰 흐름을 보지 못해 대박과 환상의 고수익에 사로 잡혀 불나방처럼 불꽃 속에 뛰어들기도 한다. 불꽃 속에 숨겨진 뜨거운 고위험을 잊은 채 말이다. 그 잔치가 끝나면 대다수 투자자들은 결국 손해를 보고 만다. 이 과정이 끊임없이 반복

가치주인가? 성장주인가?	
가치주	성장주
상대적으로 낮은 PER	높은 PER
낮은 PER	높은 PER
낮은 성장률	높은 성장률
높은 배당률	낮은 배당률
낮은 매출 성장률	높은 매출 성장률

되고 있는 것이 주식 시장의 역사다.

일반적으로 가치주라고 하면 PBR이 낮은 업종의 기업을 말한다. 현재 자동차주 등의 대기업은 자산가치가 높기 때문에 배당은 많이 주지만 상대적으로 느린 5% 이내의 매출 성장으로 수익이 적게 나오는 구조다. 반면에 성장주는 PER, PBR이 높은 종목을 말한다. 예를 들면 셀트리온의 경우 PER이 50배이고 PBR도 높다. 50%의 마진률이 나오고 배당은 주지 않는다. 매출도 매년 20~30%씩 늘고 있는 고성장주다.

그렇다면 가치주에 다른 개념을 더 추가해야 한다. PER, PBR도 중요하지만 앞으로의 가치주는 시대에 부응하는 그룹주여야 한다. 즉, 인지도 있는 재벌그룹, 중견그룹에 속한 기업이면서 성장주여야 한다. 물론 소그룹주에 속한 기업이라도 망하지 않을 기업이면서 급성장할 수 있어야 한다. 새로운 산업이 탄생하는 과정에서 그 산업을 이끌어갈 수 있어야 하고, 장기간 그 산업 성장의 수혜를 받을 수 있는 기업이어야 하는 것이다. 그런데 그룹에 속하지 않는 기업은 그 산업이 성숙기에 진입하면 끝까지 살아남기 어렵다. 장기 투자에서 가장 중요한 것은 투자 기업의 영속성과 실적의 성장성이 보장되어야 한다는 거다.

그룹에 속한 성장주가 아닌 종목에 장기 투자를 하면 안 된다는 말이다. 이런 개념을 모르고 소형주에 줄기차게 장기 투자하는 초보자도 있다. 소형주는 시대를 이끌며 앞서가지 못하기 때문에 10년 이상의 성장을 담보할 수 없는 것이다. 다시 말하지만 단독 기업이 아니라 그룹의 형태를 가지고 있는 것이 매우 중요하다. 지금 시대에는 이처럼 가치주 투자의 개념을 재정립할 필요가 있다.

성장주이면서 가치주인 경우 대시세주

"가치 투자의 개념을 받아들이고, 주식을 평가할 수 있는 투자 지식을 습득하고, 주식을 매입하기 전에 안전 마진을 고려하는 것이 성공 투자의 지름길이다." – 워런 버핏

주식을 매수할 때는 가치 투자의 개념을 받아들이고 주식을 평가할 수 있는 지식을 갖춘 후, 안전 마진(내재가치보다 낮은 수준에서 주가가 형성되어 있는 종목)을 고려한다면 성공 투자의 지름길에 들어선 것이다. 바로 투자의 귀재 워런 버핏의 이야기다. 잘 나가던 워런 버핏도 연간 투자 수익율이 과거보다는 급격히 줄어들고 있다. 투자 실적을 보면 2017년 말 기준 5년 동안 연간 수익률이 2%대였다. 왜 그럴까? 변화하는 시대에 부합하는 투자 방식으로 새롭게 바꾸지 못하고 오로지 전통적, 가치주 위주로 투자 방식을 고집했기 때문이다. 4차산업혁명 시대에 부합하는 아마존, 애플을 미리 찾아내서 워런 버핏의 가치주 개념과 융합시켰어야 했다. 그랬다면 지난 5년간 수익률은 매년 평균 2%가 아니라 10% 이상은 달성되지 않았을까? 최근 10년간 FAANG(미국의 IT 산업을 선도하는 대기업인 페이스북, 아마존, 애플, 넷플릭스, 구글의 앞 글자를 딴 용어) 기업들의 연평균 상승률이 거의 20%였기 때문이다.

워런 버핏은 기존 투자의 수익률을 그런대로 유지한다고는 하지만 상대적인 수익률은 줄었다고 볼 수 있다. 가치 투자만 했기 때문에 넷플릭스나 구글 등 엄청난 4차산업혁명의 수혜주인 IT 종목을 자신의 포토폴리오에 갖추지 못했다. 이제 가치 투자의 개념으로는 성장 시대를 따라가지 못한다. 시대의 변화에 빠른 적응을 해야 하는데 워런 버핏은 익숙

하지 않은 IT종목을 버블이 낀 테마주처럼 생각하고 자기가 이해할 수 있는 종목에만 가치 투자의 개념을 적용하고 있다.

투자의 귀재인 워런 버핏의 2018년 투자 수익은, 18년 만에 가장 좋지 않은 성적표다. 세계에서 가장 유명한 투자자였는데 최악의 한 해를 보냈다고 한다. 그래서 이런 가치주의 투자 개념이 많이 줄어들고 있다. 단순 가치주라 하면 1년, 2년 후 예상한 이익이 증가하지 않고 현재와 마찬가지이기 때문이다. 미래의 실적이 현재와 마찬가지라면 미래의 주가도 현재와 같다는 것인데 소중한 돈을 왜 그런 곳에 투입하겠는가?

5년, 10년 전 자산 운용계에서 가치주 펀드 인기가 대단했었다. 가치주 펀드를 많이 출시해 그 당시 자산운용사의 수익도 많이 났지만, 지금은 3년 동안 가치주 펀드들이 마이너스 수익률에 머물고 있다. 가치 투자의 개념이 변화하고 있다는 것이다. 예를 들어보자. PBR 자산 가치가 좋고 PER도 시장 평균치와 거의 비슷하다. PBR이 좋으니 매출 영업 이익이 좋아진다고 예상할 수 있어 현재 기준으로 저평가된 가치주라고 볼 수 있다. 막상 다음 해에 경기가 좋지 않아 영업 이익이 좋지 못하다면 기대치 대비 성장이 불가능한 것이다. 과거 개념의 기준으로 PBR(자산가치)이 낮은 메리트라도 PER(수익가치)이 받쳐주지 못하고 있는 것이다.

PBR이 좋으면 PER이 좋을 수 있다는 개념이 무너지며 PBR에 대한 시각이 변화하고 있다. 전통적 개념의 가치주를 우선시하는 생각이 고착화되어 있어 아직도 그렇게 주식 투자를 하는 사람들이 많다. 그래서 가치주에 투자한 개인이나 펀드의 수익이 좋지 않은 것이다. 단순 PBR로 자산 가치를 따져서 조선주를 사고 기계주를 사서 매매하는 방식은 지금 시대(저성장 고착화 시대)에 맞지 않는 뒤떨어진 투자 방식이 되어 버렸다. 그래서 시대의 변화에 맞게 새로운 투자 방식을 적용해야 한다.

여기 성장주이면서 가치주인 종목이 있다. 바로 대시세주다. 대시세주는 성장하면서 가치 개념을 가지는 것으로, 주가가 2~3배 가는 주식을 뜻한다. 따라서 가치 개념을 재정립할 필요가 있다. 현재가 아닌 1년에서 3년, 5년, 10년 뒤 이 기업의 성장성을 예측할 수 있다면, 10년 동안의 주가가 어떻게 움직일 것인가를 알 수 있다. 그 기업의 모든 것을 다 알 필요 없이 그 기업의 성장성만 정확히 파악할 수 있으면 된다. 즉, 1, 2년 뒤의 실적을 토대로 앞으로의 가치와 성장을 파악하는 것이 가장 중요하다. 그래야만 장기적으로 안전 마진 확보가 가능해진다.

필자가 한 호텔에서 주식 강연회를 했던 2010년 12월 12일이었다. 그때 필자는 차화정(자동차, 화학, 정유) 주식을 2011년 4월 초에 매도하고 보유 금지(단기 매매도 금지)라고 전망했다. 2008년도에서 2010년도까지 자동차 업종 중에 기아차가 10배나 올라 있었지만, 그 당시는 그 누구도 경기 하락에 대비하라고 하지 않던 시기였다. 투자 자문사들도 2종목, 3종목을 집중 투자하여 크게 수익을 내는 때였다. 투자 자문사에 자금이 몰리면서 일임 투자자문사의 활황 시대였다. 그러나 2011년 하반기 이후 많은 투자 자문사들이 차화정과 같이 끝없이 추락했다. 가치주의 개념에 맞는 업종이 실적 성장을 하고 있어 주가도 엄청나게 올라 있던 상황에서 경기 민감주라는 기본적 사실을 망각한 투자였기 때문이다.

경기 사이클을 분석하고 예측해 2011년 9월 내지 10월경, 늦어도 2012년도에는 그 산업 경기도 꺾인다고 말했다. 그 당시 차화정의 주가는 2, 3년의 미래 밸류에이션이 선반영된 가격대라고 판단하였기 때문에 시장의 흐름상 2011년 초가을 전반적인 경기 정점에 도달하기 전 6개월 안에는 다 팔아야 한다고 했다. 그런데 정말로 경기 고점을 찍었다. 차화정 주식의 주가는 1년 동안 등락을 반복하다가 결국 2012년 여름부터 추세 하락으로 꺾이고 6년간 끊임없이 하락을 하고 말았다.

필자는 2010년 연말부터 계속해서 1년 뒤, 2년 뒤의 경기 및 산업 사이클의 하락 방향을 설명해주었고, 주식 시장의 대응법에 대해 강조하고 또 강조하였다. 이를 충분히 인지한 회원들은 자동차 업종 등 기아차 종목도 팔 수 있었다. 그에 대한 가이드 라인으로 기아차 주가가 7만 6,800원 이하로 하락할 때에는 아예 중장기적으로 보유 금지시켰다. 주가의 흐름은 이렇게 판단하는 것이다. 1년, 2년 뒤의 실적이 안전 마진이 가능한 영역인지를 파악하여 미래를 판단하고 바로 결정을 내려야 한다. 이렇게 경기의 사이클을 파악하고 주가에 선반영되었는지, 가치 평가를 해서 매매 결정을 해야 한다.

바이오주의 경우 미래 가치가 어떻게 주가에 반영될까? A기업을 예로 들어보자. 일반적으로 신약은 임상 1상에서 임상 3상까지의 과정을 거친다. 지금은 임상 시험 1상이 끝나고 있다. 보편적으로 임상 1상의 경우 약 3년이 걸린다. 임상 3상까지 끝나는 평균 기간이 약 9년이고 제품화 되는 기간까지 포함하면 총 10년이 걸린다. 기본적으로 임상 1상이 끝나면 앞으로 6년이 남는다. 주가는 6년 뒤에 신약이 성공한다는 가정하에 미리 선반영되어 급등하기도 한다. 임상 3상이 끝나더라도 제품화하는데 기본 1년은 걸리고 판매 실적도 확인되어야 한다. 바이오주의 주가 급등 시 몇 년 뒤의 주가가 반영되어 있는지 체크하고 분석해야 한다. 어떤 종목이 신약 바이오사를 인수했다고 하자. 이 경우 주가는 미리 급반영된다. 미래 가치가 현재 주가에 빠르게 선반영되는 것이다. 사실 무늬만 바이오주인데 주가가 급등하면 투기꾼들이 몰리게 되어 더 크게 오르기도 한다. 주식시장에서는 이런 것들이 통용된다. 주식으로 돈을 벌기 위해서는 주식 시장 특유의 메커니즘을 반드시 알아야 한다.

항상 황당하고 아이러니한 것들이 주가에 반영되곤 한다. 기업이 어찌하든 주식 시장의 현실에 따라 주가가 이루어지게 된다. 주식 시장의 메커니즘인 주가에 순응해야 한다. 기대가 선반영되고 실적이 나오지 않는 테마는 철저히 단기 매매만 해야 한다. 즉, 비즈니스 모델을 철저히 분석하여 경쟁력과 상품화 및 대중화 정도, 매출 등을 예측해야 한다.

필자는 10년 뒤 기업의 실적으로 주가를 예상해서 주식 투자를 하고 있다. 1억 원을 투자하면 10년 뒤에 내 주식이 10억 원의 가치가 있다는 것을 미리 예측하고 설계할 수 있어야 한다. 미래를 예측하는 시각을 가지지 못한 일반인들은 단기 수익이 중요하기 때문에 빨간 토끼 눈을 하고 단거리 선수처럼 현재 가격 기준으로 사고파는 매매행위를 한다. 정말 안타까운 현실이다. 미래를 보는 눈을 가지고 행동하면 내 재산을 크게 불리고 또 유지할 수 있는데 말이다.

경제적 해자를 찾자

가치 평가를 기본으로 할 때 가장 중요한 것은 경제적 해자다. 이것만 찾으면 된다. 경제적 해자란 한마디로 그 회사가 최고로 잘하는 것을 뜻한다. 그 기업만이 할 수 있는 것이 무엇이고 과거 잘한 것이 무엇일까 를 아는 것이 핵심이다. 이것을 알기 위해서는 비즈니스 모델이 어떤 매출로 수익을 내는 형태인지, 진입 장벽이 무엇인지, 진입 장벽의 특허가 무엇인지, 다른 경쟁사가 나타나도 계속 기술을 보호할 수 있는지, 고유한 능력이 무엇인지, 업계에서 상위권을 지속적으로 유지할 수 있는지에 대한 주식 공부가 필요하다. 일반적으로 핵심은 오랫동안 사업을 영위하면서 실적을 꾸준히 낼 수 있을까 하는 것이다. 경제적 해자 개념에서 비즈니스 모델과 진입 장벽, 이 두 가지가 제일 중요하고 이를 분석해내는 것이 중요하다.

TV에서 종목 상담을 하던 중 이런 일화가 있었다. 나름대로 주식에 대해 많이 아는 분이 연락해서는 "이 회사는 저평가되어 있고, PER이 9배밖에 안 되고, PBR도 낮고, 부채 비율도 20%밖에 안 되고, 우량한 재무 구조이며, 거의 무차입의 경영을 하는데 주식이 왜 오르지 않나요?"라고 물었다. 이 질문에는 과거 투자 방식 관념의 틀에 머물러 있는 부분이 있다. 책, 인터넷 등으로 배운 벤저민 그레이엄의 가치 투자에 따르면 이렇게 수치적으로 저평가 종목을 사놓으면 주가가 올라가야 한다는 거다. 하지만 주가는 배운 것과 다르게 움직인다. 언젠가 올라가기도 하지만 내려가기도 한다는 것이다. 왜 그럴까?

지금은 저성장 고착화 시대로 변했다. 일반적으로 중소형주는 진입 장벽이 낮고 경영진의 오너 리스크가 있다. 예를 들면, 높은 특허 기술 개발 소식이 나오면 주식이 크게 오르기도 한다. 개인들은 단면만 보고 그러한 특허로 크게 성공할 것이라고 생각하고 불나방처럼 뛰어드는 것이다. 줄기 세포의 의약품은 시장에서의 평가를 꼭 확인해야 하는 종목 중 하나다. 실제로는 아무것도 아닌 거품일 가능성이 크다. 일단 진입 장벽이 아주 낮다. 만일 그 회사가 특허를 가지고 상품화시켰다 해도 그 상품을 잘 판매할지를 봐야 한다. 시중에 인바디라는 제품이 있다. 이 제품은 체형을 여러 가지 방향에서 체크하고 지방량 등 체질도 잰다. 그래서 주로 체형에 관심 있는 사람이 사용한다. 이 회사는 벌써 기존 네트워크에 의한 영업망을 갖추고 시장 인지도는 물론 앞선 마케팅 능력도 가지고 있다. 종합적으로 이미 이들이 시장을 장악하고 있다는 것이다.

이렇게 인바디가 잘 팔리고 인기가 있으면 다른 회사들도 후발업체로 뛰어들어 비슷한 제품을 만들어 팔게 된다. 우리 기계는 그거보다 더 좋게 만들어서 판매한다고 많은 홍보를 할 것이다. 처음에는 반짝할 수도 있겠지만 인바디를 따라가지는 못한다. 금방 뒤쳐지거나 도태되어 버린다. 기술만 있다고 무조건 성공하는 건 아니다. 그 산업의 1등 기업도 아니고 선도 기업도 아닌 후발업체인 만큼, 제품을 만들어서 판매하는 영업 능력이 부족하다는 것이다. 그래서 투자할 상품의 겉모습만 잠깐 보고 결정하면 안 된다. 상품의 비즈니스 모델을 분석하고, 진입 장벽이 얼마나 높은지 얼마 동안의 영업을 해서 탄탄한 실적을 만들어 갔는지를 냉철하게 분석하는 것이 중요하다. 〈국가부도의 날〉이라는 영화가 있었다. 예전에 우리나라가 겪은 IMF 시대에 관한 내용이었다. IMF 충격으로 1997년도에 삼성전자 주가는 3만 5,000원(액면분할 후 700원)이었다. 삼성전자가 IT의 핵심 기술인 메모리 반도체에 진입하여 TV, 냉장고를 만들고 반도체를 활용한 여러 가지 IT 제품을 만들었다. 산업 흐름을 볼 때 시간이 흘러도 반도체 시대는 4차산업혁명 등으로 진화하고 발전하고 있다. 성장하는 IT의 산업 영역이 무수히 많은 상태다. 최근 가전제품의 경우 중국이 따라왔다고는 하지만 IT핵심은 삼성이 앞서 있다. 삼성전자의 비즈니스 모델을 보면 반도체로 인공지능(AI) 시대를 선도할 수 있다는 것이다. 삼성전자는 진입 장벽이 높은 기술력을 거의 독점, 선점하고 있다. 이처럼 회사가 잘할 수 있는 것을 찾아봐야 한다.

삼성전자는 어떻게 보면 최고의 DNA 유전자를 가지고 있는 우리나라 1등 기업이다. 이 유전자는 과거에도 잘했고 앞으로도 잘할 것이라고 믿을 수 있는 큰 무기다. 미래의 사업이 될 만한 아이템이 생기면 기술력과 풍부한 자금으로 언제든지 빠른 시간에 현실화하여 제품으로 판매할 수 있는 믿을 만한 기업이라는 말이다. 사업부 시스템과 임직원의 능력은 물론 자금력과 국내외 글로벌 시장의 유통 네트워크가 최고의 수준에 있는 기업이기 때문이다.

애플이 스마트폰으로 시장을 석권할 때 다른 나라 제품은 명함도 못 내밀었다. 삼성전자만 유일하게 옴니아폰에서 갤럭시로 발전하면서 뛰어난 기술력으로 빠르게 성장했다. 삼성전자는 독보적으로 진화하며 글로벌 시장에서 능력을 인정받고 판매력과 인지도 면에서 상위 클래스를 유지하고 있다. 20년 동안 계속 1등이고 실적이 좋아지는데 그렇다면 주식 투자자는 어떻게 해야 할까? 특히 장기 투자자라면 돈만 생기면 삼성전저의 주식을 사놓았어야 했다. 그때 그렇게 생각했다면 바로 행동했어야 했다. 그랬다면 지금 어떻게 되었을까? 20년 동안 주가는 거의 100배 상승했다. 그때 1,000만 원으로 삼성전자의 주식을 샀다면 현재 약 10

억 원이 된다. 3,000만 원어치를 샀다면 지금 30억 원을 거머쥔 것이나 마찬가지다. 지금도 그런 판단이 있다면 행동(투자)해야 한다.

흔히들 부동산 투자는 불패라고들 한다. 그런데 진짜 불패하는 투자는 주식에 장기 투자하는 것이다. 예를 들어보자. 필자는 1997년 그 당시에 주택 조합을 통해 도곡동 아파트를 1억 8천만 원에 샀다. 지금 11억 8천만 원 정도 된다. 그런데 만약 똑같은 돈으로 1997년에 삼성전자를 샀더라면 현재 가격으로 120억 원 정도가 된다는 것이다. 도곡동 아파트보다 삼성전자가 금액적으로 무려 10배가 높다는 것을 알 수 있다. 막상 비교해보니 정말 놀랍지 않은가? 이래도 주식 투자가 위험한가? 실패하는가? 장기 투자는 불패다. 삼성전자만 100배 오른 것이 아니다. 대다수 화장품주, 바이오주, 게임주 등 오른 종목들은 많다. 그러면 앞으로도 100배 오르는 종목은 계속 탄생할 수 있다는 것이다. 앞으로도 똑같은 현상이 주식 시장에서 반복될 것이다. 자본주의가 존재하는 한 주가 역시 반복되기 때문이다. 투자 심리는 100년 전이나 10년 전이나 지금이나 똑같다. 그래서 같은 일이 반복되는 것이다.

가치평가에 의한
기본 실력 다지기

가치 평가를 통해 안전마진이 확보되는 종목을 발굴해야 한다. 구체적으로 가치 평가에 대한 기본 실력을 쌓는 것은 장기 투자 전략을 공부하는 입장에서 반드시 알아야 하는 필수 코스다. 주식을 처음 시작하는 분은 끊임없이 공부하고 배워야 한다. 단기 매매가 하고 싶다면 그 방법을 잘 배워서 단기 매매하면 된다. 차트보다 가치를 보고 주식 투자를 하고 싶으면, 즉 주식에 대한 가치 평가의 길을 택하고 싶다면 스스로 가치를 평가할 수 있는 법을 배우면 된다. 전문가들이 말하는 것이 맞는지 아닌지, 또 나에게 맞는지 아닌지 평가할 수 있는 실력이 있어야 한다. 전문가이기 때문에 맞겠지 하는 막연한 생각과 방송에 나오는 전문가들의 말을 맹신하는 것은 성공 투자의 걸림돌로 작용한다. 즉, 전문가들의 말을 알아들을 수 있는 실력을 갖추어야만 확신을 가지고 주식에 투자할 수 있다. 주식 시장에서 살아남기 위해서는 기본적인 몇 가지 PER,

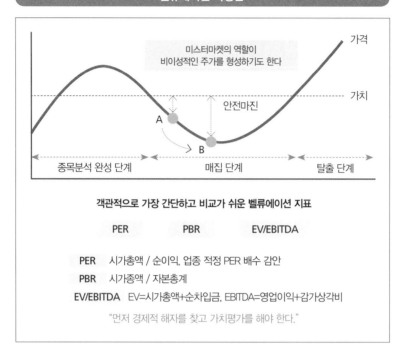

밸류에이션 측정법

미스터마켓의 역할이
비이성적인 주가를 형성하기도 한다

가격

가치

안전마진

A

B

종목분석 완성 단계   매집 단계   탈출 단계

객관적으로 가장 간단하고 비교가 쉬운 밸류에이션 지표

PER   PBR   EV/EBITDA

PER   시가총액 / 순이익, 업종 적정 PER 배수 감안
PBR   시가총액 / 자본총계
EV/EBITDA   EV=시가총액+순차입금, EBITDA=영업이익+감가상각비

"먼저 경제적 해자를 찾고 가치평가를 해야 한다."

PBR, ROE, 밸류에이션이 어떤지 정도는 분석해내야 한다.

"탐욕과 공포는 사람들의 판단을 흐리게 하고 극단적 판단을 내리도록 유도한다"라는 말이 있다. 이성적 판단을 위해서 가치 평가를 할 수 있어야 한다. 그래야 군중의 지도자인 가격만 보고 불나방처럼 달려들지 않게 된다. 주식의 밸류에이션을 측정하는 법부터 살펴보자. 안전 마진의 적정 주가 측정법을 가장 간단히 살펴보면, 시장의 평균 PER이 9배일 때 어떤 종목이 9배 이하로 가면 바로 안전 마진이 발생된다고 봐야 한다. 예를 들어 동종 산업의 PER이 9배이고 삼성전자의 PER이 6배라면 일단 삼성전자는 안전 마진을 확보한 것이다.

PER(주가수익비율)의 이해	
PER	시가총액/순이익
종목 발굴	동종업종대비 낮은 종목 발굴(안전마진) 가장 유용한 지표
적정 PER(배수) 반영요소	경제적 해자, 이익 증가율, 배당수익, 재무건전성, 업황 등

PER 투자 포인트
단순한 PER의 개념을 뛰어넘어 경기 업황 및 기업의 독점적 위치 유지, 재무제표상 매출, 영업 이익률 등 변수를 분석한 후 미래 PER을 산출하여 투자에 활용

현재 삼성전자의 주가가 많이 내려와서 사고 싶다면 밸류에이션을 체크해봐야 할 것이다. 현재의 PER이 12개월 후 실적 대비 6배이고 평균 PER이 8배였다면 PER이 8배가 될 때 팔겠다는 생각을 해서 매수를 한다고 가정해보자. 그렇다면 이 종목의 PER이 6배일 때 사서 8배에 팔면 33%의 수익이 나는 것이다. 이처럼 안전 마진이 확보되면 당연히 그 주식을 밑에서 사야 한다. 이런 생각이 바로 가치를 따져보고 투자를 실천하는 태도다.

주가 수익 비율인 PER의 개념을 아직 모른다면 기본적으로 꼭 알아야 할 필수 조건이기 때문에 확실하게 알아보도록 하자. 스스로 주가 수익 비율을 계산할 수 있도록 공부해야 한다. 가장 이해하기 쉽고 주식시장에서 활용도가 높은 PER, 즉 주가 수익 비율은 시가총액을 순이익으로 나누면 된다.

PER(주가수익비율) = 시가총액 / 순이익

IFRS(연결)/연간	2016/12	2017/12	2018/12	2019/12(E)
매출액	936,490	963,761	968,126	1,036,843
영업이익	51,935	45,747	24,222	42,170
당기순이익	57,197	45,464	16,450	40,534
지배주주순이익	54,064	40,328	15,081	37,059
비지배주주순이익	3,132	5,136	1,369	–
자본금	14,890	14,890	14,890	14,890
EPS(원)	18,938	14,127	5,352	13,382
BPS(원)	241,103	247,807	249,619	258,537
DPS(원)	4,000	4,000	4,000	4,139
PER	7.71	11.04	22.14	9.53
PBR	0.61	0.63	0.47	0.49

현대차의 시가총액은 2017년 기준 27조 원이고 순이익은 4조 5,000 억 원이다. 2017년 기준으로 27조 원/4.5조 원 = 6배(PER)인 것이다. 단, 2017년도 순이익이 2018년도에 유지된다는 전제하에 저평가라는 것을 꼭 기억해야 한다. 만약 순이익이 하락하면 당연히 저평가가 아닌 것이다.

EPS는 주당순이익이다. 순이익이 4조 5,000억 원이면 순익익에 종 목 수 2억 2,000만 주를 나누면 된다. 2017년에 이 주식의 EPS가 1 만 4,000원이다. 주가가 14만 원이면 PER이 10배인 것이다. 지금 시장 PER이 11배로 비슷하다. 그럼 적정 주가에 도달한 것이다. 그 전에 PER 이 6배가 되어 있을 때 주가가 저평가되었다고 했다. 2014년, 2015년에 이 주식의 PER은 6, 7배로 지금보다 낮았다. 그렇다면 현재 주식이 어 떻게 되었는지 현대차 월봉 차트로 확인해보자.

현대차 월봉 차트

이때 투자자들은 PER이 10배였던 현대차 주가가 내려와서 PER이 6배가 되었다면서 이제 안전 마진을 확보하고 저평가되었다고 생각하고 막 사게 된다. 바보 같은 짓이다. 왜 그럴까? 단순히 그렇게 계산하면 안 되는 것이다. 그렇게 계산했을 때 어떤 현상이 나타나는지 살펴보자. 실적을 살펴보았더니 매출액이 단계적으로 2015년 91조 9,000억 원에서 2016년 93조 원, 2017년 96조 원으로 조금씩 늘어나고 있다. 영업 이익을 확인해보면, 2015년 6조 3,000억 원에서 2016년 5조 1,000만 원으로 내렸고 다시 2017년 4조 5,000억 원으로 내려왔다. 수치적으로 보면 많이 내려온 것이다. 계속 영업 이익이 줄어들고 있는 것이다. 2018년 1분기 영업 이익이 45%나 줄었고 매출도 4%나 줄었다. 이 수치를 보면 매출과 영업 이익 모두 감소했다. 단순히 PER이 낮다고 사면 안 된다는 것이다. 산업 경제의 대표인 현대차의 매출 성장률을 대한민국 경제 성장률과 비교해보자. 현대차 매출 성장률은 3% 내외인 대한민국 경제 성장률과 비슷하다. 그렇다면 성장을 못하고 있다는 것과 마찬가지다.

경기가 하강하고 저성장 국면인데 이익이 늘 것이라고 예측하고 있다면 예상은 틀린 것이다. 그래도 만약 5조 3,000억 원이라면, 이것이 예상대로 나온다고 해도 2016년 수준밖에 안 된다. 과거에 높았던 시점의 영업 이익이 6조 원대가 나오는데 그 수익까지는 아직 미치지 못하고 있다. 그렇다면 주가 상승을 기대한다는 것은 무리다. 기대 수익이 나오지 않은 것이니 오히려 팔아야 한다. 올해까지 경기가 계속 좋지 않으니 다음 해에는 좋아질 것이라고 말한다. 지금 경기를 보면 더 악화될 것으로 전망된다. 그러니까 단순히 PER 등의 수치가 낮고 안전 마진이 확보되었다고 판단하여 이런 주식에 투자하게 되면 실패할 확률이 높다. 그래서 가치주의 개념으로만 주식을 하면 안 된다. 이건 매우 중요한 투자 포인트다.

현대차가 현재의 PER로 저평가되었다고 말하는 것은 실전 투자를 모르고 하는 말이다. 가치 분석 결과 저평가되었기 때문에 주식을 샀다고 하면 안 된다. 전체의 경기 흐름, 자동차 산업의 흐름, 현대 기아차의 경쟁력, 시장 점유율, 환율 등을 체크하여 향후 1년, 2년 뒤 미래의 가치를 산정해서 투자 결정을 해야 한다. 꼭 기억하자.

PBR은 자산 가치를 평가하는 지표다. 시가총액을 자본총액으로 나누면 된다. 자산 가치의 개념이다. 주가의 자산 비율을 보면 시가총액이 전체 2조 7천억 원으로, 자본총액으로 나누면 몇 배인지 알게 된다. 만일

PBR	시가총액/자본총액
종목 발굴	– 동종업종 대비 낮은 PBR 종목 발굴(청산가치 높은 종목) – 은행업(금융업) 평가에 좋은 지표
적정 PBR(배수) 반영 요소	– 당기순이익 성장성 및 재무구조 배당금 고려 – 기업의 재무구조 등 복합적 평가, 비영업적 활동 고려

PBR 투자 포인트
단순한 PBR의 개념을 뛰어넘어 경기 업황 및 기업의 독점적 위치 유지 등과 재무제표상 자산변동
변수를 예측 후 활용

지금의 주가가 12만 원인데 PBR이 1배라면 시가총액을 자본금으로 나
누었을 때 현재 자산 가치가 청산 가치와 같다는 말이다. 현대차 투자지
표를 살펴보자.

PBR(주가순자산비율) = 시가총액 / 자본총액

2017년 PER이 11배, PBR은 0.63배로 나온다. 자산 가치 지표
인 PBR이 1배 아래에 있어 저평가되었다고 생각해 PBR이 0.63였
을 때 1억 원을 투자했다. 오늘 이 회사가 망해 청산한다고 가정했
을 때, 1배에서 투자를 했다면 투자원금을 그대로 보전받게 된다.
1억 원을 0.63배에서 투자했기 때문에 투자 원금 1억 원과 이익금 5,900
만 원을 더 받게 되는 것이다. 그래서 PBR이 1일 때 투자하게 되면, 당
장 회사가 망하더라도 내 투자 자산은 건질 수 있으니 안전하다고 생각

EV/EBITDA의 이해	
EV/EBITDA	EV(기업가치) = 시가총액 + 순차입금 (순부채) EBITDA = 영업이익 + 감가상각비
종목 발굴	– EV/EBITDA, PER, PBR 병행 적용하여 종합적으로 현금창출 성장성, 자산, 가치 등을 평가하여 기업 평가
적정 EV/EBITDA	– 현금성자산(부채포함)에 대한 가치를 평가, 시설증설 등 고성장산업에서 중요한 지표로 활용

EV/EBITDA 투자 포인트
단순한EV/EBITDA의 개념을 뛰어넘어 경기 업황 및 기업의 독점적 위치 유지 등과 재무제표상 현금흐름에 의한 가치평가, 시설 증설 시에 중요한 지표, 인수합병 시에 중요한 지표로 활용

하는 것이 PBR의 개념이다. 하지만 청산 가치보다 주가가 낮게 형성되어 있다고 무조건 저평가되었다고 생각해서 투자하면 안 된다. 왜냐하면 어떤 기업의 경우 망했다고 바로 청산이 이루어지는 것은 아니기 때문이다. 따라서 PBR도 주식 투자에 있어서 절대적 가치 기준이 아니라는 것을 꼭 기억해야 한다.

경제적 해자	
경제적 해자	한 회사를 경쟁사들로 부터 보호하려는 독점적인 경쟁력(워런버핏)
종목 발굴	PER을 주축으로 PBR, ROE 등 활용 배당 자기자본이익률 등을 기본으로 향후 가치평가의 강력한 경제적 해자의 도약으로 리레이팅할 수 있는 이슈 도약산업, 신산업, 영업이익률증가 등
경제적 해자에 의한 독점력	중세시대 성 밖의 둘레를 파서 적의 침입에 대비하기 위해 만든 연못을 의미하듯이 독점 기술력을 가지고 오랫동안 영위할 수 있는 기업

경제적 해자 투자포인트
무형자산으로 특허 법적라이센스 등 독점권을 가지고 있고 막강한 브랜드파워, 기업 및 고객이 거래처를 함부로 바꿀 수 없는 구조, 과거의 실적, 기업의 경쟁력, 오랫동안 지속 가능성 여부 및 향후 실적 등에 의해 발굴되는데, 장기 투자 종목 발굴에 가장 중요한 요소로 자리잡고 있다.

다음으로 EV/EBITDA도 아주 중요한 지표다. 현금성 자산이 많은 경우에 감가상각(시간이 흘러 점차 고정자산의 가치가 줄어들며 결국은 그 경제 가치가 사라지게 되는데 흔히 설비 기계 등의 노후화로 고정자산의 가치감소를 산정하는 절차)비용 같은 실질적으로 유용 가능한 현금으로 기업 가치를 따질 수 있다는 것이 핵심이다. 시가총액에 순차입금을 합하면 시가총액이 27조 원이고, 순차입금이 10조라면 기업의 가치는 37조 원이 된다. 이런 지표로 적정 기업 가치를 따져 보는 것은 기업인수합병(M&A) 시 중요하다. 현금 흐름의 개념으로 보면 된다. 그리고 시설 증설 시 투자한 돈의 출처를 파악할 수 있는 지표가 된다.

아래는 삼화콘덴서의 연봉 차트다. 영업 이익률이 15~17%로 나왔다. 그런데 2018년도 봄경 MLCC(적층세라믹콘덴서, 반도체에 전기를 일정하게 공급하는 핵심부품으로 와인잔 절반가량이 1억 원 수준)의 가격이 3배 정도 폭등하

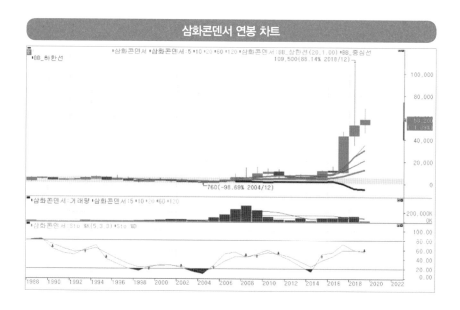

삼화콘덴서 연봉 차트

였다. 회사에 그동안 비축해놓은 제품 원료의 물량이 있으니 이익 기여도가 크게 반영되어 전체 영업 이익률이 25%까지 올라가고 수익이 급증하고 있는 것이다. 이익이 증가되니 이 회사의 실적 증가는 기업의 재평가로 리레이팅(PER 레벨업)되는 것은 당연하다. 주가도 이에 따라 상승한다. MLCC가 호황이 되면 수요가 증가하므로 또 다시 주가는 리레이팅되는 것이다. 그래서 주가를 예측하는 일은 그 기업의 구체적인 사업 내용을 분석해내는 것과 동일하다.

가치주 성장주 앙상블이면 몇 배의 수익은 기본

　가치주, 성장주의 앙상블이면 몇 배의 수익은 기본이다. 주식 시장에서 주식을 매매한다는 것은 치열한 실전 게임이다. 전쟁터와 같은 시장에서 일반 개인 투자자가 매매하면서 장기적으로 승리한다는 것은 현실적으로 불가능하다. 오랫동안 승자가 되기 위해서 우리는 장기 투자를 선택하고 있다. 그래서 장기 투자 핵심 포인트인 가치주의 개념, 경제적 해자의 개념 등을 공부하는 것이다. 가치주인지 성장주인지를 살피며 시대가 요구하는 것을 찾자는 말이다. 거액자산가가 되고자 한다면, 시대의 흐름을 보고 한발 앞선 주식을 해야 한다. 큰돈을 벌기 위해서 장기 투자를 하려면 시대의 흐름, 즉 시대가 요구하는 것이 무엇인지 찾는 것이 아주 중요하다.

　가치주가 성장의 날개를 단다면 몇 배 수익은 기본적으로 나온다는 것을 꼭 기억하자. PER, PBR, ROE, EV/EBITDA 등 밸류에이션 지표가 중요하긴 하지만 이런 요소만 가지고 가치주라고 평가하면 안 된다. 지금의 시대는 이런 단순한 논리로 주식을 가치주라고 생각해서 장기 투자로 가면 안 된다. 진정한 장기 투자에 대한 가치 개념은 기업이 얼마나 오래 영속성 있게 성장할 수 있는지를 확인하는 것이다. 그 핵심은 실적이 성장하는 것이다. 그렇지 않으면 저성장이 고착화된 현재의 시대라면 도태될 것이다.

수 년 전만 해도 잘 나가던 현대차, 기아차마저도 글로벌 시장에서 시장 점유율이 하락하면서 성장을 못하고 있다. 경영학에 나오는 기업의 최고 목적은 이윤 추구다. 기업의 최고 가치 또한 돈을 버는 것이다. 그렇지 않으면 존재 가치가 없게 된다. 마찬가지로 가정에서는 가장이 가장으로서의 역할과 지위를 잃게 된다. 가장으로서 최고의 가치는 일단은 가족이 안전하게 살아갈 수 있는 돈을 버는 것이다.

기업에서 이윤 추구의 목적을 달성하지 못하면 도태된다. 중요한 것은 매출이나 순이익이 성장하지 않고서는 생존의 기로점에 들어서게 된다는 사실이다. 매출이 줄어들고 있다면 존폐의 기로에 있는 회사다. 그래서 매출의 증가가 가장 중요하다. 기업 윤리에서 크게 벗어나지 않으면서 장사를 잘해야 한다. 기업은 연속적으로 이익을 내면서 가야 한다. 잘 성장하던 기업이 갑자기 매출이 내려가고, 손익이 줄어든다는 것은 성장기를 지나 성숙기에 진입했음을 의미한다.

과거 조선 산업은 2010년, 2011년도 빅 사이클의 호황으로 수년 만에 엄청난 매출을 내놓으며 계속 성장하다가, 조선 산업의 경기가 꺾이면서 수주가 줄어들어 매출이 내리막길을 걷기 시작했다. 성숙기에 진입했기 때문이다. 그리고 경쟁사가 출현했다. 중국 조선사가 수주를 빼앗아가니 경쟁이 심해져 수주를 적게 할 수밖에 없었다. 업황이 좋으니까 너도 나도 막 뛰어들어 경쟁이 격화되어 일어나는 현상이다. 중국의 큰 수요를 감당하려면 큰 배와 그에 맞는 대형 도크를 만들어야 했다. 큰돈을 투자하여 대형 도크를 만들었지만 수주가 줄어들면 도크 유지에 엄청난 비용이 들어가게 된다. 성장기에는 아주 잘되다가 성숙기 이후에는 급격히 매출이 줄어들어 오히려 손실이 크게 발생되는 것이다.

매출이 정체된다는 것은 기업에 있어 동맥경화와 같다. 장기 투자에서 매출이 계속 성장할 때는 기본적인 전제 조건(고성장)을 갖추고 있어 아주 좋다. 그런데 매출이 성장하다가도 어느 순간 매출이 정체되거나 줄게 된다. 이때 이 현상이 일시적인 것인지 중장기적인 것인지 구조적인 것인지를 빨리 파악하는 것이 장기 투자에서 가장 중요하다.

그동안 실적이 좋았던 DB하이텍의 4월 매출이 줄었고 1분기에는 약 70% 정도의 이익이 줄었다. 그 이유를 빠르게 파악할 수 있는가? 매출이 정체되거나 줄어드는 핵심 원인을 찾아야 한다. 왜 그럴까? 중국의 경우도 IT 기업의 2017년 4분기와 2018년 1분기 실적이 좋지 않았다. 중국 내의 다른 회사들도 마찬가지였다. 일시적인 스마트폰의 재고 조정 때문이다. 그래서 DB하이텍의 실적 하락을 일시적인 것으로 보는 것이다. 주가는 그 전부터 선반영되어 많이 내려오고 1만 2,000원대로 빠졌다가 다시 2만 원 근처까지 왔다. 그래서 매출 정체가 일시적인 것인지 연속적인 것인지를 파악하는 것이 아주 중요하다. 이것이 바로 주식 투자의 핵심이다.

장기 투자에서는 성숙기 산업으로 가는지 경쟁사의 출현으로 인한 경쟁 때문에 사업 구조 조정으로 가는지를 파악하는 것이 중요하다. 기업의 최고 가치는 영속성이다. 끊임없이 살아남아야 하는 것이다. 장기 투자에 있어 10년 동안 성장할 기업을 찾으면 된다. 그런 기업을 찾았다면 아무것도 하지 말고, 그 주식만 매집하여 가져가면 엄청난 돈을 번다. 여유 자금으로 주식은 위험하다고 생각하지만 은행에 넣으면 이자가 얼마 안 되기 때문에 주식을 시작하는 사람들도 있다. 은행에 예금하는 것처럼 안정된 주식이 있다면, 그 종목에 올인해서 자본이득(capital gain)도 보고 배당도 받으면 좋겠다는 생각을 할 것이다. 그런 투자 마인드라면 10년 이상 계속 성장할 기업을 찾아서 그 종목을 사면 된다.

삼성전자와 1등 기업

삼성전자가 앞으로 10년 동안 1위를 유지할 수 있을까? 만일 이 기간 동안 우리나라에서 1위를 못할 것 같다고 생각한다면 삼성전자에 장기 투자를 하면 안 된다. 매수의 핵심은 10년 이상 성장할지 그렇지 않을지를 파악하는 것이다. 당연히 삼성전자는 10년 이상 성장할 것이다. 반도체의 가격이 빠진다 하더라도 그때는 전장 부품 등 다른 사업거리를 만들어나갈 것이다.

현재 스마트폰은 정체되어 성숙기 산업이지만, 자동차가 IT기술과 결합하고 있다. IT기술이 자동차에 적용되면 전장 산업이 새로운 먹거리가 될 것이다. 자동차의 경우 실제로 스마트폰보다 훨씬 더 많은 전자 장비 관련 부품을 필요로 하기 때문에 IT 부품 등은 성장을 지속할 것이다. 삼성전자 사업을 보면 반도체, 휴대폰, 가전제품, 전장부품, 바이오 시밀러, 인공지능 등 성장성 있는 사업부가 모두 포진되어 있다. 경쟁력 있는 사업부가 있으니 앞으로 10년 이상은 더 성장을 할 것이다. 중국이 뛰어들어 반도체 사업부의 매출이 줄어든다 하더라도 앞선 기술력과 자본력으로 새로운 사업을 통해 수익을 이어갈 수 있을 것이다. 경쟁이 심화된 반도체 시장이 앞으로 어떻게 될지 여기서 끝나는 것인지 또 다시 성장할 수 있는 것인지를 분석해야 한다. 중국의 칭하이유니 그룹이 15조를 투자하면서 반도체 시장에 진입했다. 중국 기업 칭하이유니 그룹에 대해 중국 정부의 강력한 지원이 지속되고 있다. 이런 상황에서도 과연 삼성전자와 하이닉스가 자금력이나 기술력으로 중국 칭하이유니 그룹을 이길 수 있을까? 당연히 이긴다. 현재 중국의 기술력으로는 우리나라의 기술력을 따라잡을 수 없다. 삼성전자가 치킨게임(어느 한쪽이 포기하면 다른 쪽이 이득을 보게 되는 다른 쪽 경기자의 행위에 의존하는 게임으로 극단적인 경쟁으로 치닫는 상황을 가리킨다)을 시작한다면 칭하이유니 그룹도 흔들릴 수밖에 없다. 왜 그럴까?

칭하이유니 그룹이 20조, 30조, 50조, 100조를 투자하더라도 삼성전자의 영업 이익은 1년에 50조가 나온다. 1/2로 줄어든다고 해도 30조 원대다. 그동안 번 돈으로 투자해도 100조 원을 투자할 수 있다. 그동안 쌓인 현금만 하더라도 100조 원이다. 그만큼 자금력이 뛰어나다. 우리나라의 1년 예산이 450조 원 내외인데 삼성전자가 우리나라 1년 예산의 거의 10%를 버는 것이다. 언론에서처럼 중국 정부가 칭하이유니 그룹에 15조 원을 지원한다고 해도 후발주자로 반도체 시장에 진출하여 매출을 내려면 많은 변수와 싸워서 이겨야 할 것이다. 어느 정도 매출을 내더라도 예전처럼 치킨게임 같은 반도체 전쟁이 일어날 수 있다. 반도체 기술 난이도와 수율 등을 감안했을 때, 이럴 경우 살아남을 수 있는 기업이 어딘인가를 봐야 한다.

답해 보자면 삼성전자와 SK하이닉스는 살아남을 것이다. 2008년도 치킨게임에서 반도체 가격이 0.83달러로 대폭 내려앉고 말았다. 그 가격은 삼성전자의 손익 분기점이다. 하이닉스의 손익 분기점은 수율 등을 감안하여 반도체를 만드는 비용이 그 당시 1.2달러였다. 그래서 하이닉스가 적자에 허덕이며 거의 존폐의 기로에 들어섰던 것이다. 2008년 금융 위기의 정점을 지나 안정화되고, 2008년 12월부터 반도체 D램 가격이 다시 올라가며 경기 회복을 시작했다. 반도체의 가격이 1.2달러로 올라오면서 하이닉스가 손익 분기점을 맞추고 흑자로 돌아섰다. 반도체 고사양 제품의 경우 단가가 더 올라가는 구조인데, 기술력이 부족하면 수율의 차이로 제조 단가가 엄청 벌어진다고 본다. 고사양 D램 가격의 평균은 제조 단가의 BEP가 1.2달러라고 했을 때, 3달러의 가격에서 1/3로 내려간다면 새로 진입하는 중국 기업은 꼬리를 내릴 것이다. 그래서 반도체 산업은 정부 차원에서 지원을 하더라도 성공하기 쉽지 않은 구조다. 결국 삼성전자의 끊임없는 성장성을 본다면 인생 동반주처럼 당연히 팔면 안 되는 것이다. 여유 자금이 생기면 계속 사도 된다. 예전에 샀다면 기다리면 되는 것이고 조정 시에는 더 사야 된다는 논리다.

이처럼 장기 투자의 경우 기업의 가치와 성장성을 분석했을 때 가치주, 성장주의 앙상블이면 몇 배의 수익은 기본이다. 삼성전자도 가치주와 성장주의 앙상블로 볼 수 있다. 시대의 요구에 부합하는 기업이기에 장기 투자 종목이라는 것이다. 글로벌 시장은 지금 3% 이하의 저성장이 고착화된 시대다. 과거에 우리나라의 경제 성장률도 5~7% 정도였다. 중국도 경제 성장률 6%대로 성장 중이지만 지속적으로 내려가고 있는 추세다. 세계적으로 저성장 국면이 고착화되고 있다는 것이다. 그래서 고성장 산업이 빛을 발하고 이제 고성장주는 품절되는 성장 품절주의 시대가 오고 있다.

시대가 요구하는 종목을 찾자

앞에서 저성장 고착화 시대에 고성장 가치주 개념을 무엇이라 했는가? 경제적 해자를 찾으라고 했었다. 그 경제적 해자를 가지고 있는 기업이 고성장 가치주라면 품절주가 되는 최고의 주식으로 보면 된다. 앞으로 그런 품절주는 사고 싶어도 물량이 부족해서 못 사는 주식이 된다. 과거의 고정 관념 프레임을 가지고 기존 가치주만 고집하는 기업은 이제 주식 시장에서 투자의 효용 가치가 떨어질 수밖에 없다. 전 세계적으로 저성장 시대로 진입했기 때문이다. 시장에서 주가를 올릴 수 있는 요인이 거의 없다. 지금 전반적인 글로벌 시장의 경제 상황을 살펴본다면 올라갈 근거가 없다. 안전 마진에만 기댄 장기 투자로는 시대의 요구에 부응하기 힘들고 대시세주로 탄생되지도 않는다. 그래서 시대가 요구하는 종목을 찾아야 한다. 안전 마진은 PER, PBR, ROE 등의 지표로 측정하는 것을 기본으로 한다. 그러나 안전 마진의 개념이 고정 관념의 틀, 과거의 프레임에 갇혀 있어서는 안 된다. 시대가 변하고 있기 때문에 그런 가치주의 개념만으로는 투자하면 안 된다. 그렇다면 시대의 요구는 무엇일까? 지금은 성장에 목마른 시대이며 고성장을 하기 어려운 시대다. 어느 누구라도 고성장하는 산업이 있다면 많은 투자자들이나 기업들이 앞다투어 그 산업에 뛰어들어 돈을 벌고자 할 것이다. 삼성전자 역시 신규 사업에 투자할 곳을 찾기 어려울 정도라 주주 친화 정책의 일환으로 이익의 30%를 배정하고 있다.

예를 들면, 건물이나 상가, 오피스텔 등 수익형 부동산을 매입하여 고정적, 안정적으로 수입을 얻고자 한다면 연 평균 3~7% 정도의 투자 수익을 올릴 수 있다. 지금의 대출 금리는 3~5% 정도지만, 5~10년 전만 해도 은행의 대출 금리가 7% 이상이었다. 즉, 현재는 은행에서 대출을 받아 수익형 부동산에 투자해도 적자는 나지 않는다는 것이다. 물론 수익도 그리 크게 거두지 못한다. 일반 기업들이나 대기업 재벌 기업들 대다수의 경우 ROE(자기 자본 이익률, 자기 자본으로 얼마나 돈을 벌고 있는지 나타내는 지표)가 10% 이하다. 이름만 대면 알 수 있는 기업들도 연 평균 10%의 이익을 내지 못하고 있는 시대라는 것이다. 이렇듯 우리가 살고 있는 시대는 개인이나 기업이 여유 자금을 투자해서 5% 이상의 수익을 거두기가 어려운 저성장 시대라는 것이 증명된다. 따라서 이 시대는 돈(시설 투자금 등)을 요구하는 것이 아니라 바로 크게 수익을 낼 수 있는 아이템, 크게 성장하는 산업을 요구하는 것이다.

성장하고 있는 산업과 기업이 수년 이상 또는 수십 년 동안 그 성장을 지속할 수 있다는 확신이 생긴다면 세상의 돈들이 그곳으로 몰릴 것이다. 우리가 살고 있는 시대는 저성장 고착화 시대, 유동성이 넘쳐나는 시대라는 것을 주식 투자자들도 알고 있어야 하며 이를 투자 아이디어로 활용해야 한다. 그럼 이걸 주식 투자에 어떻게 활용해야 할까? 저성장 주식은 단기 투자를 해야 하고, 고성장 주식은 성장이 멈추기 전까지 장기 투자하는 것을 기본 전략으로 해야 한다. 아직도 과거의 프레임에 갇혀 시대에 뒤떨어진 가치주의 개념으로 현대차나 삼성물산, 조선주, 기계주 등을 산다면 큰돈을 벌지 못한다. 이 종목들의 경우 경제 성장률이 3% 내외이고 기업 성장률이 연간 5% 정도에 불과하기 때문이다. 왜 그럴까? 돈이 없어서 투자를 못하는 것이 아니라 도리어 돈이 넘쳐나는데도 그런 성장 산업이 거의 없어 투자를 못하는 것이다. 만일 이런 과거의 가치주 프레임에 갇혀 대형주를 사서 매년 확정적으로 5%의 수익을 낸다면 누가 주식을 하지 않겠는가? 현대차 주식을 사서 잠깐 차트 매매해 5% 수익을 낼 수 있다고 착각하는 것이다. 이런 식으로 투자하는 시대는 끝났다.

다시 말하지만 현재의 시대는 고성장 산업이 거의 없는 상태이고, 있다 하더라도 성장 그룹주 종목을 찾기가 만만치가 않다. 만약 그런 종목을 찾을 수 있다면 폭발력이 강한 실질적 수혜주(대시세주)라고 보면 된다. IT그룹의 대장인 삼성전자도 투자할 곳이 없어서 고민하고 있다. 현대차도 LG전자도 마찬가지다. 투자할 곳이 없다고 느낄수록 미래의 기업 가치를 정확히 분석해야 한다. 가치주가 고성장 엔진을 장착했다면 10배는 기본이다. 이런 주식을 성장 품절주로 볼 수 있으며 돈이 이쪽에 모이는 게 당연할 것이다. 기업의 매출과 수익이 20% 이상 계속 증가한다면 그 기업은 당연히 떠오르는 별이다. 외국인도 기관도 필자도 이 책을 읽는 독자들도 그런 기업의 주식을 사야 한다. 주식 투자라는 것은 결국 특정 기업에 내 돈을 투자하는 것이다. 이런 마인드로 주식을 해야 한다.

자동차 산업이 언제 어떻게 변할지 모르는데 현대차에 투자하겠는가? 어떻게 될지 모르는 불확실한 조선주에 투자를 하겠는가? 건설 경기가 죽고, 불황에 인구 감소가 진행되는데 식품 기업들이 장기적으로 잘 된다는 것은 말이 안 된다. 이런 불확실한 기업에 내 돈을 넣을 것인가? 성장이 없는 주식 근처에는 얼씬거리지 말고 아예 눈길조차 주지 않는 것이 내 돈을 지키는 방법이다.

가치주가 고성장 엔진을 장착했다면 10배는 간다. 앞에서 가치주의 개념에는 경제적 해자가 있어야 한다고 했다. 경제적 해자를 보유한 그룹주가 고성장 엔진을 장착했다면 엄청나게 갈 것이다. 예를 들어, 앞으로 삼성 SDI의 주가는 저가 대비 10배는 갈 것이다. 저가는 8만 원이다. 고성장 엔진을 만들고 장착한다면 시간이 걸리더라도 당연히 주가가 70만 원대까지는 가야 하는 것이다. 사례를 하나 들어보자. 바이오 고성장 시대를 맞이한다면, 바이오 신약주이면서 그룹주의 경우 주가가 10배는 올라야 한다. 그 예가 영진약품이다. 그룹주이면 고성장 산업(신약 개발사)을 장착했으니 당연히 주가 10배가 오르는 것은 기본이다. 그래서 2016년 10배까지 오른 것을 확인할 수 있다.

주봉을 보면 2014년 12월 영진약품의 주가는 1,200원대에 있었다. 2015년 잠깐 바이오가 테마주로 상승할 때 이 종목의 주가는 1천 원대에서 2천 원대로 100%밖에 올라가지 못했다. 제약회사는 신약개발 사업을 해야만 주식이 오른다. 영진약품은 2015년 바이오 주식이 상승

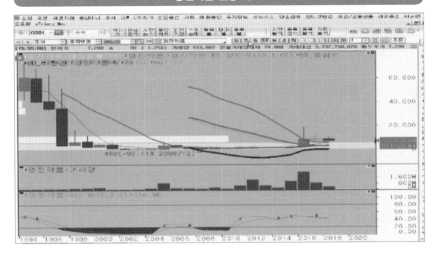

할 때 소외되었으나 2016년에는 폭등했다. 왜 그랬을까? 2016년 3월 KT&G가 인수한다는 소문이 있었고 이에 발 빠르게 선취매하는 등 물 밑작업으로 주식이 이미 움직이기 시작했기 때문이다. 이때 2천 원대에서 주춤하던 주가가 10배까지 급등했다. 바로 그룹주(가치주)의 성장주라는 점이 급등한 이유였다.

바이오주는 그 당시 이익을 내지 못했다. 부실한 회사들이 많은 가운데 영진약품은 그나마 이익을 내고 있었다. 웬만하면 영진약품이라는 이름을 많이 들어봤을 법한데 자금이 풍부한 KT&G가 이 회사를 인수함으로써 그룹사가 되었다. 이것은 제약주에 바이오 신약 엔진이 장착된 것과 같은 것이다. 이제는 그룹주이기 때문에 바이오 신약 개발에 투자할 수 있는 자금이 풍부하다는 것이다. 따라서 시세 초입에 사기만 하면 큰돈이 될 가능성이 크다. 물론 10배 가면 매도해야 한다. 그 이유는 다

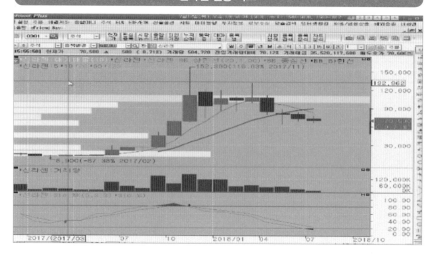

음장에서 배울 것이다. 이것이 바로 가치주와 성장주의 앙상블 효과다.

2017년부터 대폭등한 바이오 주식의 특징은 각 분야에서 1등이라는 점이었다. 에이치엘비는 표적 항암제로 글로벌 시장에서 세계 1위다. 주식은 1만 5,000원 내외에서 10배나 올랐다. 저가 대비 6년간 100배가 올랐다. 왜 이런 결과가 나왔을까? 이유를 알기 위해 사전에 공부를 해야 한다. 이게 차트 공부보다 더 중요한 것이다.

유한양행도 2016년 초 이후 주가는 오르지 않았다. 이유는 무엇일까? 2015년 상반기에 제약 바이오주는 대형주, 소형주, 우량주, 부실주 가리지 않고 '바이오' 이름만 붙어도 대폭등하던 시절이었다. 하지만 2015년 여름 바이오 테마에 편승한 투자자들은 대다수가 큰 실패를 경험했을 것이다. 특히 소형주, 부실주 투자자는 더 큰 실패를 맛보았을 것이다. 그래서 바이오 투자에 관심 있는 투자자들은 앞으로 믿을 수 있는 주식을

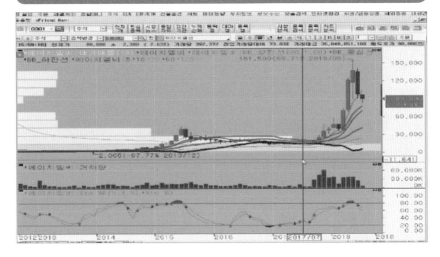

사겠다고 다짐했을 것이다. 이런 공감대가 확산되면서 2016년도 상반기에는 그룹주 중에서도 이슈가 있는 종목만 크게 상승한 것이다. 그러나 그 이후 그룹에 속한 바이오 제약사도 별다른 성과를 보여주지 못하자 주가는 크게 하락하기 시작한다. 즉, 그룹 제약의 바이오주도 결국 경제적 해자를 보여주지 못했다는 것이다.

바이오 제약 산업에서 가장 큰 시장은 항암 시장이고 그 다음이 당뇨병, 비만 시장이다. 2017년 이후에는 한미약품이 30만 원에서 100%, 2배밖에 상승하지 못했다. 10배 상승한 주식으로는 신라젠이 있었고, 에이치엘비 같은 간암, 대장암 등에 대한 표적 항암제 업체가 해당 시장에서 1등 기업으로 평가받았다. 실질적으로 임상 3상이 거의 다 진행된 주식만 대시세를 내면서 상승하였다. 줄기 세포 1등인 차바이오테크를 포함해서 그 분야에서 최고 1등주만 상승한 것이다. 시대가 요구하는 것

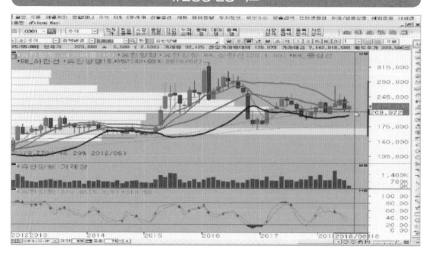

은 따로 있다. 2015년에 좋았던 바이오주 중 대다수 종목들은 크게 오르지 않았다. 대아제약도 올라가지 않았다. 대아제약은 2015년도에 많이 올라갔으나 그 이후에 내려가서 지금까지 소외되고 있다. 아이진은 3만 7,000원대까지 올라갔다. 바이로메드도 2015년에 고점을 돌파했다. 2018년도 차트를 보면 에이치엘비, 신라젠, 셀트리온도 모두 고점을 돌파했다. 이 종목들이 그 분야에서 1등주다. 시대의 변화를 빨리 캐치해서 투자에 활용하는 것이 중요하다는 것을 보여준다.

가치주면서 고성장주면 금상첨화

가치주가 고성장 엔진을 장착했다면 10배의 수익은 기본이다. 이 개념은 경제적 해자의 그룹사를 말한다. 여기서 가치주란 자산 가치를 말하는데, 평균 가치가 자산 가치라는 것은 특히 그룹주에 해당한다. 그룹주가 성장하면 수익이 꾸준히 나올 수 있지만 나머지 소형주는 그런 경우가 드물다. 2015년도에 올라갔던 바이오주는 테마주처럼 움직였고 그저 '바이오'라는 이름만 붙어도 폭등했다. 바이오 산업 성장 초기이기 때문이었다. 그룹주이면서 재무가 안정되어 있고 수익 가치도 있는 제약 바이오 기업이 왜 중요한 장기 투자의 잣대가 되는지 그 이유는 뭘까? 장기간 신약 개발할 자금을 지속적으로 투입할 수 있는 기업이 신약의 성공 가능성을 높일 수 있기 때문이다.

이런 사례가 바로 셀트리온이다. 셀트리온은 그룹주이면서 실적까지 나오고 있기 때문에 수익 가치와 자산 가치가 증명되어 대시세를 낼 수 있었다. 바로 바이오시밀러 산업 고성장 시대의 실질적 수혜주이기 때문이다. 바이오 산업 고성장 초기인 2015년도에는 모두 올라갔고, 2016년도에는 그룹주에 성장 엔진을 장착하고 믿을 수 있는 기업 등 대기업군에 속한 종목군이 올라갔다. 대기업군이 아니더라도 펀드멘탈이 있는 종목만 올랐다. 2017년 이후에는 각 분야 1등주만 대시세를 냈다. 각 분야 1등주는 돌아가면서 전부 대상승을 보여주었다. 그러면 바이오주 대시세 사이클(10년의 바이오 생애 주기)은 일단락된 것이라고 사료된다. 앞으로 미국이나 독일 등 선진국의 바이오 산업의 흐름처럼 특별한 바이오주가 아니고서는 대시세가 나지 않을 것이다. 이제는 바이오 산업 중에서도 실질적으로 그 과정이 잘 진척되고 있거나 임상 결과로 증명된 기업만이 살아남을 것이다.

장기 투자를 할 때는 시대의 흐름이 어떻게 주가에 선반영되는지 그 원리를 미리 알고 있어야 한다. 그러지 않고는 지금 시대에 장기 투자 종목을 고르기가 쉽지 않다. 일반인들은 시세의 메커니즘을 잘 모르기 때문에 단기 매매만 하게 되는 것이다. 그룹주란 대기업, 중견 기업의 경우를 말한다. 시대가 요구하는 그룹 중에서 성장 엔진을 달고 있는 것이 가장 좋다. 소형 기업은 기술력이 있어도 임직원 등의 조직력과 마케팅 홍보력이 미흡하여 이 무한 경쟁 시대에 10년 이상 경제적 해자를 유지하기 어렵기 때문이다.

LG생활건강으로 공부해보자. 기업 개요를 보면, 오휘, 이자녹스, 수려한 등 화장품이 매출액의 절반인 53%(2017년 기준)를 차지한다. 그리고 치약이 25%, 음료 등이 나머지 퍼센테이지를 차지한다. 그럼 오랫동안 안정적인 매출과 이익을 가져다줄 것이다.

주주들 구성도를 보면 대주주가 34%, 국민연금이 6%를 가지고 있다.

LG생활건강 매출 비중과 주주 구성 전망

주주 구분	2017/01/01	2018/01/01
최대주주 등(본인+특별관계자)	34.03	34.03
10% 이상 주주(본인+특별관계자)	–	–
5% 이상 주주(본인+특별관계자)	6.37	6.76
임원(5% 미만 중, 임원인자)	0.01	0.01
자기주식(자사주+자사주신탁)	6.14	6.14
우리사주조합	–	–

제품명	2015/12	2016/12	2017/12	2018/12
Beautiful(화장품)	45.96	51.80	52.81	57.88
Healthy(생활용품)	29.97	26.20	25.20	21.66
Refreshing(음료)	24.07	22.10	21.99	20.47
기타(계)				

LG생활건강 연봉 차트

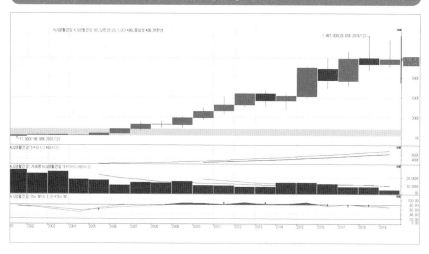

구조상 시장에서 유통될 수 있는 주식은 600만 주정도다. 600만 주면 130만 원짜리이므로 거래금액으로는 대형주에 속한다. 결코 작은 종목이 아니다. 그런데 이런 주식이 품절주가 되어 버린 것이다. 위의 LG생활건강 차트를 보면 1만 원대에서 149만 원으로 거의 150배가 올랐다. 이것이 지금까지 필자가 말하는 품절주의 한 종목이다.

LG생활건강은 이제 성숙 단계에 진입하여 고성장을 하고 있지는 않지만 연착륙이 가능하도록 서서히 진행되고 있다. 차트를 통해 과거의 주식 흐름을 보면 처음 저점에서 엄청난 거래량이 있었다는 걸 확인할 수 있다. 그리고 서서히 올라가면서 오히려 거래가 줄고 있다. 그 다음 파동에 조정을 받을 때 평상시보다 거래량이 조금 늘어났다. 2013년에는 830만 주의 거래가 형성되었고, 2014년에는 1,400만 주로 2배 정도 거래가 늘었다. 그 다음에는 평상시보다 70%씩 계속 거래가 늘었다.

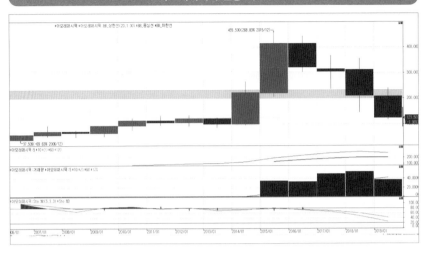

아모레퍼시픽 연봉 차트

4년 동안 60만 원에서 120만 원이면 수익률이 100%밖에 안 된다. 그러나 성장 초반에 장기 투자를 생각하고 보유했다면, 아니면 성장 품절주가 된 20만 원에서 샀어도 거의 7배 가까이 올랐다. 화장품이 많이 올라갔을 때인 2015년에 최고가를 형성했고, 조정받은 후 2017년부터 또 다시 상승하였다. 화장품 주식 대시세가 나던 5년 동안 LG생활건강은 다른 화장품 주식보다는 조금 덜 올랐는데, 그 이유는 LG생활건강의 경우 화장품 이외에도 샴푸나 치약, 음료 등이 절반의 퍼센테이지를 차지하고 있었기 때문이다.

위의 아모레퍼시픽 연봉 차트를 살펴보자. 2014년도, 2015년도의 주가를 보면 2014년도에 165%가 올랐고 2015년도에는 86%가 올랐다. 그러면 저점 10만 원대에서 46만 원, 7년 동안 5배가 올랐다. 그 이유는 화장품 면세점에서 중국 요우커들에게 아모레퍼시픽이 명품으로 인

아모레퍼시픽 실적 전망

결산기(12월)	2014	2015	2016	2017	2018F
매출액(십억 원)	3,874	4,767	5,645	5,124	5,708
영업 이익(십억 원)	564	773	848	596	696
영업 이익률(%)	14.6	16.2	15.0	11.6	12.2
순이익(십억 원)	379	578	639	394	487
EPS(원)	5,493	8,368	9,262	5,709	7,055
ROE(%)	14.0	18.6	17.7	9.8	11.2
P/E(배)	40.4	49.5	34.7	53.3	48.5
P/B(배)	5.4	8.5	5.7	5.1	5.2
배당 수익률(%)	4.1	0.3	0.5	0.4	0.5

K-IFRS 연결 기준, 순이익은 지배주주 귀속 순이익
자료: 아모레퍼시픽

식되면서 많이 팔려 매출이 크게 늘어났다. 2014년, 2015년의 아모레퍼시픽은 중국 관광객에게 좋은 화장품으로 인기가 많았으며 사재기까지 하는 명품으로 인식되었다. 면세점에서 아모레퍼시픽의 엄청난 인기로 화장품 주식이 먼저 올랐고, 화장품 말고도 다른 품목을 취급하는 LG생활건강은 상승폭이 아모레퍼시픽보다는 크지 않았다. 그러나 2015년부터는 같이 올라간다. 2016년에는 사드 피해로 거의 모든 화장품 관련주가 다시 내려가기 시작했다. 2016년 아모레퍼시픽이 고점을 형성한 후 3년 동안 주가가 제대로 올라가지 못하는 상황에서 LG생활건강의 주가는 다시 올라갔다. 중국을 상대로 화장품을 파는 면세점 매출이 많이 줄었지만 LG생활건강은 화장품 이외의 품목을 통해 보완할 수 있었기 때문이었다.

아모레퍼시픽 실적 전망을 살펴보자. 2017년도에 매출액이 9% 정도

결산기(12월)	2014	2015	2016	2017	2018F
LG생활건강 실적 전망					
매출액(십억 원)	4,677	5,328	6,094	6,270	6,662
영업이익(십억 원)	511	684	881	930	1,014
영업이익률(%)	10.9	12.8	14.5	14.8	15.2
순이익(십억 원)	349	460	568	607	686
EPS(원)	19,722	25,982	32,070	34,240	38,720
ROE(%)	22.9	25.1	24.9	21.9	20.9
P/E(배)	31.6	40.4	26.7	34.7	32.7
P/B(배)	6.5	8.8	5.8	6.9	6.2
배당수익률(%)	0.6	0.5	0.9	0.8	0.9

K-IFRS 연결 기준, 순이익은 지배주주 귀속 순이익

자료: LG 생활건강

로 줄었다. 이때 영업 이익은 2016년 대비 30% 감소하였다. 그런데 고성장을 지속하다가 사드 문제로 역성장하고 이익은 더 크게 감소된 것을 확인할 수 있다. 사드 문제는 실적에 직접적인 영향을 미치기 때문에 2015년도에 주식을 팔아야 했던 것이다. 그런데도 개미 투자자들은 대부분 이 화장품주를 그대로 가지고 있다. 성장을 멈추고 매출이 줄면서 주가도 추세하락하는 것은 당연하다.

LG생활건강 실적 전망을 살펴보자. 2015년 영업 이익이 크게 증가하였지만 아모레퍼시픽에 비해 중국 관광객의 수혜를 절반밖에 보지 못했다. 화장품 이외에도 2개, 3개로 품목이 분할되어 있어서 중국 수혜를 덜 받은 것이다. 단일 사업부인 아모레퍼시픽은 그 시대에는 화장품 하나로 요우커들에 의해 큰 수혜를 받았지만 시대가 끝나갈 때 도리어 더크게 하락하게 된다. 시대적 상황에 맞는 매출이 반영된 것을 알 수 있

다. 따라서 기업의 매출, 사업, 종류, 모델 등을 계속 체크하는 것이 바람직하다.

LG생활건강은 2016년 영업 이익이 29%가 늘면서 계속 성장하였지만 오히려 2016년의 주가는 좋지 않았다. 2016년이 지나 실적 결과를 봤더니, 중국 사드의 화장품 피해를 공산품으로 다 메꾸었던 것이다. 중국에 한정되지 않고 동남아 시장 다음에 중동 시장까지 진출하기 위해 M&A를 통해 계속 확장했다. LG생활건강은 각 나라에 여러 루트로 사업망을 확장해서 매출액도 조금 늘고 영업 이익이 줄지 않을 수 있었다.

자세히 살펴보면 매출은 크게 성장하지 않는데 아직도 영업 이익률은 두 자릿수로 늘고 있다. 지금은 많이 올라 주가 탄력성이 좀 떨어지지만 성장이 멈추지 않으므로 오래전에 주식을 사서 보유한 사람들은 공통적으로 주식을 팔지 않고 보유하고 있는 것이다. 그래서 품절주가 된 것이다. 거래량이 4만 주, 5만 주가 되지 않아도 수급하는 데 물량의 부담이 없어 시장과 상관없이 주식이 끝없이 올라가게 된 것이다.

잠시 횡보하고 정체로 인해 2년 동안 잠깐 빠졌었지만 이후 꾸준히 올라가고 있다. 이 종목은 성장 품절주처럼 가치주 개념의 품절주라고 볼 수 있다. 꾸준히 성장을 하고 있기에 품절주가 되는 것이다. 다양한 사업을 하고 있기 때문에 화장품 시장이 성숙기에 들어서도 실적이 살아날 수 있다. 아모레퍼시픽은 단일 품목으로 성숙기 이후 쇠퇴기에 들어갔지만 LG생활건강은 성숙기가 진행되고 있는 것이다. 실적으로 계속 성장하고 있으므로 품절주라고 볼 수 있다. 아모레퍼시픽의 주가는 45만 원에서 2018년 20만 원으로 내려왔다. 이 사례는 오히려 단일 사업부가 약점이 되어 장기 투자를 하더라도 오래 못 간다는 것을 보여주고 있다. 처음에는 장기 투자를 하다가 업황 등이 나빠지면 팔아야 되는 종목이다. 주식에 대한 장기 투자의 개념을 알고 있어야 한다. 10배는 기본으로 올라가는 성장 품절주를 사는 것이 중요하며 그런 주식을 찾아야 한다.

가치주이면서 고성장주라면 금상첨화다. 엔씨소프트를 예로 살펴보자. 마찬가지로 회사 자금이 풍부하다. 기본적으로 몇 천억 원의 현금을 가지고 있다. 우리나라의 온라인 게임이 본격화된 것은 엔씨소프트의 활약이 컸다. 엔씨소프트는 리니지 게임을 만들어서 실제 온라인 게임에서 업계 1위가 되었다. 새로운 게임을 런칭해서 엄청난 히트를 친 것이다. 리니지 게임의 새로운 시대가 온 것이다. 주가는 저점 대비 16배나 크게 올랐다. 1만 2,000원대에 있다가 48만 원까지 끝없이 올라갔다. 예전이었다면 최저가 1만 2,000원에 매입이 가능했다. 그때 대비 정확히 40배가 올라간 것이다. 주가의 흐름을 보면 리니지 게임 시대가 온 것을 알 수 있다. 그 다음에 온라인 게임 시대가 저물고 모바일 게임의 시대가 왔다. 여기서 엔씨소프트는 모바일 게임 사업을 시작하지 않고 기존 온라인 게임의 왕좌라는 것에만 취해 있었다. 결국 모바일 게임을 본격적으로 만들지 않고 작은 규모로만 만들었으나 실패하고 말았다. 그 당시 시장에서 이미 엔씨소프트는 모바일 게임으로는 성공할 수 없고 리니지 게임은 모바일로 할 수 있는 시스템이 아니라는 것을 인식했던 것이다.

필자는 2016년 6월 1일 토마토 TV 〈배워야 산다〉라는 방송 프로그램에서 반도체 용어 정리와 산업 해석을 할 때 SSD 메모리에 대해 심층

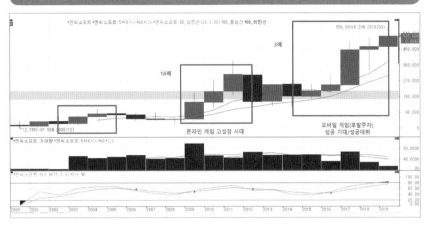

엔씨소프트 연봉 차트

적으로 분석한 적이 있다. 인공 지능의 가장 핵심인 SSD 메모리는 AI시대 진입의 최대 수혜주라고 했고, 특히 게임사에게도 가장 큰 수혜가 된다고 방송에서 설명했다. 특히 엔씨소프트가 SSD 메모리의 성장의 가장 큰 수혜주라고 말했다. 왜 그럴까? 스마트폰에서 리니지 게임을 하면 게임이 원활하게 진행되지 않는다. 하지만 조그마한 128기가 SSD 메모리를 핸드폰에 넣으면 PC처럼 자유롭게 돌아가고 리니지 역할 수행 게임을 마음대로 할 수 있는 것이다.

이상의 엔씨소프트의 2015년, 2016년, 2017년, 2018년의 연봉 차트를 보면 2017년도에 실제로 가장 많이 올랐다. SSD 메모리가 본격적으로 양산되어 큰 수혜를 입은 것이다. 스마트폰의 고사양화가 본격화되면서 모바일 게임에서도 리니지 게임을 하는 데 문제가 없는 것이다. 그래서 필자가 2015년도에 미리 얘기한 것처럼 모바일 게임의 후발 주자로 주가가 또 올라가게 된 것은 리니지M 성공에 대한 기대감이 컸던 것이고 결국 성공했다. SSD 메모리와 리니지 모바일 게임과 환경이 딱 맞아떨어진 것이다. 이런 것이 바로 가치주의 개념을 갖고 성장의 엔진을 장착한 것이다.

주식이 초대형주이기 때문에 10배까지는 가지 않았지만, 2배만 올라가도 한 종목을 1천억 원씩 사도 될 만하다. 그러면 1천억 원을 사서 1천억 원을 버는 것이고, 또 100억 원을 사서 100억 원을 버는 것이다. 그렇기 때문에 소형주와는 완전히 다른 개념이다. 예를 들어 소형주가 10배 올라봤자 큰돈이 되지 않는다. 엔씨소프트는 한 종목에 100억 원을 살 수 있으니까 주가가 2배 올라가면 계좌는 약 200억 원이 된다는 말이다. 그렇기 때문에 이런 대형주 주식이 가치주의 개념을 가지고 성장의 엔진을 장착하면 금상첨화가 된다. 이 종목에 올인 투자를 해도 되고 집중 투자를 해도 된다. 거액자산가에게는 얼마나 매력적인 종목인가?

가치주면서 성장주여서 앙상블이 되면 몇 배는 기본적으로 수익을 얻을 수 있다. 삼성SDI의 사례를 보자. 합병 전 초기의 삼성전관이 LCD 브라운관 TV를 만들었다. 그리고 삼성SDI로 출발한 후, 2000년도 초반에 LCD시대가 왔다. 진공관을 장착한 브라운관으로, PC 초창기 모니터로 활용되다가 나중에 LCD모니터로 대체된 것이다. 그 당시 LCD 시대가 오면서 금호전기도 삼성SDI와 마찬가지로 큰 수혜주가 되었다. 여기서 첫 번째 기대감으로 주가는 한 번에 무려 3배나 올라버렸다. 1년 동안 계속 올라가다가 다시 내려오고, 그 다음부터는 끝없이 올라갔다.

그 다음으로 스마트폰의 배터리 시대가 왔다. 스마트폰의 배터리로 또 3배나 올라간 것이다. 이제는 전기차, ESS 대형 배터리 시대가 오고 있다. 그래서 이렇게 조정 이후 다시 3배로 올라가고 있다. 끊임없이 계속 오르고 있는 중이다. 조정은 다시 받을 수 있지만 몇 배까지 상승하게 될지는 아직 모른다. 이 시점에서 다시 과열권인지 살펴봐야 한다. 과열권에 다시 진입하면 한 번 더 오르고 어디까지 오르는지 살펴봐야 할 것이다.

삼성SDI는 고성장엔진(전기차배터리, ESS배터리 등)을 장착해서 3배는 물론, 앞으로도 몇 배는 기본으로 오를 것으로 보인다. 앞으로도 삼성SDI는 장기 투자 종목이며 대시세주다. 한번 사면 팔 필요가 없는 것이다. 물론 팔 이유가 생기면 팔아야 되겠지만 말이다. 과거 LCD 시대는 몇 년 걸리지 않았다. 스마트폰 배터리도 2013년에 끝났고, 고성장은 수년 만에 다 끝났다. 고성장주도 얼마 가지 못한다. 전기차 배터리, 에너지 저장장치의 배터리로 이 시대가 끝날 때까지 주가는 계속 오를 것이다.

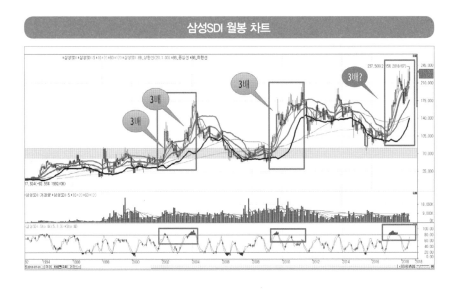

삼성SDI 월봉 차트

조선 산업의 호황 시절에 현대중공업이 무려 55배까지 올라갔었다. 아모레퍼시픽도 화장품 시대에 100배 이상 올라갔는데 삼성SDI가 10배까지 못 오를 이유가 있을까? 당연히 10배는 갈 것이다. 전기차 배터리 시대가 확실히 온다면 화장품, 조선 종목보다 훨씬 더 오랫동안 고성장할 가능성이 크다.

5부

장기 투자의
실전

필자가 운영하고 있는 투자클럽은 주식선물로 단기 매매를 하고는 있
지만, 장기 전략주 비중이 80~90%를 차지하는 장기 투자를 기본으로
한다. 주가가 빠져도 손절하지 않을 종목인 우량주, 대형주, 그룹주 위주
로 투자한다. 소형주는 특별한 경우를 빼고는 하지 않는다. 전체에서 코
스피가 70~80% 비중이고 약 25%가 코스닥인데 1/4 정도 된다. 코스
피 중에서도 코스피 200(우량주) 안에서 선정하기 때문에 리스크가 낮고
안전하다. 왜 이렇게 할까? 당장은 수천만 원의 투자금이 전부라고 해도
수년 뒤에는 수억 원, 수십억 원이 되어 있으리라 확신하기 때문에 처음
부터 수억 원, 수십억 원을 굴리는 것처럼 투자 습관을 만들기 위해서다.
주식으로 손실 경험이 있는 투자자들이 많다. 이들은 손실에 대한 트라
우마로 낙폭 과대주, 즉 많이 빠진 주식에 관심을 갖고 이런 것들을 매매
하게 된다. 오른 주식을 샀다 손실하여 고생한 경험과 오랫동안 보유해
도 이익을 보지 못한 경험 때문에 많이 올라가고 있는 주식은 사지 않는
다. 이들의 경우 잃지 않기 위해 고점 대비 많이 빠진 종목을 매수하는

경향이 있는 것이다.

과거 고성장 시대에는 주식이 크게 빠지면 다시 올랐다. 하지만 지금 시대는 저성장 고착화 시대다. 과거에 나타나던 주가 고점을 돌파하는 시세는 더 이상 나오기 힘들다는 것을 알아야 한다. 따라서 낙폭 과대주 투자는 위험하다. 이런 식의 투자가 과거 프레임에 의한 고정관념적 투자라는 것이다.

이 파트에서는 장기 투자의 실전을 다룰 것이다. 계속해서 강조하지만 장기 투자는 전략대로 실천하고 예측대로 정확히 맞으면 약 10배 정도의 수익이 가능하다. 100배도 가능하다. 10배 오를 주식을 살 때 선취매해서 보유하는 것이 가장 좋다. 장기 투자 전략은 2~3개월, 혹은 몇 년 동안 평가손이 나더라도 결국에는 돈을 많이 벌 수밖에 없는 가장 확실하고 쉬운 투자법이라 필자는 확신한다.

앞에서 장기 투자로 인생 대역전을 가능하게 하는 20억 원을 벌기 위한 전략을 수립하는 방법을 제시했다. 자금 규모나 성향, 자신이 처한 상황에 따라서 한 종목에 투자할지 두 종목에 투자할지 결정해야 한다. 가치 평가를 하고 그 다음에 성장주 위주로 성장 품절주가 될 주식을 찾아야 한다. 앞에서 성장 품절주를 찾는 것이 아주 중요하다고 강조했었다. 고성장주이면서 그룹주이고 안전한 주식, 내려가도 큰 걱정 없고 마음 놓을 수 있는 그런 주식 중에서 품절주가 되어가는 성장 품절주를 찾을 수만 있다면 주식 인생은 무조건 성공한다고 말한 바 있다. 성장 품절주인지 아닌지는 최종적으로 수급 분석까지 해두어야 한다. 대시세 주식의 경우 스토리, 즉 주가 흐름이 항상 똑같다. 과거 조선 산업 시대의 성장 품절주는 삼성중공업, 대우조선, 현대중공업이 아니라 바로 현대미포조선이었다. 그리고 화장품 시대의 성장 품절주는 아모레퍼시픽이었는데, 업황이 정점에서 장기 성장이 멈추었기 때문에 상승 사이클이라는 생을 마감한 것이다.

그 이후에는 사드의 악재에도 꾸준히 이익이 나오고 있는 LG생활건강으로 주가 권력이 이동한다. 액면분할하기 전에는 삼성전자도 성장 품절주였다. 지금은 액면분할 후 거래량이 많고 개미도 마음 놓고 살 수 있는 대중주가 되었다. 그래도 여전히 유통 물량이 적은 성장 품절주다. 액면분할 이후에도 54%를 가지고 있는 외국인은 물량을 내놓지 않고 있다. 내놓는다 해도 지분이 2% 이상 줄지 않는다. 실제 거래되는 개인 비중도 2% 내외로 유통물량이 적어 하락에도 한계가 있다. 이제는 SK하이닉스조차도 성장 품절주가 되었다. 성장 품절주들이 여러 개 나타나고 있는 상황이다.

SK텔레콤은 성장이 주춤해서 품절은 품절인데 현재 성장 품절주는 아니다. 물론 5G로 성장을 이어간다면 성장 품절주가 될 가능성은 있다. SK텔레콤이 5G로 성장을 이어간다면 성장 품절주가 되겠지만 지금보다 혁신적인 성장성이 보여야 한다. 그 점이 가장 중요한데 5G가 아직은 새롭게 변화된 패러다임의 고속 성장을 보여주지 못하고 있다. 즉, 100메가에서 1기가(10기가)로 가는 것, 10배(100배) 정도 속도가 빨라지는 것은 새로운 산업이 아니다. 그러니까 품절주이지만 현재는 성장이 빠진 품절주라고 할 수 있다. 5G 서비스가 본격화되면서 SK텔레콤 등 통신사들이 고성장을 구가하려면 5G가 꼭 필요한 대중적인 킬러 콘텐츠(자율주행, AR 등)를 많이 탄생시켜야 한다. 5G시대가 도래하면 혜택을 받을 종목에는 무엇이 있을까? 먼저 인프라 구축하는 대한광통신과 그 다음 중계기(케이엠더블유), 그 다음에는 트래픽관련주(오이솔루션)가 1등 수혜주가 될 것이다.

이 파트에서는 어떻게 그것도 초기에 성장 품절주를 선택할 수 있는지, 선택한 후 어떻게 투자를 해야 하는지에 대한 내용들을 알아보자. 아주 중요한 내용이므로 습득하여 실천한다면 주식이 보다 쉬워질 수 있다. 거액자산가가 되기 위한 투자 전략은 이러한 대시세주를 찾아서 장기 투자하는 것이다. 대시세주 투자 비법과 장기 투자 비법은 조금 다르다. 대시세주는 모멘텀으로 움직이기 때문에 올라갔다 다시 내려온다. 따라서 대시세주는 모멘텀의 상황에 맞게 매매하면 되고 이것이 장기 투자와 매치되면 10배, 100배 오르는 엄청난 대스타주가 탄생되는 것이다.

시대에 맞는 투자는 기본

시대를 바로 읽어야 한다. 시대에 맞는 투자는 기본이다. 하지만 대다수의 투자자들은 거시적으로 시대의 흐름을 파악하지 못하고 과거 수익을 못 내던 투자 습관과 행태에서 벗어나지 못한다. 결국 다른 개미들처럼 살다가 주식 인생을 마감한다. 투자자 대다수는 1억 원 이하의 투자금으로 여러 종목을 편입한 상태에서 가격, 시황을 보면서 사고판다. 그들은 시장 시황을 보고 미국 시장을 보고 또 무역전쟁에 대해 불안해하다가 빨리 손절하고 빨리 이익을 실현하고 조급한 마음으로 교체 매매를 하고 있다. 여러분들이 어떻게 무역 전쟁을 분석하고 세계 경제를 정확히 예측할 수 있겠는가? 그런데도 트럼프가 무슨 말을 하는지 요즘 상황이 어떤지 그런 이슈들에 촉각을 곤두세우며 매일 시황만 보고 있다. 그렇게 시장에 끌려 다니며 사고팔고 있다. 하지만 이렇게 투자를 하면 내 주식 계좌를 시장 상황에 내던져 두는 것과 마찬가지다.

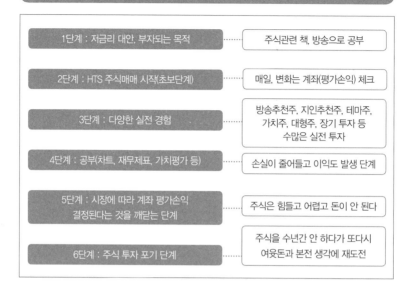

대중 투자자, 주식 투자자들의 길(주식인생)	
1단계 : 저금리 대안, 부자되는 목적	주식관련 책, 방송으로 공부
2단계 : HTS 주식매매 시작(초보단계)	매일, 변화는 계좌(평가손익) 체크
3단계 : 다양한 실전 경험	방송추천주, 지인추천주, 테마주, 가치주, 대형주, 장기 투자 등 수많은 실전 투자
4단계 : 공부(차트, 재무제표, 가치평가 등)	손실이 줄어들고 이익도 발생 단계
5단계 : 시장에 따라 계좌 평가손익 결정된다는 것을 깨닫는 단계	주식은 힘들고 어렵고 돈이 안 된다
6단계 : 주식 투자 포기 단계	주식을 수년간 안 하다가 또다시 여윳돈과 본전 생각에 재도전

필자는 무역 전쟁에 대해 많은 고민을 하지 않는다. 그 이유는 장기 투자를 기본으로 하기 때문이다. 시황을 이길 수 있는 것이 장기 투자다. 장기 투자란 평가손이 나면 손절하는 게 아니라 도리어 추가 매수의 기회로 활용하는 것이다. 장기 투자는 가격과 시간에 구애받지 않는다. 1년 동안 장기 투자를 했어도 가지고 있는 주식을 팔 이유가 없다면 팔지 말아야 한다. 수익이 나지 않더라도 오히려 평가손이 발생되었어도 상관없어야 한다. 결국은 목표대로 움직일 것이기 때문이다. 매일 시황을 보고 가격 보고 매매해서 손절하고 손해나고 있는 투자자들, 왜 쉽고 빠른 길을 놔두고 어려운 길로 가는 걸까? 지금 당장 벗어나야 한다. 장기 투자를 하지 않고 사고파는 매매만 했던 과거, 수익도 못 냈던 과거, 그렇게 살아온 주식 인생은 의미 없다. 그건 주식을 한 것이 아니라 가격

만 따라다닌 것이다.

하루라도 빨리 이런 상황에서 벗어나야 한다. 돈을 벌지 못한 일반 투자자들은 도박처럼 하는 투자 방식을 주식 인생이라고 착각하고 살아간다. 주식 투자자의 90%는 대중 투자자다. 투자자의 4~5% 정도는 승리하고 나머지는 군중 속 개미 투자자의 길을 걸어간다. 주식 인생도 5% 룰에 적용받는다. 즉, 상위 5%는 늘 투자에 성공한다는 것이다. 물론 주식도 하다 보면 인생처럼 많은 굴곡이 있다. 좋을 때도 있고 나쁠 때도 있고 견디기 힘들 때도 있다. 주식이나 인생이나 자연의 이치를 닮아 있다. 요즘은 웬만하면 HTS, MTS를 이용해서 매매를 할 수 있다. 시세를 매일 매일 볼 수 있어 편리한 점도 있지만, 실제로 단기 매매의 충동이 크다고 볼 수도 있다. 그래서 가격에 끌려 다니는 매매를 많이 하게 된다.

부동산으로 재산을 축적하는 과정은 어떨까? 매일매일 부동산 시세를 보면서 단기 매매를 하지 않고 긴 안목으로 시간을 두고 하기 때문에 그만큼 수익이 클 수 있다. 이것이 투자의 기본 생리다. 큰 흐름을 봐야한다. 주식은 금방 사고팔 수가 있기 때문에 오늘 얼마 수익이 나고 얼마 손해가 났는지 매일 계좌를 들여다보게 된다. 시장 흐름상 주가의 변동은 당연한데도 그걸 보고 하루는 내가 돈을 벌었구나 안도하다가 하루는 돈을 잃었다는 자괴감에 빠지니 어찌 장기 투자가 가능하겠는가? 투자 마인드가 변해야 살아남는다. 살아남아야 기회가 오면 잡을 수도 있는 것이다.

예를 들어보자. 얼마 전 투자클럽에 가입한 회원에게 시황을 설명하고 신규 편입 종목에 대해 얘기했는데 조언에 따라 그 회원은 그 A주식을 비중 50%로 장기 투자 종목에 실었다. 이후 1주일 만에 20% 정도 수익이 났다가 다시 제자리까지 내려온 후 조금 더 조정을 받았다. 이때 그 회원은 고점에서 왜 안 팔아 주었냐고 불만을 제기했고 그 종목을 알아서 매도한 후 투자클럽에서 탈퇴했다. 한 달 정도 지난 후 그 주식이 50%까지 올라가니까 그 회원은 다시 필자에게 돌아왔다. 이 회원은 시세만 보고 전문가를 판단하고, 시세를 보고 주식을 판단한 것이다.

물론 일반 투자자도 나름대로 차트, 재무제표를 공부한다. 그래서 손실을 줄일 수는 있다. 그러나 계좌 이익은 장기적으로 크게 늘지 않는다. 원금만 지키는 것에 불과하다. 5억 원을 가지고 중급 정도의 실력을 갖춘다면 5억 원 내외에서 자신의 재산을 지킬 수는 있다. 하지만 5~6억 원에서 왔다 갔다 하다가 위기가 온다면 대다수는 원금 5억 원을 온전히 지키지 못한다. 원금이 깨지면 그 이후에는 본전 마인드로 주식을 하게 되는 것이 흔한 패턴이다. 실제로 2015년, 2016년 필자의 투자클럽을 탈퇴하고 나간 회원들의 계좌 수익률에는 그 전과 큰 차이가 있었다. 클럽에 있는 회원들의 종목은 5배 올랐다. 하지만 탈퇴한 회원들은 조금 오른 상태에서 팔고 다른 종목에 가서 손실을 보고 있었다. 여기 저기 돌아다니고 매매하면서 허송세월을 보내고 있었던 것이다. 결국 수익을 올리고 나서 탈퇴하고 나간 후 그 종목을 차익 실현시킨 다음 다른 종목을 사고팔기를 반복하다가 3개월 만에 그동안의 수익분을 모두 잃은 것이다. 물론 제대로 된 공부도 하지 않고도 여기 저기 귀동냥하여 얻은 정보로 어쩌다가 돈을 벌 때도 있을 것이다. 특히 시장이 좋을 때는 대부분 수익을 올릴 수 있다. 그러나 하락장, 급락장이 오면 수익 낸 것의 대다수를 반납하게 된다. 이유는 시장이 좋아서 수익을 낼 수 있었던 것이지 자신의 실력이 아니었기 때문이다. 세월이 지나면 시장에 따라 평가 손익이 결정된다는 것을 깨닫게 된다. 종국에는 개인이 시장을 이기기 어렵고 종목 선정과 비중 조절 등 주식이 힘들고 어렵다는 것을 깨닫게 된다.

2017년 초 어떤 분과 가입 상담을 했다. 그는 3년 동안 주식을 했지만 수익 없이 원금 10억 원만 유지하는 중이라고 했다. 그래서 필자는 조언을 해주며 5억 원으로 이렇게 투자하면 내년 여름 정도에는 수익금이 10억 원 정도 될 것이라 하니 웃었다. 불가능하다고 생각하는 것 같았다. 10억 원 계좌가 2018년에는 20억 원도 넘을 수 있다고 했다. 실제로 상담한 종목이 6개월 후 4배 올랐다. 그런데 그분은 그때 상담만 하고 가입하지 않았다. 과거 시장에서 손실을 많이 보니 전문가를 믿지 못해 기회를 놓친 것이다. 철저히 배우고 실천해서 주식 투자의 큰 성공 경험을 쌓는 것은 중요하다.

또 아예 주식 투자를 포기하는 단계인 경우도 있다. 주식을 평생 하지 않는다면 더 이상 주식으로 손해 보는 일은 없을 것이다. 그러나 본전 생각에 포기했다가도 돈이 생기면 다시 주식 투자를 하게 된다. 10년 동안 20년 동안 주식을 해도 일반적인 투자자들은 늘 이런 상황을 반복하게 된다.

장기 투자 전략을 배운 상태에서 1~2억 원 정도를 장기 투자했을 때, 수 년 혹은 수십 년 후에도 과연 원금 정도만 유지하고 있을까? 아니다.

수 배, 수십 배의 수익이 발생되어 있을 것이다. 수억 원 이상을 가지고 주식을 시작하는 사람들의 경우 여유 자금으로 투자를 하는 중이고 먹고사는 데 지장 없는 사람들이 대부분이기 때문에 철저히 장기 투자 비법대로 주식 투자를 해보길 바란다. 그렇게 한다면 주식으로 손실 보는 일은 없을 뿐 아니라 10배 수익은 기본일 것이다. 방법은 간단하다. 제대로 된 장기 투자 종목을 사놓으면 된다.

거액자산가의
심리 컨트롤

거액자산가의 여정, 즉 주식인생 사이클을 그려보자. 그 사이클에서 과도기는 건너뛰어라. 언제 기본적 분석, 기술적 분석을 다 공부해서 경험을 쌓고 언제 돈을 벌겠는가? 주식으로 상위 레벨까지 가려면 시행착오를 거치는 과정에서 발생하는 수업료가 만만치 않은 게 현실인데 말이다. 세상에 공짜는 없다. 차근차근 철저히 공부하거나 멘토의 리딩을 받지 않고서는 큰돈을 버는 것은 쉽지 않다. 따라서 시행착오를 획기적으로 줄여야 한다. 즉, 거액자산가가 되기 위한 여정에서 시간을 획기적으로 단축해야 한다.

심리 컨트롤을 먼저 할 필요가 있다. 그 다음 리스크 관리가 필요하다. 이것이 시간과 시행착오를 단축시키는 비법이다. 고정관념에서 벗어나야 한다. 고정관념에서 벗어나기 위해서는 끊임없는 공부를 통해 실전에서 수익을 올려봐야 한다. 장기 투자를 숙지하고 실제로 복리 수익률로 돈을 벌어봐야 한다. 장기 투자 주식은 '내려가도 안전하고 마음이 편하구나, 돈이 되는구나, 미래를 분석한 것이 맞아 떨어지는구나'라는 믿음이 있어야 시세 초입에 집중 올인 투자를 할 수 있다. 사실 매우 어려운 것이기는 하다. 세상에 가장 편한 투자는 남들처럼 하는 것, 즉 대중 투자자들처럼 주식 투자하는 것이다. 하지만 편했던 만큼 실패하기도 쉬운 것이다.

과거 장기 투자 사례를 예로 들어보자. 일진머티리얼즈 1만 1,000원에서 사상 최저가 대비 10배는 오를 수 있다고 강력하게 주장하고 장기 투자 종목으로 집중 공략했었다. 그 이후 6개월 만에 1만 9,650원까지 올랐다. 대다수 사람들은 오르면 팔고 내리면 다시 사고자 한다. 그럼 그때 당시 주식이 1만 원대에서 5만 원대까지 오를 거라는 확신이 있었다면 여러분은 어떻게 했겠는가? 올인했을 것이다. 집 담보 대출을 받아서라도 샀을 것이다. 그때 필자는 사람들을 만나거나 방송에서 강의할 때마다 전기차 배터리 수혜주를 장기 투자할 종목으로 소개했다. 특히 직장인들에게도 월급 타면 반드시 20% 정도, 아니면 단 10만 원 정도라도 장기로 투자하라고 열변을 토했다. 당시 필자의 얘기를 알아들을 수 있을 만큼의 실력을 갖추고 그때 투자를 했다면 어땠을까?

대다수 투자자들은 그때 바닥에서 샀더라도 본격적으로 시세가 날 때까지 가지고 있지도 않았을 것이다. 장기 투자 비법을 모르니 대부분 단타 매매로 다 팔았을 것이다. 위에서 팔고 밑에서 다시 사고자 했을 것이다. 즉, 도박장에서 패가 잘 들어오면 참여하고 안 들어오면 광이나 파는 그런 도박 마인드로 장기 투자 종목을 매매했을 것이다. 한편으로는 실제로 경제 흐름이 앞으로 미래가 그렇게 될 것이라고 예상하면서도 대부분 확신이 없기 때문에 행동(투자)하지 않는다. 그 확신을 위해서 공부하는 것인데 그걸 모른다. 따라서 장기 투자 비법, 차트, 대시세, 투자 비법, 가치 평가 등 다양한 내용을 공부함으로써 확신을 가질 수 있어야 한다. 일반 대중들은 빨리 돈을 벌고자 가격만 따라다닌다. 가격이 급등해서 시세 분출하면 거기에 불나방처럼 따라 들어간다. 또한 그런 대중은 에너지를 만든다. 이 에너지는 탐욕과 공포로 만들어진다. 오르면 탐욕으로 매수하고 다시 폭락하면 그 바닥에서 공포로 매도하여 거래가 실리는 이치다. 대중이 불나방처럼 달려들어 에너지를 만들면서 화려하게 타 죽고 마는 것이다. 즉, 시세를 마감하는 것이다.

대중은 무리 지어 다니고 그 지도자(가격)에 충성한다고 하지만 가격쇼크가 발생하면 충성심이 무너진다. 무늬만 바이오주를 고점에서 산 사람이 그런 예다. 주식 상황이 변해서 손실이 나도 지금은 3개월밖에 되지 않았으니까 하며 실낱같은 기대감으로 기다리고 있다. 1년이 지나도 안 오르고 비실비실하면 그때부터는 슬슬 힘들어한다. 그때부터 빨리 그 종목을 손절하고 다른 곳에 가고 싶어 한다. 아니면 평소에 가입하고 싶었던 전문가에게 의지하러 간다. 그 전문가라면 손실분을 회복해줄 거라는 기대감을 갖고 찾아간다. 한편으로 너무 극단적으로 전문가에게 의존하려는 환상에 사로잡혀 있다. 전문가가 하는 말이라도 틀릴 확률이 있는데 일단 믿는다. 그런데 다급하게 전문가 말을 듣고 섣불리 시도하다 손해가 나면 바로 돌변한다. 종목 상담 코너에서 손해난 주식을 본전 이상의 목표가에 매도하라고 하면 아주 좋아하는데 지금 당장 팔라고 하면 싫어한다. 권유대로 하지 않는다. 대중들의 주식 투자 한계(본전 마인드, 빠른 익절, 불안 심리 등)를 보여주는 것이다.

제대로 된 투자를 하기 위해서는 언제든지 때가 되면 무리에서 벗어날 수 있는 독립적인 사고를 가지고 있어야 한다. 무역 분쟁에 상관없이 장기 투자를 지속적으로 하고 있어야 한다. 거액자산가는 투자 전략대로 스스로(전문가의 도움을 받아) 결단해야 한다. 보통 거액자산가들은 독립적인 사고방식을 가지고 있다. 주식을 할 때도 투자 원칙(매매 기법이나 심리 컨트롤)을 중히 여긴다. 장기 투자에 대한 확신, 나아가 신념 정도가 형성되면 시간이나 시세의 굴레에서 벗어나게 된다. 그때부터 진정한 주식 투자가가 되는 것이다. 그때부터 행복한 투자자의 삶이 찬란하게 펼쳐진다. 일단 마음이 편안하기 때문에 장이 빠져도 주식이 내려가도 불안하지 않다고 말한다. 주식 투자에 있어 "불안하지 않다"라는 말은 엄청나게 중요하다. 확신과 신념에 차 있는 이런 생각이 돈 버는 마인드이자 장기 투자 마인드라고 할 수 있다.

대부분의 투자자들은 마이너스 20~30%의 손실이 나면 그때부터 본전가에 올라올 때까지 장기로 보유하려 한다. 절대 가격만 보고 행동해서는 안 된다. 100%의 수익이 나도 불안한 게 주식이다. 언제든 다시 내려갈까 봐 늘 불안하다. 100% 이상의 수익이 나서 빨리 팔고 싶은데 들고 있는 것이 매우 어렵다. 50% 이상만 수익이 나도 빨리 팔고 다른 종목에 가고 싶어 안달이 난다. 팔아야 할 이유(근거)가 없는데도 시세만 보고 동요하게 된다. 그래서 대다수의 사람들은 팔아야 할 핑곗거리를 찾는다. 필자는 회원들에게 수익이 발생해도 팔지 못하게 하는데 이 경우 사람들은 돈이 필요한 이유를 이것저것 대고 어떻게든 팔고 싶어 한다. 그리고 장이 안 좋아질 거라고 말하면 추세 하락할 것이라 생각하고 지금의 이익분에 대해서 확정하려고 든다. 심리 컨트롤에서 실패하는 것이다.

시대를
파악하는 방법

매스컴과 친해져라

시대를 읽고 파악하기 위해서는 우선 매스컴과 친해져야 한다. 매스컴을 통해 시대를 알아보아야 한다. 예를 들어 엔터테인먼트주를 사고 싶다면 그 회사에 대한 정보를 알고 있어야 한다. 레드벨벳이 한참 인기를 구가하면 어디 소속인지 알아본다. 레드벨벳의 일본 아레나 투어가 예상되어 있다면 에스엠의 주가가 올라갈 것이라는 걸 알고 미리 살 수 있는 것이다. 와이지엔터테인먼트 소속인 블랙핑크의 성공을 예측할 수 있다면 차트(매매기법)를 보면서 와이지엔터테인먼트 주식을 사야 한다. 실제로 투자에 대한 아이디어 시그널은 우리 가까이에 있다. 경제지를 3년만 읽으면 제목만 봐도 내용을 알 수 있다. 경제 관련 기사를 읽으면서 경제원론, 경제용어를 공부해두어야 한다. 최고는 그냥 이루어지지 않는다. 내 주변에 널려 있는 투자 아이디어를 놓치지 않고 알아채기 위해서 기초

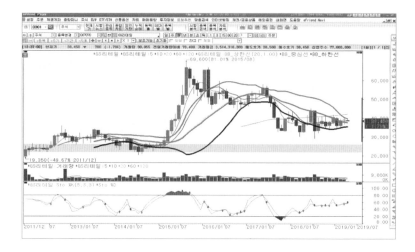

GS리테일 월봉 차트

공부는 반드시 필요하다

　이상의 차트는 GS리테일 월봉 차트다. 2015년 8월 최고가를 찍고 2016년도 2월부터 추세 하락으로 빠지기 시작했다. 2011년 12월부터 거의 4년간 3배, 2만 원대에서 6만 원대까지 올랐다. 물론 2011년도부터 70% 올랐다가 제자리까지 내려온 후 실제 대시세는 3년 후부터 9개월간 3.5배나 올랐다. 왜 그랬을까?

　GS리테일 실적 테이블을 살펴보면 전년 동기 대비 영업 이익이 어떻게 되어 있는지 알 수 있다. 2015년도에는 26%나 매출 성장하였고 영업 이익은 57%나 증가하였다. 그런데 2016년 성장률이 18%로 둔화되는데 영업 이익은 오히려 역성장했다. 매출액은 증가했지만 마진이 줄었다. 바로 이것을 분석해내야 한다. 이는 경쟁이 심해졌거나 시장 포화상태, 즉 성장세가 멈추었다는 것을 의미한다. 이 상황을 미리 알 수 있었다면 매

결산기(12월)	12/14	12/15	12/16	12/17	12/18F
GS리테일 실적 테이블					
매출액(십억 원)	4,962	6,273	7,402	8,267	8,844
영업 이익(십억 원)	143	226	218	166	194
영업 이익률(%)	2.9	3.6	2.9	2.0	2.2
순이익(십억 원)	111	164	274	118	154
EPS(원)	1,445	2,133	3,562	1,535	2,002
ROE(%)	6.8	9.5	14.5	5.9	7.5
P/E(배)	17.7	25.2	13.4	26.3	16.7
P/B(배)	1.2	2.3	1.8	1.5	1.2
배당 수익률(%)	2.3	1.6	2.3	1.5	1.8

K-IFRS 연결 기준, 순이익은 지배주주 귀속 순이익

도할 시점을 찾았을 것이고 그랬다면 2015년 차트를 보고 고점에서 팔고 다시는 쳐다보지 않았을 것이다.

위의 GS리테일 실적 테이블을 살펴보면 주가는 2015년에 폭등하다가 2016년부터는 계속 빠졌다. 왜 그랬을까? 그리고 2017년엔 폭락했다. 왜 그랬을까? 1인 가구의 성장이 이제 성숙기 시장에 들어갔기 때문이다. 모멘텀이 시세에 선반영되고 약화되었기 때문이다. 또한 2017년도부터 문재인 정부가 들어서고 최저 임금 상승으로 인한 인건비 증가로 자영업자들의 인건비 부담이 커졌기 때문이다. 24시 편의점 출점이 많이 줄었고, 인건비를 줄이기 위해 영업시간이 줄어 매출이 감소할 수밖에 없었던 것이 핵심 투자 포인트라는 사실을 알아야 한다. 업황에 대한 전망이 가능하도록 분석하는 공부가 필요하다.

성숙기 시장으로 진입하면서 편의점 수가 더 이상 확장되지 않으니 실적 성장이 쉽지 않다. 단순히 이렇게만 보더라도 향후 주가의 흐름을 미

리 알 수 있다. 그래서 평소에 경제지를 읽고 메스컴을 잘 활용해야 한다. 재무제표, 차트만 공부해서 접근하는 주식 투자로는 대시세주나 장기 투자 종목을 찾을 수 없다. 큰돈을 벌 수 없다. 그것도 장기적으로 벌기는 더 어렵다.

온라인과 오프라인 시장의 트렌드를 읽어내라

업종을 불문하고 폐업이 속출하고 있다. 소매업의 종말, 공포에 떠는 영국 쇼핑상가, 영국은 우리나라보다 사정이 좋지만 영국 쇼핑가에서 지금도 폐업이 속출하고 있다. 소비에 대한 패러다임이 변하고 있기 때문이다. 온라인만 약진하고 런던의 옥스포드 스트리트 백화점 내의 많은 점포들도 문을 닫고, 슈퍼체인 가전제품 소매점이나 식당도 마찬가지다. 폐업 행렬이 일어나고 있다. 실질 소득이 줄어들고 소비 기피 현상이 발생하고 있다. 온라인 소매 매출이 20% 이상 차지하면서 오프라인 점포가 줄어들고 있다. 소매 업종의 오프라인 사업은 힘든 것이다. 노후 자금으로 경험도 없이 소매업을 한다면 대다수 망할 수밖에 없다. 사업 자금 5억 원이 있다면 아무것도 하지 말고 장기 투자를 하라. 1년에 20%(5년간 100%) 수익만 낼 수 있어도 연간 1억 원을 버는 것 아닌가? 왜 위험한 장사를 해서 시대의 흐름에 역행하려고 하는가? 인터넷 온라인 서점에서 출발한 아마존닷컴은 서적 온라인 판매에서 거대한 데이터베이스 운영 기술을 토대로 사업 영역을 점점 확장해 나가고 있다. 온라인 시장에서 월마트 효과라고 명명할 정도로 영향력이 커졌다. 아마존의 영향력이 유통 혁신과 물가 안정을 도모하여 인플레이션이 일어나지 않는다고도 한

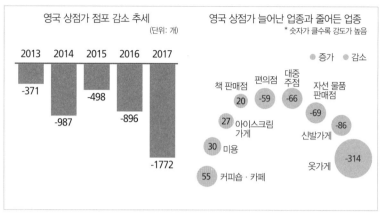

영국 상점가 점포 감소 추세

영국 상점가 점포 감소 추세
(단위: 개)

2013 | 2014 | 2015 | 2016 | 2017
-371 | -987 | -498 | -896 | -1772

영국 상점가 늘어난 업종과 줄어든 업종
* 숫자가 클수록 강도가 높음

● 증가   ● 감소

책 판매점 20
편의점 -59
대중 주점 -66
자선 물품 판매점 -69
신발가게 -86
아이스크림 가게 27
미용 30
커피숍 · 카페 55
옷가게 -314

자료: 로컬데이터컴퍼니

다. 4차산업혁명 시대의 선도 기업인 것이다.

2018년 7월 13일에 게재된 〈영국 상점가 점포 감소 추세〉 차트다. 2013년에 점포가 371개, 2014년에 987개, 2015년에 다소 주춤하다가 2016년에 896개, 2017년부터는 또 급격히 감소하고 있다. 우리나라도 근로 시간이 52시간으로 줄어들면서 저녁이 있는 삶을 얘기하고 있다. 과거에는 저녁시간이 직원들과 회식 등의 술자리 문화였는데 이제는 가족과 함께하는 여가 활동의 삶(저녁 있는 삶)으로 변화하고 있다. 그럼 당연히 이런 변화를 주식 투자와 연결해서 생각할 수 있어야 한다. 앞으로 주류 회사, 시내 대형 고깃집, 가요방 등의 매출이 감소하는 것은 명약관화하다. 그렇다면 관련 기업의 주식은 장기적으로는 보유하지 말아야 한다.

리서치 회사 보고서를 통해 시대를 파악하라

신문이나 뉴스, 리서치 회사의 보고서로 시대 흐름을 파악해보자. FN 가이드, 에쿼티(Equity) 같은 리서치 회사들이 있다. 리서치 보고서를 통해서 시대의 흐름을 파악해야 한다. 일반인들도 네이버 포털 사이트에서 산업 또는 기업들의 보고서를 많이 찾아볼 수 있다. 관심 있는 기사나 방송 프로그램을 틈틈이 리서치해서 보거나 새로운 기사가 있으면 그것을 투자 아이디어와 연결하는 습관을 만들어 나가야 한다. 신문이나 네이버 증권면에 많은 기사들이 있다. 와이즈 리포트 등 오픈된 자료도 많다. 종목 분석 보고서를 다운로드 받으면 그 내용을 세부적으로 파악할 수 있다. 처음에는 무슨 내용인지 몰라도 자꾸 읽고 그것을 주식과 연계시켜 생각하면 시대의 흐름을 예측할 수 있다.

이런 활동은 투자의 가장 기본적인 활동이다. 그럼에도 불구하고 대다수 투자자들은 경제지조차도 읽지 않는다. 그러면서 어떻게 시대 흐름을 읽을 수 있단 말인가? 종합 주가 지수가 2007년도 고점이었고 2008년도에는 미국 금융 위기로 모든 주식들이 추세 하락했다. 현대 기아차는 미국의 좋지 않은 경기 덕분에 싸고 성능 좋은 차, 가성비가 좋은 차라는 수식어로 수혜를 단독으로 받았다. 즉, 시대의 흐름이 반영되어 M/S가 몇 년 동안 늘어날 수밖에 없었기 때문에 2008년에서 2011년까지 4년 내내 계속해서 시장 점유율이 크게 늘었다. 깊은 관심을 가지고 있으면 미리 알 수 있다. SBS CNBC에서 필자가 처음 증권전문가로 활동할 때, 2010년 1월 5일 증권 방송에서 현대차를 추천하면서 지금부터 3배(30만 원 목표가) 갈 것이라고 주장했었다(실제 그 이후 고점 27만 원). 그때

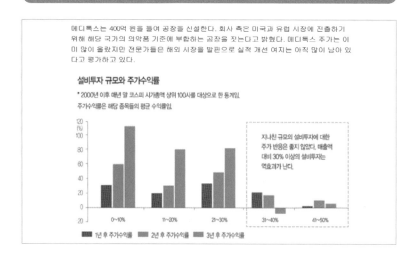

메디톡스는 400억 원을 들여 공장을 신설한다. 회사 측은 미국과 유럽 시장에 진출하기 위해 해당 국가의 의약품 기준에 부합하는 공장을 짓는다고 밝혔다. 메디톡스 주가는 이미 많이 올랐지만 전문가들은 해외 시장을 발판으로 실적 개선 여지는 아직 많이 남아 있다고 평가하고 있다.

설비투자 규모와 주가수익률

* 2000년 이후 매년 말 코스피 시가총액 상위 100사를 대상으로 한 통계임. 주가수익률은 해당 종목들의 평균 수익률임.

지나친 규모의 설비투자에 대한 주가 반응은 좋지 않았다. 매출액 대비 30% 이상의 설비투자는 역효과가 난다.

1년 후 주가수익률　2년 후 주가수익률　3년 후 주가수익률

라도 알아들었다면 기아차, 현대차 또는 현대모비스를 사서 몇 배는 수익을 냈을 것이다. 매스컴을 통해 조금 더 자세히 들여다보고 애널리스트가 쓴 보고서를 열심히 공부하면 어렵지 않게 알 수 있는 것들이다.

　다음은 2012년도 6월 8일자 메디톡스에 관한 기사다. 2008년도에 코스닥에 상장된 후 메디톡스는 400억 원을 들여서 공장을 신설한다. 초기에 보톡스는 일반 사람에게 생소했지만 관심 있는 사람들이 점점 늘어나는 추세였다. 초기에는 외국제품으로 한 번 주사하는 데 40~50만 원이었다가 20만 원으로 내려왔고, 2~10만 원대로 대중화되면서 시장의 규모가 커졌다. 우리나라 시장이 성숙해짐에 따라 2010년 이후에 우리의 기업이 중국과 미국을 공략해 들어가기 시작한다. 시설을 증설하는 시기는 당연히 수요가 발생하는 초기이므로 공격적인 시설 투자가 많이 발생한다. 그 이후로 실적은 당연히 좋아질 수밖에 없다.

설비투자와 주가의 상관관계를 이해하라

앞에서 살펴본 메디톡스 기사의 설비투자 규모와 주가 수익률은 중앙일보 일반면이 아닌 경제면에 나온 내용이다. 2000년도 이후 매년 말 코스피 상위 100개사를 대상으로 설비투자 1년 후의 수익률 통계를 보여주는 자료다. 제목은 "설비투자를 하면 주가는 어떻게 움직일까?"였다. 주로 설비 증설에 들어가면 일단 땅을 파고 공장 건물을 짓고 기계가 들어간다. 그리고 시운전 과정을 거친 후 제품이 만들어진다. 빠르면 6개월, 늦으면 1년 정도 걸린다. 그러면 6개월 뒤에 어느 정도의 실적이 나오게 되고 늦어도 1년 뒤에는 큰 실적을 기대할 수 있다. 설비투자를 하면 주가가 어떻게 움직이는지 데이터를 살펴보자. 설비투자를 하는 회사의 주식을 사서 1년 동안 보유했다면 끊임없이 돈을 벌 수 있다는 것이 데이터로 증명된다. 10% 설비 투자를 했을 때 3년 뒤에 주가가 많이 올랐다. 1~2년 후 주가를 볼 때 시설 증설에 1년 정도 걸리고 실적은 보통 2~3년 뒤에 좋게 나온다. 특히 처음으로 시설 증설한 곳이 주가 수익률이 훨씬 좋다. 바로 이렇게 투자하는 것이 장기 투자 전략이다. 미래의 실적을 보고 투자하는 것이다. 즉, 시대를 읽고 투자하는 것이다.

1990년대 후반 조선 산업에서 일본과 한국 사이 1위 다툼 경쟁이 본격화되다가 2000년 5월경 한국이 글로벌 수주 1등으로 올라섰다. 2000년 초 한국의 조선사가 도크를 확대해나가면서 설비 투자비용이 계속 늘어난다. 고성장 1등 산업인 조선 산업을 선점하려는 전략이었다. 중국 고성장으로 조선 산업이 큰 수혜를 받을 것을 예측하고 과감한 설비 투자를 통해 공격적인 수주를 하게 된 것이었다. 2000년도는 중국의 본격

성장 시대였기 때문에 기계주, 조선주, 인프라주가 대폭등했던 시기다. 10년이면 강산도 변한다는 속담이 있다. 조선 산업의 경우 성장 주기가 10년이기에 주가 추이를 보면 상승 사이클 시작점에서 7년간(2007년까지) 대폭등이 나왔다. 1980년대에 우리나라가 신도시를 만드는 데 10년이 걸렸지만 지금은 신도시를 만드는 데 3년, 늦어야 5년이 걸린다. 설비 투자의 특성상 산업 성장 초기에는 40~50%씩 공격적으로 증설한다. 성장 초기 단계에는 40%대로 증설하고 이후 성장기 중반에는 10~20%씩 조금씩 시설을 증설하는 과정을 거친다.

최근 사례로 일진머티리얼즈는 일렉포일 i2b용 배터리 양을 8,000톤에서 1만 3,000톤까지 추가한 후에 신규로 1만 톤을 증설했다. 전체 i2b가 1만 톤을 증설하게 되면 i2b 일렉포일 매출이 70~80% 늘게 된다. 산업 성장 초기 단계에서 공격적인 투자를 할 때 주가는 당연히 크게 오른다. 초기 시설 증설을 계속 40% 이상 지속적으로 늘릴 때 주가는 또다시 대상승한다. 그래서 반년 동안 4배가 오르는 것이 가능하게 된다.

메디톡스도 초기에 엄청난 투자를 했기 때문에 주가가 많이 올라간 케이스다. 매년 시설을 증설하며 보톡스를 추가 생산하고 있다. 2017년 10월 기사에는 보톡스 3사의 글로벌 시장 진출에 대한 뉴스가 나온다. 글로벌 보톡스 3사는 휴젤, 메디톡스, 대웅제약이다. 이 3사가 미국과 유럽을 공략하며 글로벌 시장에 진출하면서 기업 외형을 성장시키고 있다는 뉴스였다. 실제로 지금 이들은 크게 성장하는 과정 중에 있다. 그럼 주가가 장기적으로 상승한다고 봐야 한다.

1년 동안 글로벌 시장을 공략한다면 신규 매출이 창출되는 것이므로 주가가 내려갈 때마다 추가 매수를 하는 것이 기본적인 장기 투자 전략이다. 주식은 시세가 나기 시작하여 6개월이면 기본 50% 정도는 올라가게 된다. 이처럼 언론기사를 주의 깊게 살피면서 장기 투자 종목을 발굴하고 초기에 접근할 수 있는 능력을 키워야 한다.

2018년 보톡스의 수출이 1천억 달러를 돌파하며 전년에 비해 해외 매출이 두 배로 늘었다. 대웅제약 등 3사를 합쳐서 보톡스 매출이 약 2,000억 원 정도 되는데 전체 매출액 기여도 1등은 메디톡스였다. 미국, 영국, 유럽 등에 수출하는 보톡스 수량이 급증하기 시작했다. 장기적으로 수출이 이루어지면 기업 실적이 좋아지고 외형이 성장한다. 따라서 투자자의 입장에서는 해외 진출 소식이 나오면 그 가치를 보고 추가 매수하는 전략을 세워야 한다. 특히 해외 진출 소식이 처음인 기업이라면 그 시기는 장기 투자의 최적기가 된다. 메디톡스의 경우 엄청 오른 상태에서도 1년간 50%가 더 올랐다.

작년에 제품을 해외로 수출한 이후 10개월쯤 뒤에 보톡스 3총사가 모두 신고가를 경신하고 있다. 메디톡스, 휴젤, 대웅제약이 국내시장 90%의 M/S를 점하고 있다. 해외까지 진출하여 성공을 거두고 있는 중이다. 이들 주가는 이슈가 있어 빠졌다가도 실적에 문제없이 성장을 지속하면 다시 고가를 경신하고 그러면서 80만 원까지 올랐다. 최근 고령화 시대에 들어 100세까지 연장된 인간의 수명과 맞물려 노화를 늦추기 위한 항노화미용치료 보톡스가 나왔다. 이것도 고령화 시대의 수혜주라고 볼 수 있다.

끊임없이 진행되는 고령화 시대의 고성장 주식이지만 우리나라의 시장은 한계가 있기 때문에 끝없는 주가 상승(실적성장)을 기대할 수는 없다. 따라서 해외로 진출해서 성공하게 되면 기업 성장과 주가도 한 단계 레벨업된다. 이런 스토리를 보고 대시세주를 사전에 투자 매집하는 것이다. 메디톡스 주가가 몇 배 올라 투자자들이 비싸다고 사지 않고 망설일 때 필자는 7만 원대(2012.08.)에서라도 장기 투자로 매수만 하라고 했었다. 그 이후 6년째 10배(83만 원)가 올랐다.

엔터테인먼트산업의 경우 해외 진출이라는 것은 기업의 수출과 같다. 소녀시대, 트와이스의 일본 진출, 블랙핑크의 일본 아레나 투어 등으로 짧은 시간에 SM이 10배, JYP 3,000 원짜리 주식이 10배, YG 2만 원짜리 주식이 4만 원대로 올랐다. 이런 계획은 최소 6개월 전에 다 세워진다. 즉, 상대적으로 싼 가격에 주식을 미리 살 수 있다는 것이다. 실적이 좋아지고 난 후에는 누구나 주식이 오를 것을 알게 된다. 따라서 사전에 주가가 오르기 전에 매매 기법으로 매수하면 된다. 그리고 장기 보

메디톡스 연봉 차트

유해야 한다. 기본적으로 30%를 매수한 후 하락 시 추가 매수해야 한다. 50%의 비중을 확보하는 것이다. 이게 장기 투자의 기본틀이다.

2011년도에 메디톡스는 1만 5,000원이었다. 이때 1만 5,000원에서 2015년도에는 15만 원으로 5년간 10배나 올랐다. 그리고 50배가 올라 70만 원대에 이른다. 상승 파동을 그리면서 끝없이 진행되고 있다. 어디까지 갈지 모른다. 실적 성장이 멈추지 않으면 끝없이 오를지도 모른다. 조정받고 그 다음을 돌파하면 또 사상 최고치를 경신하는 것이다. 이렇게 큰 상승이 진행되고 끊임없이 실적이 성장하는 주식을 왜 파는 것인가? 계속 성장이 멈추기 전에는 팔 이유가 없는데 말이다. 물론 하락 시 매도할 이유가 있다면 매도해야 한다. 문제를 발견하면 중장기적으로 일 년 이상 이 주식이 조정받을 이유를 찾아야 하고 그 이유를 찾았다면 비중을 줄이는 것이 맞다. 실전 사례로 필자는 메디톡스가 5만 원일 때 기업 탐방을 다녀온 후 기본 18만 원까지 오른다고 전망했었다. 실제로 18만 원대에서 12만 원대까지 조정이 되었는데 그때 추가 매수를 권유한 후 58~60만 원에 탈출하라고 컨설팅했고 좋은 결과를 만들었다.

시대의 **라이프 사이클**

주변을 돌아보라

주변의 변화를 감지할 수 있다면 이미 그 변화는 본격적으로 시작된 것이다. 예를 들면, 허니버터칩, 불닭볶음면이 유행하여 품절 대란이 일어난 적이 있었다. 허니버터칩 대란으로 크라운제과는 끝없이 오르고 있었고, 불닭볶음면이 유행하면서 삼양의 주가도 오르고 있었다. 그런데 제품이 많이 생산되어 누구나 구입이 가능해진다면 주가는 고가에서 끝없이 빠지게 된다. 이처럼 투자는 미리 미리 주변에서 알 수 있어야 한다. 3년 후를 보고 확실한 실적이 보장된다면 조정 시마다 지속적으로 매수해도 된다. 거액자산가는 10년 후를 보고 투자하는 사람이 많다. 그래야만 성공이 보장되기 때문이다. 자신과 관련된 분야는 누구보다 먼저 변화를 감지할 수 있다. 예를 들어, 기계 회사에 종사하는 사람의 경우 자신의 회사에 일이 없어 구조 조정을 하고 있다면 그와 관련된 분야에는 투자하면 안 된다. 보톡스 관련된 회사에 다니는 사람이 매일 야근한다면 그 분야는 잘 되는 것이다. 또한 남의 얘기를 들어도 만약 나의 일이면 어떨까를 늘 생각해봐야 한다. 현재 해당 사항이 없다고 나와 상관없는 남의 일로 생각한다면 정보에서 뒤쳐져 결국 투자를 투기로 할 수밖에 없는 것이다.

관련된 산업이 잘 나갈 때는 투자와 연결하여 생각하는 습관이 중요하다. 예를 들어, 시골의 노후된 주택을 수리하여 태양광 패널을 설치하고자 한다면 예전에는 5,000만 원의 큰돈이 들었지만 지금은 500만 원도 들지 않는다. 그런데 도시에서는 많은 이들이 아파트에 살고 있다. 도시 사람들이 태양광 패널을 사서 전기를 만들기는 어렵다. 즉, 대중들이 사용하지 않기에 그 산업 성장에 한계가 있다는 것을 간과해서는 안 된다. 발전소는 얼마나 크게 짓는가가 관건인데, 산을 깍아 부지를 확보하여 태양광 패널을 만들고자 했지만 현재 산림 보호 때문에 불가능하다. 따라서 발전소 지을 땅이 부족하다는 현실을 반영하여 태양광 발전에는 한계가 있다는 걸 인지해야 한다. 중국이 보조금을 줄인다는 말이 나온다면 태양광 관련 주식은 빨리 팔아야 된다. 태양광 발전은 대중화가 쉽지 않다는 걸 알 수 있어야 한다. 그러기 위해서는 항시 주변 환경을 살펴야 한다.

미래는 과거의 반복이다, 사례를 연구하라

우리가 살아가고 있는 현재, 어떤 변화가 일어나서 미래가 어떻게 바뀔 것인지를 예측하고 그 시대의 흐름을 통해 수혜 산업을 파악하는 것이 중요하다. 지금은 제조업 시대가 아니다. 저출산, 고령화 시대이며 따라서 유아, 청소년이 줄어들면서 소비가 줄고 있는 시대다. 서울 평창동에는 학생이 적어서 폐업하는 초등학교가 있다. 다른 지역도 상황이 비슷하다. 인구가 감소하면서 유아용품 업체뿐만 아니라 아이들을 위한 식품업체도 타격을 입고 있다. 일본에서는 아이들을 타깃으로 했던 식품업체에서 성인용 건강 분유가 나올 정도로 시장의 소비 패턴이 변화하고 있다.

고령화 시대에 진입하면서 당연히 소비는 줄게 된다. 만약 부동산 침체까지 온다면 어떤 변화가 생길까? 부동산 불패가 끝난다면 어떻게 될까? 우리나라에는 특히 상상하기 힘든 미래가 펼쳐질 것이다. 5060베이비붐 세대들은 대다수 부동산에 투자를 많이 했는데 가격이 하락하면 심리적 충격이 커지면서 소비를 더 줄일 수밖에 없게 된다. 특히 오프라인 소비는 끝없이 줄어들 것이다. 지금은 오랫동안 잘 나가던 프랜차이즈 사업(특히 외식업)도 점포 수를 줄이고 있다. 왜 그럴까? TGI 프라이데이, VIPS, 아웃백 등은 가족단위 패밀리 레스토랑이다. 아이를 많이 낳지 않아서 외식이 줄어들었으니 매출이 줄어들 수밖에 없는 것이다. 아파트 단지에서는 예전과 다르게 휴가철에도 주차할 곳이 부족하다. 고령화 시대가 진행되면서 외출이 줄어드는 것이다. 이처럼 변화되는 시대를 빨리 읽고 투자와 아이디어를 연결해야 한다.

주식의 역사는 반복된다. 인간의 투자 행동 방식은 과거에나 미래에나 같은 구조다. 따라서 과감히 과거를 보고 현재를 분석한 후에 미래를 준비해야 한다. 구체적으로 주가와 연계하여 과거 사례를 구체적으로 분석해야 한다. 인간의 투자 심리는 과거든 현재든 미래든 같기 때문에 주가의 패턴도 동일하게 움직인다. 의심하지 말아야 한다. 투자자가 돈을 벌려면 우직함과 진정성이 있어야 한다. 진정성이 없는 사람들은 가격만 쫓아다닌다. 시세 형성 원리도 모르는 채 그저 돈을 빨리 크게 벌려고 하는 것은 아무것도 하지 않으면서 운만 바라는 일종의 도박적 마인드라 할 수 있다. 단기 대박을 노리는 조바심에 급등주만 쫓아다니게 되고 계속 매매만 하게 되는 것이다.

2010년대에 들어서 1인 가구가 급증하고 있다. 그렇다면 1인 가구 확대 수혜주들은 대시세가 났을 것이다. 2010년도 초반에서 2016년까지 수년 만에 주가가 몇 배 올라갔다. 1인 가구가 증가하면 택배 서비스, 편의점, 소형 아파트 등 수혜주들이 많이 생긴다. 그럼에도 불구하고 2017년도부터는 오히려 그 수혜주들이 급락했다. 왜 그랬을까? 최저 임금 인상, 임대료 인상 등으로 편의점의 점포수도 줄어들고 관련주가 급락하더라도 더 이상 급등주가 아니라는 것을 2016년, 2017년에 미리 알았어야 했다. 고령화 시대가 도래하고 있다는 사실에서 가장 큰 문제점을 찾고 그 해결책과 그 반대의 혜택을 입을 수 있는 산업을 찾는다면 생각보다 쉽게 대시세주를 발견할 수 있는 것이다.

전기차를 예로 들어 보자. 연비가 늘어나야 하고, 주행 거리가 길어져야 하고, 충전의 불편함도 없어져야 하는 등 해결할 문제들이 많아서 전기차 시대가 더디게 올 것으로 생각했다면 잘못된 판단이다. 1회 충전에 100킬로미터도 가지 않던 배터리가 이제는 300킬로미터를 달린다. IT 기술 발전이라는 것은 조금씩 발전하는 것이 아니라 불연속적으로 기하급수적으로 발전하는 특징이 있다. 즉, IT 변화는 적응하기 힘들 정도로 급작스럽고 빠르게 온다. 반도체의 핵심 기술을 가지고 있는 기술주는 실적이 줄어들어 적자가 나면 그전부터 폭락했다가 다시 실적이 개선되면 대폭등한다. 이래서 주식 전문가들은 등락이 심한 IT주를 가장 좋아한다. 대다수의 전문가들은 IT주가 빠지면 사라고 한다. 우리나라의 전체 주식의 40% 내외가 IT주다.

고령화 시대의 키워드는 건강과 수명 연장인데 그 분야에는 질병치료, 항암제 등과 건강보조식품, 건강 의료기, 신약주, 헬스케어주, 바이오시밀러(복제약) 등이 있다. 신약주 중에 가장 큰 시장은 무엇인지 생각해보아야 한다. 대장암, 간암 분야에서 일부 치료제가 성공하는 사례가 임상에서 밝혀지고 있다. 기술의 발전은 불연속적으로 패러다임을 전환시키기 때문에 신약 시장이 IT처럼 빠르게 커질 수 있는 것이다. 우리가 생각하는 것보다 그 시대는 훨씬 더 빨리 온다. 시대를 읽어야 한다. 10년이면 강산이 변한다는 말은 이제 옛말이다. 지금은 3년이면 변한다는 말이 있다. 암, 당뇨, 비만 등은 치료하기 힘들다. 경구용 표적항암제가 먹기도 편하고 효과가 있다면 엄청난 시장이 열릴 것이다. 운동을 병행하지 않아도 한 알만으로 다이어트가 되는 비만치료제가 있다면 엄청난 시장이 열리게 된다.

가장 큰 3대 시장은 암, 비만, 당뇨다. 에이치엘비(대장암 임상4상 중에도 치료제가 중국 판매 진행 중), 바이로메드(허혈성 질환), 한미약품(비만치료와 항암)이 바이오 시장에서 선도적인 회사들이다. 바이오시밀러인 셀트리온은 복제약을 대량생산(공정단계 반도체와 유사)하여 싼 값에 의약품을 제공한다. 즉, D램 반도체처럼 대량 생산하여 박리다매로 파는 것이다.

기술 발전은 불연속적인 패러다임의 전환이다

2008년경 스마트폰이 상용화되지 않았을 때 스마트폰에 카메라 기능이 들어간다는 뉴스가 있었다. 그럼 카메라를 만드는 회사를 찾아야 한다. 카메라 모듈을 어떤 회사가 만드는지를 찾아야 한다. 삼성전자의 휴대폰 협력 업체 중에 카메라 부품을 납품할 수 있는 1등 협력사를 찾으면 된다. 이것을 찾는 것은 조금만 노력하면 전혀 어렵지 않다.

삼성전자에 카메라 모듈을 납품하기 시작하는 매출이 많은 회사를 찾아야 한다. 인간은 편리성을 가장 중요하게 생각한다. 처음에는 저화소 기술로 사진이 흐리게 나와서 핸드폰의 카메라 기능이 쓸모없는 것처럼 보였지만 어느 순간 핸드폰 카메라가 디지털 카메라를 대체했다. 기술의 발전으로 패러다임의 전환이 쉽게 빠르게 온다. 스마트폰 카메라 화소 수가 50만 화소에서 500만 화소로 발전하기까지 수년도 안 걸렸다.

기술의 발전은 순식간에 발전하기 때문에 기술의 한계에 부딪혀서 그 시대가 오지 않을 것이라 생각한다면 큰 오산이다. 몇 년 안에 해결되기 때문에 주식 투자로 큰돈을 벌 수 있는 엄청난 기회라고 생각해야 한다. 100만 원대 고가였던 디지털 카메라가 20만 원, 10만 원대로 내려오니까 누구나 다 살 수 있게 된다. 누구나 디지털 카메라를 사는 시대로 접어든 이후에는 삼성테크윈 주식을 사면 안 된다. 뒤늦게 사면 망하게 된다. 스마트폰 카메라 시대가 빨리 오기 때문에 디지털 카메라가 없어지는 시대로 진입하고 있다는 것을 알아야 한다. 산업 성숙기에 진입하기 수년 전부터 디지털 카메라의 장기 보유 주식을 줄여나가야 한다.

한 발 앞선 생각이 필요하다. 디지털 카메라 성숙기 진입 3년 전부터 수혜주를 팔아서 스마트폰 카메라 모듈업체 수혜주를 사는 것이 주식을 제대로 하는 것이다. 스마트폰이 고사양으로 변화하면 동영상을 보게 되고, 성능이 좋아지면 게임을 할 수 있게 되고, 그럼 모바일 게임 시장이 열리면서 커지게 된다. 실전 사례로 필자는 2005년 삼성테크윈이 1만 2,000원에서 1만 5,000원대 사이에 있을 때 집이라도 팔아서 사야할 주식이라고 사람들을 만날 때마다 얘기했었다. 그 당시 필자는 삼성테크윈에 미쳐서 살았었다. 그 후 2010년도 SBS CNBC에서 전문가로 활동할 때 10만 원이 붕괴되면 보유 금지라고 전체 회원들께 문자 서비스를 한 적이 있었다. 바로 이것이 장기 투자 종목의 생과 사를 예측한 매매 사례다.

디지털카메라가 스마트폰으로 들어가는 시대에 가장 큰 수혜주가 어떤 종목일까 그에 대한 공부를 해보자. 삼성전자 휴대폰에 부품을 공급하는 1차 밴드 업체 중 가장 큰 수혜를 받을 수 있는 기업을 찾아야 한다. 그리고 카메라 모듈을 양산할 수 있는 회사를 찾아야 한다. 그 회사가 바로 파트론이라는 것은 어렵지 않게 찾을 수 있다. 파트론이 삼성전자 휴대폰 부품 공급사 중 카메라모듈 공급 1등 기업이었다. 삼성전자향 매출 비중이 가장 큰 기업이었다. 2007년도 상장 당시 700원, 800원대부터 시작한 후 6년간 2만 6,000원까지 30배 올랐다. 그럼 6년간 파트론 1종목만 장기 투자를 했어도 거액자산가는 떼어 놓은 당상이었을 것이다. 1,000만 원을 가지고 6년간 파트론에 진정성을 바쳐 장기 투자를 했다면 기본 1억 원 이상은 되었을 것이다. 이게 장기 투자다. 이게 거액자산가가 되는 지름길이다.

2012년도 KBS 특집방송에서 미국 셰일가스 혁명 관련 프로그램을 방송한 적이 있었는데 가스 대량 생산이 가능할지에 대해 다룬 내용이었다. 미국에서 가스 대량 생산이 가능해졌고 상업화에 성공하고 있다는 내용이었다. 천연가스 가격이 12달러인데 셰일가스는 4달러에 판매할 수 있었다. 셰일가스 혁명에 진입하고 있었던 것이다. 가스혁명이 미국에서 진행되고 있었다. 하지만 미국에서 생산하는 가스를 우리나라에서는 살 수 없는 것이다. 우리나라에서 수혜주를 찾으려면 결국 미국 가스가 우리나라에 들어와야 한다. 가스는 에너지이기 때문에 관계법상 정부의 허락 없이 함부로 들여올 수가 없다. 그러다가 2017년도부터 미국 가스가 우리나라에 들어오기 시작한다는 뉴스가 있었다. 하지만 미국에서 가스를 들여와도 액화시켜야 하는 비용과 이동 비용이 너무 많이 들고 그렇게 되면 실제로 효과는 없는 것이다. 그럼 직접적인 수혜주는 없는 것이다.

이쯤에서 발상의 전환이 필요하다. 셰일가스 혁명이 이미 미국에서 시작되었다면 이로 인한 산업의 변화를 분석해야 한다. 미국은 중동 원유를 수입하는 1등 국가였다. 과거 미국이 중동에서 원유를 많이 들여와서 화학 공장에서 에탄올이라는 화학 연료를 만들었는데 이제는 셰일가스를 가지고 화학 원료를 추출하게 되는 것이다. 이게 무슨 현상일까? 핵심은 중동 원유가 적게 들어간다는 것이다. 원유를 가장 많이 소비하던 화학 공장에서 원유를 수입하지 않게 되면 유가는 급락한다. 실제로 유가가 100달러대에서 고공 행진을 멈추며 조금씩 하락하다가 2012년 10월 본격적인 하락 시그널이 나온 후에 서서히 하락하게 된다. 우리나라에서 사용하던 LNG 가격도 같이 급락했다. 2014년에 유가는 대폭락했다. 이게 바로 셰일가스 혁명이 어떻게 산업의 변화를 주도하는지 여실히 보여주는 사례다.

그럼 이런 상황에서 2012년, 2013년의 최대 수혜주는 무엇일까? 잘 생각해서 찾아야 한다. 유가 하락 시 가장 큰 수혜주는 무엇일까? 일반인은 찾아내기 어려울 수 있다. 그런데 사실은 단순하고도 쉽게 찾아낼 수가 있다. 가스를 가장 많이 소비하는 기업, 즉 가스 비중이 높은 기업을 찾으면 되는 것이다. 우리나라에서 가스를 가장 많이 소비하는 기업은 한국전력이란 것을 알 수 있다. 왜? 가스를 태워서 전기를 생산하기 때문이다. 그때 찾은 것이 1등 수혜주 한국전력이었다.

아래의 한국전력 월봉 차트를 살펴보자. 2013년 봄, 저점을 찍고 올라온 상태에서 파동이론상 1파 상승 후 2파 조정이 끝나고 3파 상승이 진행하기 바로 직전이다. 필자의 투자클럽은 2013년 6월경 한 생방송에서 한국전력의 주가가 2만 6,000원 이하에서 두 배, 세 배 상승할 것이라

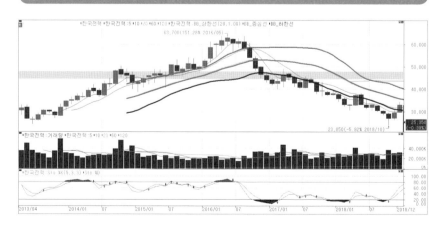

한국전력 월봉 차트

고 강력하게 리딩했고 기본 30%의 비중을 신게 했다. 실적을 예상하여 4만 8,000원의 목표가를 제시했는데 6만 원대까지 올라갔다. 대한민국의 큰 대형주가 단기에 두 배 이상 오른다면 엄청난 돈을 벌 수 있는 것이다. 한국전력은 올인 투자가 가능한 대형 종목이고 그룹주이기 때문이다. 한국전력 1종목에 2만 원대(2013년)에서라면 1,000억 원, 1조 원도 투입 가능한 영역이었다. 그 당시 길게 보면 2배 이상은 반드시 가능하다는 매수 근거와 증거들이 즐비했었다. 즉, 올인 투자가 가능한 영역이자 장기 투자 주식이었기 때문이었다. 그런데 2016년 여름 이후에 한국전력을 매수하여 장기 투자하면서 물린 투자자들이 있다. 2016년 하반기와 2017년 그 당시는 오히려 장기 투자 종목에서 빼야 할 근거가 많았던 시기였다. 1초도 보유하면 안 되는 증거를 많이 찾을 수 있었기 때문에 이 시기에는 매도를 하는 게 맞다.

시대의 라이프 사이클을 그려라

변화의 기준은 사람의 행동 패턴 분석에 있다. 사람의 행동 패턴은 늘 비슷해서 하루아침에 변하지 않는다. 뒷북 치는 사람은 늘 뒷북 치고 선도하는 사람은 항상 선도한다. 지금도 그렇다. 자동차 부품주를 사서 아직도 수년 이상 손해를 보면서도 대형주라는 이유로, 망하지 않는다는 이유로 가지고 있는 사람들이 있다. 자동차 패러다임 변화를 모르는 것이다. 2016년부터 자동차 부품만 생산하는 기업이나 현대, 기아차는 1주도 보유하면 안 된다. 배터리주로 교체하라고 열변을 토한 전문가가 바로 필자다. 성공하는 투자자들은 그렇게 한다. 1등 성장 산업을 찾아

내고 그 산업 내 1등 수혜주를 찾아내는 작업을 끊임없이 해야 한다. 시장을 주도할 수 있는 잠재력 등을 평가해야 한다. 잠재력을 평가하려면 그룹주여야만 하는 것이다. 그룹주가 아닌 소형주, 테마주는 급등했다가 늘 제자리로 내려오기 때문이다.

과거 사례를 보자. 중국 인프라 구축 시대에 도시가 형성된 후에는 우선 먹거리 소비가 본격화되면서 식품 수요가 증가하게 된다. 먹거리가 해결되면 아름다워지려고 미용용품을 사게 되고 그러다 보면 화장품 시대가 오는 것이다. 그렇다면 그 시대의 1등 핵심 산업과 종목을 찾으면 된다. 이렇게 하면 장기 투자는 최고의 큰돈을 버는 현금 지급기를 소유하게 되는 것이나 다름없다. 인간의 생애주기는 저마다 같다. 유아기, 청소년기, 청년기, 장년기, 노년기를 거친다. 인생에도 사이클이 있듯이 산업에도 하나의 사이클이 있다. 기업의 성장 과정에도 도입기, 성장기, 성숙기, 쇠퇴기가 존재하고 주가도 마찬가지다. 그런데 기업의 경우 성숙기에 들어가더라도 혁신이 일어나면 쇠퇴기 없이 다시 살아나고 지속적으로 성장할 수 있다. 주가도 죽었다가 다시 살아난다. 이렇게 끊임없는 혁신을 통해 성장이 계속되는 기업을 찾으면 편안한 장기 투자가 가능하다. 처음 LCD시대가 오면 LCD를 만드는 업체의 주가는 엄청나게 움직인다. LCD시대가 본격적으로 오기 전에 LCD의 대량 공급이 어렵기 때문에 방송국에만 먼저 공급된다. 이때 LCD 주식을 사면 된다. 개개인의 모니터가 LCD로 바뀔 때쯤 되면 주식을 팔아야 한다.

산업 사이클상 성장기도 성장 초기, 성장 중기, 성장 말기로 나눌 수 있다. 성장 초기에는 주가가 장기적으로 크게 움직인다. 일단 도입기에 주가가 크게 올랐다가 다시 빠지는 과정을 거친다. 성장 초기가 확실히 시작되면 주가는 또 다시 지속적으로 크게 움직인다. 부실주는 탈락하고 성장할 수 있는 주식이 움직이게 된다. 성장하는 종목 중에는 실적이 나온 실질적 수혜주인 주식만 우상향을 지속한다. 끊임없이 우상향하는 주식은 시가총액 3위까지 함께 움직이는 모습을 보인다. 그러다 성장 말기가 되면 모든 종목이 다 하락한다. 좋은 것, 나쁜 것, 전부 다 하락하고 폭락한다. 성숙기에는 몇 개의 회사만 남게 된다. 지금의 메모리 반도체가 그렇다. 메모리 반도체의 경우 삼성전자, SK하이닉스가 전체 시장에서 70% 내외의 점유율을 차지한다. 일렉포일 산업의 경우도 몇 개의 회사가 대부분의 점유율을 차지하고 있다. 조선 산업도 마찬가지다. 조선 산업의 성장기인 2000년 초반부터 2007년까지 모든 조선사가 수익을 보았다. 2008년에서 2011년까지도 조선사의 실적은 괜찮은 편이었다. 금융 위기 때가 시기적으로 조선 산업의 성장 말기에 해당된다. 금융 위기 때문에 망한 것이라고 생각하는데 실제로는 금융 위기가 없었다 하더라도 2008년은 산업 사이클상 성숙기에 진입하는 시기였다. 성장 말기에는 진입하고 성숙기가 되면 몇 개 업체만 살아남는다. 그러면 그때 살아남은 기업의 주가는 또 다시 살아나서 크게 오르게 된다.

과거 컴퓨터, 핸드폰으로 엄청나게 성장했던 PCB업체는 성장 말기에 들어 거의 다 망했다. 성숙기를 넘어 쇠퇴기가 되니까 우상향했던 주가가 장기 하락 추세를 보이며 망했다. M/S(시장점유율)가 빠지는 기업, 성숙기에 진입한 산업, 쇠락하는 산업의 주식은 시대에 뒤떨어지는 주식이다. 이런 주식은 절대로 장기 투자하면 안 된다. 단기(단타) 매매도 하면 안 된다. 이쪽으로는 눈길도 주지 말아야 한다. 장기 투자는 성장 중기까지만 해야 한다. 정말 고수들은 성숙기 중에도 살아남을 회사를 밑에서 사기도 한다. 그 정도까지 분석을 잘하는 사람을 제외하고 일반 투자자는 성장 중기까지만 장기 투자를 하는 것이 맞다. 그 이후부터는 장기투자를 하면 안 되고 단기매매도 하면 안 된다.

경기 순환은 항상 아래 그래프처럼 돌아간다. 주식도 마찬가지다. 회복기에 들어가고 확장기를 지나 정점을 찍으면 주식은 이 정점보다 훨씬더 빨리 움직인다. 최소 6개월 정도는 선행한다. 최소한 이 정점이 어딘지를 파악하면 크게 손해 보는 장기 투자는 없다. 시대 흐름에 맞는 산업이라도 정점이 오기 3년 전부터 어디서 팔 것인지 고민을 시작해야 한다. 그래서 필자는 2011년에 자동차주, 화학주, 조선주를 모두 다 팔라고 했다. 장기 투자를 절대 하면 안 되고 손절선을 지키라고 리딩했다. 물론 차화정 주가는 1년간 박스권에서 움직였지만 2012년 이후 추세 하락하였다. 2011년 9월에 경기 정점을 찍을 것으로 예상했다면 6개월 전

경기 순환

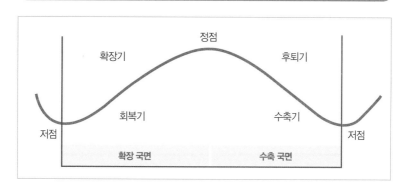

인 2011년 4월에는 다 팔아야 했다. 경기 정점 6개월 전부터 매도 전략 수립 후 실천해야 하는 것이다.

일반적으로 산업 라이프 사이클은 아래 그래프처럼 움직인다. 예를 들어 SM은 콘텐츠 주식이기 때문에 죽었다 살았다를 반복한다. 이런 경우 그 주식이 정점을 찍는 이유를 알아야 한다. 소녀시대가 해체되고 소녀시대를 대체할 수 있는 사람을 만들지 못하면 다시 쇠퇴기에 들어간다. JYP엔터테인먼트는 트와이스 이후 트와이스를 능가하는 그룹이 있어야 지속 성장한다. 그렇지 않으면 또 다시 쇠퇴기, 수축기에 들어간다.

예를 들어, 새로운 산업인 모바일게임 시대가 와서 도입기에 들어간다고 하자. 모바일게임의 경우 새롭게 등장한 산업이므로 도입기, 성장기를 거치면서 오랜 시간 뒤에 성숙기가 온다. 지금은 모바일 게임의 성숙기다. 해외로 진출하여 더 이상 크게 성장하지 않으면 성숙기에 진입할 것이다. 현재는 중국산 게임과도 치열한 경쟁을 하고 있다. 2015년 세계적 글로벌 TOP 10 게임사 중 우리나라 게임사가 3~4개 그때 중국 게

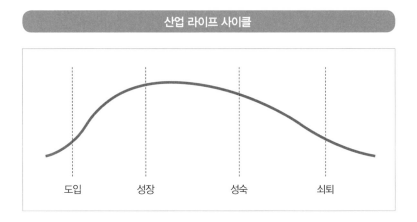

산업 라이프 사이클

도입   성장   성숙   쇠퇴

임사는 1~2개였다. 그러나 2017년 여름 이후 중국 게임사가 4~5개를 차지하게 된다. 게임 산업의 경쟁이 치열해지면서 모바일 게임 산업도 성숙기에 들어가게 되는 것이다. 돈과 기술력으로 무장한 중국 게임 업체가 바짝 따라오고 있다. 모바일 게임 산업이 성숙기에 들어가면 우리나라 모바일 게임에 장기 투자하면 안 되는 것이다. 새롭게 태동하는 산업이 있으면 도입기에 투자하는 것이 가장 좋다. 이때라면 산업 사이클상 정점이 왔다고 판단되기 전까지는 끊임없이 주식을 사야 한다. 새로운 시대를 맞이할 때는 새로운 시대의 종목을 사야 된다. 이게 바로 가장 쉽고 크게 성공하는 주식 투자 비법이다. 큰돈을 편안하게 벌 수 있는 유일한 투자법이다. 반드시 실천해보길 바란다.

도입기 매출은 제로에 가깝다. 개발, 유통, 촉진 비용만 많이 들어간다. 가장 중요한 것은 계속 적자가 나기 때문에 이 적자를 견딜 수 있는 기업들에만 투자해야 한다. 따라서 펀드멘탈이 좋은 그룹사 주식을 사야 된다. 성장기에 진입하고 나서 비로소 시장이 크게 확대되면서 본격적으로 이익이 창출된다. 그래서 필자는 성장 초입 단계에 집중 투자, 올인 투자를 한다. 예를 하나 들어 보자. 필자가 돈을 많이 벌게 된 이유를 집중 투자라고 생각하고 다른 사람이 똑같이 집중 투자를 따라했다고 하자. 필자에게 경쟁자가 나타난 것이다. 이 경쟁자가 필자의 확실한 자본력과 기술력, 경제적 해자의 노하우를 모르고 그냥 카피만 한다고 보았을 때 그 산업의 성장기라면 함께 수익을 얻을지 모르지만 성숙기에 들어갔을 때 필자는 살아남고, 그 사람은 살아남지 못할 것이다.

사업이 잘되면 어떤 분야든 새로운 경쟁자가 출연한다. 서로 공격적

단계	단계별 특징	단계별 전략
도입기	• 제로에 가까운 매출 • 과다한 유통 / 촉진 비용 투입 • 마이너스 마케팅 • 경쟁자 없음	• 고소득층을 상대로 고가 정책 • 기본적 수요의 자극 • 광고는 신제품의 존재, 이점, 이용방법 등을 알림
성장기	• 급속한 시장 확대 • 실질적 이익 창출 • 새로운 경쟁자 출현 • 판촉 비용의 하락과 제조 원가의 절감	• 제품 품질의 향상과 새로운 제품 특성, 모형의 추가 • 침투할 새로운 세분 시장의 모색 • 새로운 마케팅 경로 진출 • 광고의 경우 '제품 인지'에서 '제품 확신'으로 이동 • 가격 인하
성숙기	• 치열한 경쟁 구도 발생 • 강진약퇴의 현상	• 시장 변경 또는 수정 • 품질 개선, 특징 개선, 스타일 개선, 신제품의 추가 • 계속적인 수요 유지를 위한 가격 인하 물적 유통의 합리화 • 시장 세분화 • 마케팅믹스의 변경과 수정
쇠퇴기	• 매출액의 급락 • 기존 제품 시장에서 탈퇴	• 가격 인하 • 기존 제품에 대한 제품 폐기 • 진부화 정책 • 대체 제품 개발 • 제품 다양화의 확대 • 기업 합병

단계별 특징 및 전략

으로 마케팅하며 치열하게 경쟁한다. 결국 경쟁을 통해 이기는 쪽은 돈이 많은 쪽이다. 하지만 성장기에는 돈보다 기술을 가지고 있는 것이 가장 중요하다. 원천 기술이나 경제적 해자를 가지고 있는 기업이 이긴다. 성숙기에 살아남는 회사는 경제적 해자나 돈이 많은 회사, 특허나 확실한 기술을 가지고 있는 쪽이다. 그래서 성숙기에 진입된 산업의 경우 중소기업이 생존하기가 쉽지 않은 것이다. 중소형주가 오랫동안 고공행진하는 것은 불가능하다. 잠깐 성장기에 돈을 벌었다 하더라도 중소기업은 약간의 위기가 오면 이익이 줄면서 도태된다. 따라서 그 기업만의 특별한 노하우를 가지고 있는 것이 중요하다. 주식하는 사람, 기업하는 사람도 마찬가지다. 주식 시장에서 위기가 오면 대다수의 투자자들이 망하는 이유가 무엇일까? 시장이 하락해서 그런 걸까? 전문가를 잘못 만나서일까? 둘 다 아니다. 특별한 자기만의 투자철학이 없어서 그렇다. 성장기에 성장하고 성숙기로 넘어갈 때까지 살아남을 수 있는 기업이 있다면 정말 최고의 장기 투자 종목이 된다. 그런 기업을 찾는 것이 중요하다. 그런 기업에 내 돈을 투자하면 되는 것이다.

성숙기, 쇠퇴기가 오면 무조건 가격인하가 시작된다. LCD가격이 계속 인하되고 LCD TV 가격이 인하된다. PDP TV가 1,000만 원이었다가 100만 원이 되고, 30만 원이 되고, LCD TV가 30만 원이 된다. 이제는 OLED TV시대가 와서 OLED TV가 500만 원에서 300만 원이 되었다가 이제 200만 원이 되었다. 즉, OLED TV도 곧 성숙기에 들어갈 산업인 것이다. OLED TV가 잘 팔리니 LG전자가 잘 되고, 대형 OLED TV가 잘 팔리니 선도업체들 간 경쟁이 격화되어 가고 있다. 2017년에 LG전자를 10만 원대에 팔고, LG디스플레이도 3만 원대에 지속적으로 팔라고 했다. 왜 그랬을까? 주가가 고공행진 중인데 왜 계속 팔라고 했을까? 쏘니도 OLED TV를 생산한다고 하고, 중국도 생산한다는 기사를 보았다. 당연히 기술 발전이 대중화되고 대량 생산 체계가 본격화되면서 패널 가격은 빠질 수밖에 없다는 것을 캐치한 것이다. 가격이 빠질 것을 미리 아는데 왜 높은 가격에서 주식을 가지고 있는가? 당연히 팔아야 하는 게 맞다. 단기매매도 하지 말아야 하는 것이다.

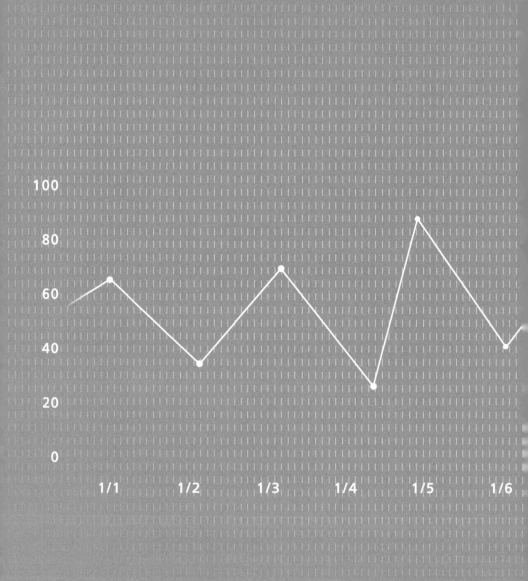

6부

시대에 맞는
최고의 투자

시대에 맞는 투자를 하는 게 가장 좋다. 그런 산업 종목을 찾아야 한다. 즉, 1등주를 찾는 것이다. 1등주는 영원한 시대의 흐름이다. 대한민국에서 시가총액 기준 20~25% 차지하는 삼성전자는 국내 주식 시가총액 기준 영원한 국내(세계 시가총액 기준 15등 내외) 1등이다. 과거에도 1등이고 현재에도 1등(세계 15위)이다. 앞으로도 계속 1등일 것이다. 삼성전자가 실적이 좋지 않고, 반도체 가격 하락으로 수년간 내려갈 수도 있겠지만(삼성전자로 대체할 수 있는 게 있다면 모르겠지만) 필자는 우리나라에서 삼성전자를 대체할 수 있는 종목은 없다고 보고 있다. 이러한 큰 흐름에 의한 생각, 투자 아이디어가 장기 투자의 기본이다

삼성전자는 시가총액이 KOSPI 내에서 20%대로 국내에서 단연 톱픽이다. 하지만 삼성전자는 상장 이후 저가 대비 832배 올랐다. 장기 투자를 해야 하는 기관(국민연금, 군인연금, 사학연금 등)들이 운용 자산 대비 30% 비중으로 삼성전자를 지속 매수했다면, 우리 내국인이 삼성전자를 최소 절반 이상은 보유 중일 것이다. 삼성전자의 주가가 고점이니 팔아

야 된다고 주장하면서 팔아버리고 나서는 다시 저점, 바닥에서 사려고 하는 것이 바로 똑똑하다는 펀드 매니저들이 하는 매매 행태다. 그래서 국민연금도, 보험사도, 주식 투자로 큰돈을 벌지 못했던 것이다. 개인도 마찬가지다. 기업은 본질적으로 이윤과 영속성을 추구한다. 지금 삼성전 자는 장사해서 연간 50조를 벌면 그중에 30%를 주주에게 환원하는 정 책을 펴고 있고, 현금 배당금만 8.4조 정도(2018년 말 보통주 기준)를 주고 있다.

삼성전자 주식을 가지고 있으면 배당을 받는다. 주주 친화 정책으로 이익의 30%(배당 성향)를 쓰고 있다. 삼성전자는 50조 원의 이익 중에서 9조 원 정도를 배당한다. 외국인 지분 54%에 해당하는 5조 원 정도를 외국인이 현금으로 배당받아 간다. 5조 원이면 얼마나 큰돈일까? 2017 년에 1년간 477만 명의 국민에게 지급된 국민연금이 20.7조 원이라고 한 다. 그럼 5조 원이면 1년간 지급받는 국민연금의 1/4 수준이다. 이것을 삼성전자의 배당금으로 외국인이 가져가는 것이다. 이 얼마나 큰돈인가? 정말 안타까운 현실이다. 또 이런 계산도 가능하다. IMF(1997년)에 국 민들의 자발적인 참여로 이루어졌던 금 모으기 운동이 있었다. 만약 그 때 판 금값으로 삼성전자 주식을 사놓았다면 현재 80배의 수익은 났을 것이다. 그랬다면 삼성전자 배당금으로 매년 그때 판 금값의 2배는 받고 있을 것이다. 또한 고령화 시대에 편안한 노후를 맞이할 수 있는 환경이 마련되었을 것이다. 이처럼 1등주 의미는 크다. 1등주를 끊임없이 사서 저축하는 부자습관을 만드는 것은 개인뿐 아니라 국가적 차원에서 큰 의미를 갖는다.

시대에 맞는
산업 종목 찾는 법

미국 전체 주식 수익률 조사 결과 90년 동안 지수보다 올라간 종목은 4%밖에 안 된다는 결과가 나왔다고 한다. 그럼 90년 동안 사기만 하고 팔지 않아도 될 주식은 4%라는 것이다. 그 많은 주식 중에서 4%를 선택 해야만 장기적으로 90년 동안 성공한다는 이야기인데 누가 주식을 90 년 동안 보유하겠냐고 반문할 수 있을 것이다. 몇 개월 또는 길어야 몇 년 동안 보유하다가 수익이 나면 당연히 팔아야지 하면서 무슨 상관이 냐고 생각할 수 있을 것이다. 이런 마인드가 바로 중산층, 개미투자자들 의 기본 마인드다. 돈도 부족하고 어쩌다가 주식을 사더라도 언제 주가 가 내려가 손해 볼지도 모르는데 무슨 장기 투자를 하냐고 물을 수도 있 을 것이다. 신약이 개발되어 앞으로 100세 150세까지 산다고 치자. 현재 50세인 경우 50년, 100년 후에도 주식을 할 수 있다. 그렇다면 50년 주 식하는 기간 동안 계속해서 갖고 갈 주식은 있어야 한다. 중소형주는 급등 후 대다수 제자리로 급락한다. 90년간 망하지 않더라도 잘 해야 박스권이라는 것이다.

주식은 무릎에서 사서 어깨에서 팔아야 된다는 말이 있다. 물론 전체 주식 종목 중에 90% 정도는 이게 맞는 말이다. 하지만 1등주(삼성전자, 애플, 아마존, MS 등)는 끝없이 오른다. 영원한 테마이자 시대의 흐름이기 때문이다. 앞으로 10년 이상 1등할 주식은 사기만 하고 팔면 안 된다. 이것이 기본 마인드로 정립되어야 거액자산가가 될 수 있다. 시대의 흐름을 찾고자 해도 초보 투자자여서 투자 방법이나 내용을 잘 모를 수 있다. 또 언제까지 힘들게 공부를 해야 하는지 막막할 수도 있다. 그렇다면 먼저 1등주를 찾아서 사면 된다. 대한민국 1등주는 삼성전자다. 일단 삼성전자를 사라. 그리고 난 후 시대에 맞는 주식이 무엇인지 자연스럽게 공부를 시작해야 한다.

앞으로 전기차가 좋다고 한다면 전기차를 사면 된다. 현대차가 전기차를 만드니까 현대차를 살까 아니면 테슬라를 살까? 중국의 BYD(2018년 중국 전기차 시장점유율 20%)가 좋으니 그것을 살까? 아니면 조금 더 공부해서 전기차에 들어가는 배터리를 살까? 이렇게 생각하는 것부터가 공부의 시작이다. 공부하다 보면 결국 전기차 시대의 최대 수혜주이자 장기적인 수혜주는 배터리 소재주라는 것을 알게 될 것이다. 그 다음은 그중에서 1등 종목을 찾는 것이다. 일진머티리얼즈를 살까, 엘엔에프를 살까, 포스코켐텍을 살까, 코스모신소재를 살까, 대주전자재료를 살까, 어떤 종목을 선택해야 할까? 잘 모르겠다면 일단 각 부문별, 업종별 1등주를 찾으면 된다. 그래도 모르겠다면 주식 장기 투자를 잘하는 전문가의 도

삼성전자 사례

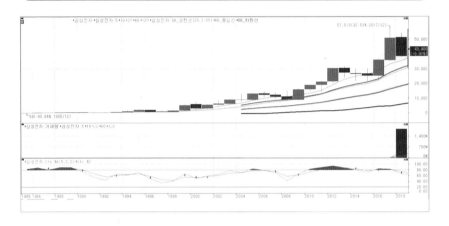

움을 받아도 된다.

삼성전자는 지금까지 그 업종에서 1등이다. 1986년도에서 시작해서 2017년까지 29년간 739배가 올랐다. 2006년부터 2009년까지 삼성전자의 주가는 50만 원대였다. 2017년에 250만 원, 2017년 8월에 256만 원, 8년간 5배가 올랐다. 100억 원이면 500억 원으로 올랐다는 것이다. 건물을 사는 것보다 수익이 더 괜찮다는 결과다. 1등주들은 지금도 마찬가지다. 주가가 비싼 것인지 아닌지의 여부를 어떻게 알 수 있을까? 주가가 중요하지 않다는 것을 깨닫는 순간 그때부터 장기 투자를 할 수 있는 첫발을 내딛는 것이다.

옛날 PC시대에는 인텔이 상승세였다. 아직도 그 고점을 돌파하지 못하고 있다. 그 이유는 PC 산업의 경우 현재 성장기를 지나 성숙기, 쇠퇴기에 접어들었기 때문이다. 지금은 스마트폰이 대세다. 인텔은 비메모리 반도체 분야에서 강자다. 메모리 반도체에서는 삼성전자가 1등이지만 비

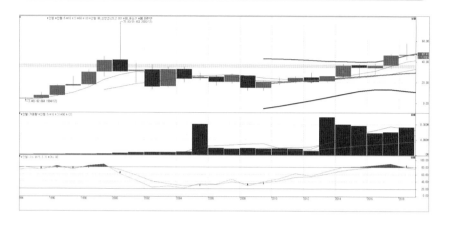

메모리 반도체에서는 인텔이 1등이다. 비메모리 반도체는 꾸준히 연간 7% 이상 성장하고 있고 그 성장이 앞으로 더 크게 이루어질 것으로 보고 있다. 그래서 4차산업혁명 시대의 수혜주는 특히 비메모리 반도체일 것이고 따라서 앞으로 인텔도 꾸준히 오를 것으로 예상된다.

LG전자는 우리나라 스마트폰에서 2등주, 세계 5등이다. LG전자의 휴대폰 사업 부문이 악재로 반영되고 있고 실적이 좋지 않아서 계속 이렇게 A처럼 빠졌다. VC 사업부의 기대감으로 B처럼 올라갔지만 현재는 무역 전쟁으로 인해 C처럼 빠진다. 장기 투자하면 안 된다는 뜻이다. 이게 바로 모멘텀 투자, 대시세주 투자다. 100%, 200% 이익을 내고 반드시 위에서 팔아야 하는 종목이다(고점 매도, 저점 매수). 장기 투자의 경우 산업이 성장을 하고 있다면 팔지 않아도 되지만 대시세주 투자의 경우는 조금 다르다.

대시세주 투자는 모멘텀이 있는 종목을 선택하여 모멘텀이 폭발한 후

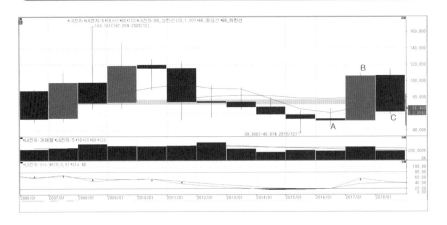

LG전자 사례

차트를 분석하면서 모멘텀이 약해질 때 고점에서 파는 것이 중요하다. 아직 분석이 서툰 초보자일수록 LG전자보다는 삼성전자를 사는 사람이 돈을 벌 것이다. 장기 투자 종목이면서 1등주인 삼성전자의 경우 매수만 있지 매도는 없기 때문이다. 이렇게 대시세주 투자와 장기 투자는 천지 차이다.

다음은 페이스북 사례를 보자. 매년 끝없이 올라간다. 실적도 좋다. 7년을 계속 올라갔다. 아무 때나 사도 된다는 말이다. 우리가 상상할 수 있는 그 이상의 세상이 올 수 있다면 그 시대의 최대 수혜주는 페이스북, 아마존, 애플, 넷플릭스, 구글을 이르는 FAANG이 될 것이다. 국경이 없는 시대, 세계가 하나가 되는 시대를 상상해보자. 전 세계가 핸드폰으로 의사표현을 하는 세상이 되면 투표용지로 투표할 필요가 없다. SNS를 통해 서로의 의견을 들어보고 정보를 공유하고 그렇게 결정해서 투표하는 세상이 된다는 말이다. 예를 들어, 페이스북이 새로운 소통

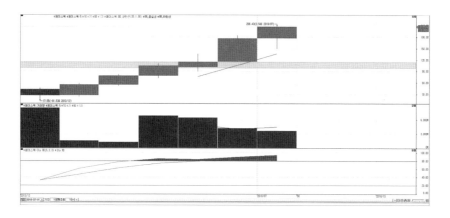

의 핵심 창구가 되면 모든 사람들이 페이스북을 사용하게 되고 그 주가
는 끝없이 오른다. 소통의 장애가 사라지는 그런 시대의 수혜주가 바로
FAANG이다.

미국 소매점의 20%가 사라지고 있다. 모두 아마존에 의해 잠식되고

아마존닷컴 사례

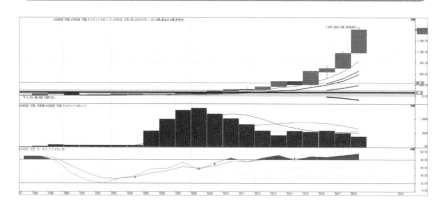

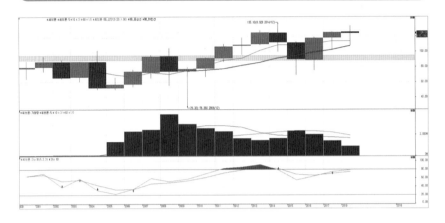

있다. 하나의 기업에 의해 잠식되고 있다는 말이다. 그러면 주가는 끝없이 올라간다. 이런 상황에서 주가가 높다고 혹은 이미 많이 올랐다고 팔면 되겠는가? 이 경우 기술적 분석이 의미있겠는가? 세계 각지에서 모든 유통물류는 아마존이라는 하나의 기업으로 통하는데 말이다. 아마존은 지금도 끊임없이 성장하고 있다.

미국의 석유업체인 쉐브론은 정제산업 세계 1등이다. 정유 산업은 이제 성숙기를 지나 쇠퇴기다. 가스, 태양광 등 다른 대체 산업이 활성화된 이 시대에 정유 산업은 성숙기에 접어들었기 때문이다. 경기가 좋을 때는 이런 산업이 수혜주였기 때문에 2013년까지는 주가가 끝없이 올라갔었다. 지금은 고성장이 아닌 저성장 시대이기 때문에 기업의 가치가 크게 성장하지 않는다. 1등주이지만 시대에 뒤떨어진 1등주인 것이다. 시대에 맞는 종목을 찾는 것이 중요하다. 이게 장기 투자의 핵심이며 이렇게 주식에 대한 생각이 바뀌어야 수십 년간 성공하는 투자자가 될 수 있다.

그 시대에 맞는
1등 산업을 찾아라

가장 현명한 최고의 투자자는 경제 상황을 남들보다 미리 아는 사람이다. 그런데 장기 투자에서 미리 아는 것보다 더 중요한 것은 종목에 대한 진정성이다. 남들보다 미리 알지는 못하더라도 최소한 주가가 큰 폭으로 상승(100% 상승)한다면 관심을 기울여야 한다. 그 시대를 잘 모르겠다면 그 시대의 주가를 보면 된다. 주가가 두 배로 오르면 이미 끝난 것인지 조정 중인 것인지 더 올라갈 것인지를 분석하여 판단하면 된다. 그다음 매매할 것인지 투자할 것인지 결정을 하면 된다. 주가가 두 배로 오르면 세상 사람들은 다 관심을 갖는다. 그때 왜 올랐는지를 보고 그게 과연 장기적인 현상인지 단기적인 현상인지 테마인지를 파악하면 된다. 세상일을 우리가 다 알 수는 없다. 그러나 주가를 보면 앞으로의 투자 아이디어를 얻을 수 있다. 주가는 미래 가치를 반영하기 때문이다.

예를 들어보자. 삼성SDI가 8만 원에서 16만 원까지 올랐을 때, 일진머티리얼즈가 5,000원대에서 1만 원대까지 2배(100%) 올랐을 때 장기 투자로 매집했다면 1년 동안 2~6배 오르는 상황을 만끽했을 것이다. 그때 시대의 흐름을 알았다면 투자 이후 가만히만 있었어도 엄청난 투자 수익을 맛보았을 것이다. 미리 알지 못했더라도 주가 급등을 보고 시대의 흐름을 파악하려는 작은 노력을 기울였다면 큰 성공이 있었을 것이다. 아니면 장기 투자 전문가를 잘 만났더라면 거액자산가의 길에 들어섰을 것이다. 물론 이런 능력이 하루 아침에 얻어지는 것은 아니다. 그래서 다방면으로 경제에 대해 끊임없이 공부하고, 새로운 산업 중에 사람을 가장 편리하게 하고, 돈을 많이 벌어다줄 산업, 1등 산업이 무엇일까를 늘 고민해야 하는 것이다.

예를 들어, 사물 인터넷(IOT)의 중소형주를 샀다고 하자. 이것은 사람을 편하게는 하지만 여러 산업이 복잡하게 연결되어 있어서 한쪽에만, 한 기업에만 돈을 벌어 주지는 않는다. 또 다른 예로 자율 주행차 산업은 그 규모가 아주 크다. 사람을 편리하게 한다. 반도체 산업, 5G산업, 배터리산업, 자동차 부품 등과 같이 여러 산업과 연결되어 있다. 자율 주행차 산업의 성장이 3년 이상 지속된다면 그건 이 시대의 흐름에 맞는 산업이라는 말이다. 연간 산업 성장률이 20% 이상이 된다면 폭발적인 성장 산업이 될 것이다. 최고의 장기 투자 산업인 것이다. 즉, 주식을 사기만 하고 팔지 않아야 하는 산업인 것이다.

자율 주행차 시대가 다가오고 있다. 사람이 운전을 하다가 기계가 알아서 운전을 하게 되니 새로운 시대가 열린 것이다. 자동차의 모습은 그대로인데 새로운 전자 제품이 들어가면서 바뀌는 것이다. 비메모리 반도체로 이루어진 각종 센서, 부품이 기존의 자동차에 추가되는 것이다. 즉, 바퀴, 차체 등 자동차 부품회사에서 넣는 부품은 그대로이고 만도, 현대모비스 등의 라이더, 레이더, 각종 센서가 들어가는 것이다. 부품 수백 개가 추가된다. 여기서 자동차부품주가 수혜자라고 생각하면 초보투자자다. 자율 주행차는 기본적으로 전기차다. 전기차는 내연기관차에 비해 부품수가 40%나 줄어들기에 기존 자동차 부품주의 매출 감소가 필연적이다. 따라서 장기적으로 주가 하락은 불가피하다.

이처럼 사람들을 편리하게 하는 자율 주행차 수혜주 중에 실질적으로 해당 기업에 큰 실적을 내는 분야를 분명하게 찾아내기는 어렵다. 결국 자율 주행이 가능해지면 가장 크게 필요한 것이 무엇인지를 찾아야 한다. 생각해보자. 우선 전기 장치 부품이 많이 들어가게 된다. 그러면 전기 장치 부품 중 가장 핵심이 무엇인지 그것을 찾아내고 그 수혜주를 찾아야 한다. 그 수혜주가 MLCC, 반도체(과점 상태)라는 것을 알아야 하고, 전기를 많이 사용하니 배터리가 커야 한다는 걸 알아야 하고, 센서 카메라도 아주 중요하다는 걸 알아야 한다. 이렇게 생각을 넓혀가면서 가장 중요한 핵심, 즉 장기적으로 강력한 수혜 산업과 수혜주를 찾는 것이 중요하다.

1등 산업 내에서 1등주는 고성장 수혜를 그대로 실적으로 받는다. 우리나라에서 태동하는 1등 고성장 산업은 배터리 산업밖에 없다. 1등 산업의 1등주는 보물찾기와 같지만 너무나 쉬운 보물찾기다. 1등부터 5등까지 선택해놓고 걸러내는 작업만 하면 된다. 양극재 관련주로 엘앤에프, 에코프로, 코스모신소재, 코스모화학, 신흥에스이씨가 있고, 음극재 관련주로는 포스코켐텍, 일진머티어리얼즈 등이 있음을 분류해서 찾아내고 그중에서 가장 핵심인 것을 또 찾아내야 한다. 1등 산업에서는 단일 사업부가 아주 중요하다. 예를 들면, 코스모화학, 코스모신소재주가 있는데 코스모화학은 우리나라에서 유일하게 코발트를 생산하는 업체다. 코발트는 전기 배터리뿐 아니라 다른 산업에서도 많이 사용된다. 코스모화학은 전방 산업이 저성장이다 보니 매출이 지속적으로 줄었지만 전기차 배터리 공급이 크게 늘면서 고성장이 지속되고 있다.

코스모신소재의 양극활 물질은 대다수 전기차 위주로 구성되어 있기 때문에 주가가 다른 수혜주보다 많이 올라갔다. 대형 배터리 생산업체 중 삼성SDI의 사업부는 소형전지 사업부, 대형전지 사업부, 전자재료 사업부 구성되어 있다. LG화학의 경우 화학 사업부, 전자재료 사업부, 배터리 사업부로 구성되어 있는데 이 중 배터리 사업부는 매출 비중이 20% 정도이고 나머지 매출은 대다수 화학 사업부에서 이루어지고 있다고 보면 된다. SK이노베이션의 경우 정유 사업에서 매출의 대부분을 차지하며 배터리 분리막 사업의 성과는 아직 미미하다. 앞으로 배터리 사업을 5~10배 확장해도 차지하는 비중이 크지 않다. 그러니 LG화학은 1등 산업 내 1등 수혜주에서 제외되는 것이다.

그리고 1등주로 그 산업을 주도할 수 있는지 잠재력을 평가해봐야 한다. 결국은 단일 사업부로 구성되어 있는지를 봐야 하고 현재 매출 비중이 어느 정도이고 앞으로 어떻게 바뀔지를 분석해내야 한다. 그리고 과거를 살펴본다. 차트로 분석도 해본다. 초기에 오를 때 가장 많이 오른 것에 주목하는 것이 핵심이다. 실제로 배터리 산업이 시작되면 대형주 중에 가장 많이 오른 것은 삼성SDI(3배)이고, 코스피 200 이내에서는 가장 많이 오른 것이 일진머티리얼(10배)이다. 코스닥 대형주에서 가장 많이 오른 것은 포스코켐텍(8배)과 엘앤에프(10배)다. 코스닥에선 엘앤에프가 저가 대비 10배로(3년 동안) 가장 많이 올랐다. 왜 그럴까? 엘앤에프는 매출 중 전기차 비중이 가장 높기 때문이다. 그 다음 전기차 비중이 높은 곳은 일진머티리얼즈이고 그 다음은 코스모신소재다. 초기에는 소형주가 많이 오르기도 한다. 산업 사이클상 도입기에는 무엇이든 다 오른다. 성장 초기에는 그 수혜를 받을 수 있는 주식 위주로 이것저것 대다수가 오른다. 그러나 시간이 가면 갈수록 직접적 수혜주만 살아남는다.

과거 조선 산업의 사례를 통해 공부해보자. 현대미포조선이 중형 선박 PC선(제품을 실어나르는, 즉 자동차를 실어나르는 선박)으로 세계 1등이었다면 대형, 초대형 선박 분야에서는 현대중공업이 세계 1등이었다. 현대미

현대미포조선 사례

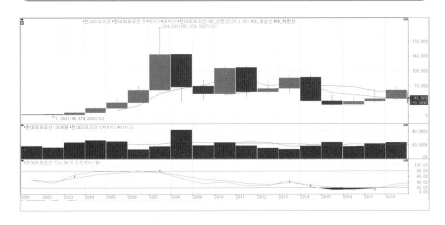

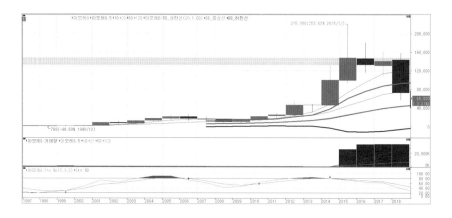

포조선의 경우 몇 천억짜리 선박 비중이 높았다. 대형 선박 건조에는 3
년이 걸리지만 중형 선박은 1~2년 만에 거의 다 만들어져서 인도가 가
능하다. 그래서 현대미포조선의 실적이 가장 빨리 나온다. 현대미포조선
에는 조선으로만 단일 사업부가 구성되어 있다. 현대중공업에는 조선과
굴삭기 사업부가 있고 삼성중공업에는 조선과 굴삭기, 토목 사업부가 있
다. 장기 투자의 핵심은 이렇게 단일 사업부를 보면 나온다. 10배 주식
을 찾는 방법으로 3개 조선사 중에서 실적이 가장 빨리 나오는 단일 사
업부 기업(또는 조선의 매출 비중이 가장 높은 기업)을 찾아내면 된다. 그게 바
로 현대미포조선이다. 저가 대비 8년간 147배 상승한 기업이다.

중국 소비 시대가 도래한다. 그럼 최대 수혜주는 무엇일까? 바로 화장
품이다. 화장품 위주로 한 단일 사업부가 있는 기업은 아모레G다. 게임
시장의 경우 중국에 소비 시대가 왔을 때 우리나라의 게임 시장은 이미
성숙기였다. 게임이나 엔터테인먼트 시장의 경우 성숙기에 접어든 우리나

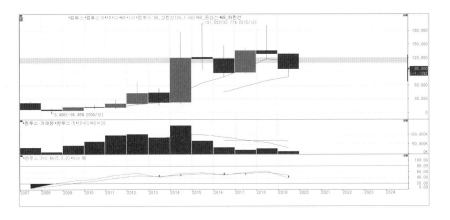

라 시장만으로는 주가가 10배씩 오를 수 없었다. 하지만 중국에 소비시대가 오면 게임 강국인 우리나라 게임사의 게임이 중국에 수출된다. 컴투스의 경우 국내 모바일 게임은 물론 중국 게임 시장까지 선점하여 주가가 저렇게나 많이 올랐다. 모바일 게임에서의 1등은 컴투스였다. 모바일 게임의 선도주였던 것이다.

필자는 전문가 생방송 회원들에게 에이치엘비는 1,870원에 무조건 최소 1만 주 매수 후 장기 투자할 바이오 신약 수혜 종목이라고 소개한 바 있다(2012.05.16.). 아무리 많은 수익이 나도 원금만 찾고 나머지는 10배 나올 때까지 그대로 가져가라고 권했다. 최소한 1만 원은 갈 것이니 3년은 보유할 것을 권했다. 실제로 3년 후 25배 올랐다. 만약 신약이 성공한다면 1만 원이 아니라 10만 원대로 오를 것이라 미리 말해주었다. 실제로 4만 5,000원까지 갔다가 1만 1,000원으로 빠졌다. 이후 2년간 바닥에 머물다가 1년 만에 16배가 올라서 15만 원대를 찍었다(추천가 대비 거의

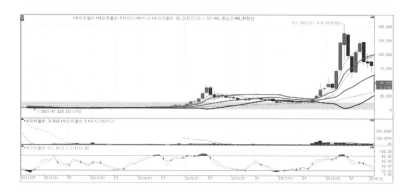

100배 수익). 2015년 바이오 시대의 주가가 폭발할 당시 에이치엘비는 바이오주 중에서 1등으로 가장 많이 올랐다. 당시 미국 바이오벤처회사인 LSKB에 투자해서 성공 중이던 표적 항암제 때문이었다. 지금 항암 신약을 선도하는 회사가 LSKB다. LSKB의 성공으로 이제 에이치엘비는 코스닥 시가총액 10위 안에 머물고 있다.

시대에 맞는
최고의 투자 실행 비기

다음은 시대에 맞는 최고의 투자 실행 비법에 대해 알아보자. 각 분야의 분석 보고서를 면밀히 읽고 애널리스트의 시각을 읽어라. 애널리스트는 산업, 기업, 시장 분석 전문가다. 커버리지 하는 산업과 종목 분석에서는 최고다. 세부적인 분석의 전문가일 수도 있고 물론 큰 흐름을 뒤늦게 알아차리기도 한다. 하지만 애널리스트 보고서를 보면 앞으로 어떤 일이 일어날지 예상할 수 있다. 애널리스트 보고서, 매스컴 기사 등 계속해서 끊임없이 공부해야 한다. 편향된 지식은 습득하는 것은 투자에 해가 될 수 있기에 다방면으로 섭렵해야 한다. 내가 바이오주를 가지고 있다고 해서 바이오만 공부해서는 안 된다. 고령화 시대가 도래하면 어떤 변화가 오는지 시대가 어떻게 바뀌는지 예상하면서 바이오주의 산업이 어떻게 될 것인가에 대해 다방면으로 섭렵해야 한다. 필자처럼 온라인 생방송을 하는 전문가의 경우 각각 잘 하는 자기 분야가 따로 있다. 예를 들어, 바이오 시대가 오면 바이오 테마주를 하는 전문가가 수익률이 좋다. 두루두루 다방면으로 잘할 수 있는 전문가나 투자자는 많지 않지만 최고의 전문가는 결국 다방면으로 섭렵한 후 자기 분야에 적용하고 고민하기 때문에 시장의 상황과 상관없이 수익을 낸다.

지금은 어떤 시대이고 미래는 어떤 시대인가?

지금이 어떤 시대이고 미래는 어떤 시대인가? 그 해답을 찾기 위해 노력해야 한다. 그래야 10배 주식을 잡을 수 있다. 알파고가 출연한 시기는 2016년 봄이었다. 우리는 말로만 했던 기사로만 봤던 것들이 실제로 이루어지는 것을 생생히 지켜봤다. 인공지능이 인간을 이기는 것도 봤다. 이처럼 인공지능 시대가 빨리 올 것이고 인공지능의 대중화가 머지않았다는 생각이 들면 빨리 관련된 수혜주를 찾아야 한다. 1등 수혜주를 빨리 찾아야 한다.

　이러한 인공지능 시대 최고의 1등 수혜주는 무엇일까? 바로 삼성전자와 SK하이닉스다. 실제로 SK하이닉스가 더 많이 올랐다. 왜 그럴까? SK하이닉스에는 반도체 단일 사업부만 있다. 삼성전자는 2.5배밖에 안 올랐고, SK하이닉스는 4배가 올랐다. 인공지능 시대의 최대 수혜인 반도체 매출이 크게 증가될 수 있다는 사실을 미리 알았다면 수익률로만 봐서는 단일 사업부로 구성된 SK하이닉스를 선택해야 한다. SK하이닉스에는 반도체 D램 메모리밖에 없다. 삼성전자에는 반도체 D램 메모리 외에 스마트폰, 가전제품 비메모리가 더 있다.

　포스코켐텍과 엘앤에프 두 종목이 있다면 어느 것이 많이 올라가겠는가? 포스코켐텍보다 엘앤에프가 더 많이 올라갈 것이다. 포스코켐텍의 경우 2차 전지 음극의 비중은 12%에 불과하다. 엘앤에프의 경우 전기차 2차 전지의 비중이 80%로 높다. 현재 우리나라 전기차 배터리 중에서 양극, 음극 다 합해서 전기차 2차 전지의 비중이 가장 높은 업체가 엘앤에프다. 이 때문에 엘앤에프는 코스닥에서 가장 빨리 선도적으로 10배를 찍었다. 그 다음에는 앞으로도 계속 오를지에 대해 생각해봐야 한다. 엘앤에프는 그룹주가 아니다. 돈을 지속적으로 구하기 힘들다. 앞으로 계속 산업 성장의 수혜를 그대로 끝없이 받기 힘들 수도 있다. 즉, 한계가 있다는 얘기다. 이 모든 것을 고려하여 투자에 적용해야 한다.

SK하이닉스는 SK그룹주다. SKT의 자회사이기 때문에 모회사의 현금 창출력에 힘입어 언제든지 자금을 계속 투입할 수 있다. 그렇기 때문에 반도체의 산업 성장 과정에서 끝없이 그 수혜를 받을 수 있다. 즉, 경제적 해자 기업이다. 신약 시대의 최대 수혜주는 초기에는 한미약품이었다. 이후 각 분야의 1등주는 표적항암제(가장 편리한 항암제)인 에이치엘비, 바이로메드, 셀트리온이다. 이미 고령화 시대가 예고되었고 그 부분이 중요하다고 판단했으면 이런 1등주를 사놓고 가만히 있어야 했다. 2015년도 이전 그 당시에는 에이치엘비가 1등주가 될 것을 몰랐을 것이다. 하지만 2015년에 알게 되었다고 해도 그때라도 2만 원에 샀거나 최고가 4만 원에 샀다 해도 수익이 4~5배가 되었을 것이다. 평균적으로 수년 동안 만 원대에 있었다가 1년 안에 15배 오른 것이다. 돈이 생길 때마다 이런 주식을 사 모았다면 인생역전했다고 말할 수 있다.

알파고가 출연한 2016년 봄 인공 지능 시대의 최대 수혜주 1등주는

SK하이닉스와 삼성전자였다. 이때부터 자동차의 전기 장치화, 전기 부품화가 시작된다. 우리가 가지고 다니는 스마트폰처럼 자동차가 큰 스마트폰화되는 시대가 될 것이다. 자동차 내부에서 인터넷이 가능하고, 유튜브가 나오고, 이런 식으로 점점 더 스마트폰화되어 가고 있다. 그렇다면 이런 시대에 최대 수혜주는 무엇일까? 자동차가 스스로 생각하고 움직여야 하기 때문에 이때 필요한 것은 바로 반도체 기술이다. 특히 아날로그 반도체가 직접적으로 수혜를 입을 것이다. 쉽게 말해 아날로그 반도체는 로봇의 머리 역할을 한다. 아날로그 반도체 회사는 텍사스 인스트루먼츠이고, 대표적인 자동차 반도체 팹리스(반도체 제조 공정 중 설계와 개발을 전문화한 회사) 회사는 보쉬라는 기업이다.

모빌아이는 자율주행 기술을 많이 가지고 있는 선도 기업이다. 그 다음 PMIC 전력 반도체는 전기 자동차, 전기 부품, 전기 장치에 들어가는 필수 반도체다. 큰 자동차 안에 전기 부품이 스마트폰보다 수십 배 수백 배 많이 들어갈 것이다. 전기 부품에 가장 중요한 것은 전력 관리로, 그만큼 PMIC 전력 반도체의 역할이 중요하다. 전력을 얼마나 안정적으로 공급하는가에 따라 부품의 수명이 달라진다. 그리고 MLCC(적층세라믹 콘덴서)는 전기를 공급하고 배분하는 역할을 한다. 아주 중요한 것이다. 자율주행 시대가 오면 MLCC는 없어서 못 파는 상황이 될 것이다. 아날로그 반도체도 마찬가지다. 앞으로 아날로그 반도체 수요가 폭발한다는 근거다.

이제는 4차산업혁명 시대다. 그렇다면 최대 수혜 산업은 4차산업혁명의 핵심인 반도체, 5G통신, 솔루션이다. 4차산업의 인프라가 바로 데이터 센터다. 데이터 센터와 사물을 연결하는 것이 통신이고 사물이 연산을 하고 계산을 하는 것이 비메모리 반도체다. 또한 이 기술의 핵심은 무선이다. 즉, 4차산업은 전기가 와이어(선)로 연결되지 않는 것이 특징이다. 자체적으로 전기를 공급해야 한다는 말이다. 따라서 배터리 산업이 이 시대의 핵심이 될 것이다. 4차산업혁명의 심장 역할을 하는 것이 바로 배터리 산업인 것이다

4차산업혁명 시대의 최대 수혜 산업

미국의 4차산업혁명 시대를 이끌 기업은 페이스북, 아마존, 애플, 넷플릭스, 구글, 즉 FAANG 기업이다. 우리나라에 4차산업의 수혜주가 별로 없다. 우리나라 산업 자체는 한계가 있다. 시스템 통합도 우리나라 안에서 이루어지기 때문에 세계로 뻗어가지 못하는 것이다. 네이버의 주가가 오르지 않는 이유가 무엇일까? 우리나라에는 네이버와 카카오가 있다. 카카오는 여러 가지 신사업을 하고 있다. 기업이 성장하는 데 훨씬 더 좋을 수 있다. 그래도 주가에는 한계가 있다. 국내에서만 한정적으로 팔면 한계는 분명 있다. 지금은 성장하고 있기 때문에 괜찮지만 10년도 못 가서 다른 나라 업체와 생존 경쟁을 해야 하는 처지가 될 것이다.

현재 해외에 진출할 수 있는 대한민국 1등 산업은 배터리 산업밖에 없다. 현재 생산량으로 세계 1등은 아니지만 기술력은 1등이다. 그러나 2020~2021년부터는 세계 1등이 될 수밖에 없을 것으로 보인다. 지금 전기차 판매 비중의 세계 1등은 중국이다. 배터리, 드론, 로봇도 중국이 1등이다. 국내에서 배터리 산업 분야 1등 기업은 완성품을 제조하는 배

터리셀 업체인 삼성SDI이다. 왜? 주가 상승률 측면에서 그렇다. 고민할 것이 없다. 대형주를 고민 없이 사겠다는 분들은 삼성SDI를 사면 된다. 왜 거기에다 LG화학이나 SK이노베이션을 더 사는가? 이것도 사고 저것도 사면 과욕이고 허송세월의 연장이 될 수밖에 없다. 배터리 시장이 10배 성장하여 30%의 비중으로 매출이 10배 상승한다면 당연히 전사 기

2018. 06. 18   **장기 투자 적합 기업**

▶ **탐방보고**

양호한 체력 VS 공격적 투자: 연결기준 매출은 사료 35%, 식육 38%, 양돈 18.6%, 육가공 8%로 구성된 것으로 추산한다(내부매출 제거전). 사료 매출은 다시 소 33%, 돼지 67%로 구성되며, 국내 연간 생산량은 63만톤 수준이다(내부 50%, 외부 50%). 2015년 확대된 종돈(500두) 돼지 출하 증가와 사료 매출로 연결되는 시점은 2019년 하반기가 될 것이다. 종종돈 확대로 늘어나는 사육두수는 24만두 수준이다(500두 X 4 X 6 X 20 => 24만두). 내부 사료 판매량 증가는 연간 11.5만톤 (17년 판매량의 26%수준)이며, 이에 따른 매출 증가는 판가 동일 가정시 780억원 규모로 추정한다. 이지바이오나 팜스코 처럼 돼지 농장을 직접 매입해서 운용하지 않고 있기 때문에 투자비용이 적고, 질병 이슈 등에 대한 리스크가 상대적으로 낮다. 높은 내부 사료 매출 이익률을 감안시 늘어나는 매출은 사료부문 평균 마진율(11.2%) 이상의 영업이익률을 기록할 것이다.

동사는 현재 양질의 사료 공급능력, 양질의 종종돈~비육돈 사육 노하우 등을 기반으로 한국에서와 같은 수직계열화 방식으로 미얀마, 베트남, 필리핀, 인도 등에서 사업 영역을 확장하고 있다. 중국을 제외할 경우 해외에서의 안정적인 성장은 지속될 것으로 판단한다. 식육 부문의 경우 양돈 사육 두수 증가 등으로 매출이 성장하고 있으나 영업이익을 기준 -2%수준의 적자를 지속할 것으로 추정한다. 양돈 부문은 선진한마을, 제일종축, 유전자원 등 우량한 양돈자회사들이 16년부터 연결기준 실적에 포함되기 시작했고, 양돈 계열화 과정에서 안정적 성장을 지속할 것으로 판단한다. 우량한 기술력과 돼지 사육 부문의 경쟁력, 해외 확장 가능성은 긍정적이지만, 그룹 차원의 양돈자회사 인수, 대여금 증가, 육가공 공장 투자, 인도 사료공장 투자 과정에서의 자금소요가 컸고(지금도 진행중) 이에 최근 대규모 증자를 실시했다는 점을 예의 주시할 필요가 있다.

Investment Fundamentals (IFRS연결) (단위: 십억원, 원, 배, %)

FYE Dec	2013	2014	2015	2016	2017
매출액	522	595	603	645	817
(증가율)	NA	14.0	1.3	7.0	26.7
영업이익	28	27	28	42	55
(증가율)	NA	-3.6	3.7	50.0	31.0
지배주주순이익	29	24	19	32	53
EPS	1,641	1,316	1,076	1,766	2,879
PER (H/L)	7.5/3.6	14.5/8.4	15.2/10.3	8.1/6.6	7.1/4.2
PBR (H/L)	1.5/0.7	2.0/1.2	1.5/1.0	1.4/1.1	1.5/0.9
EV/EBITDA (H/L)	8.2/4.5	13.4/8.7	11.5/9.0	9.3/8.5	8.4/5.1
영업이익률	5.4	4.5	4.6	6.6	6.7
ROE	20.2	15.1	10.8	16.8	21.0

Stock Data

52주 최저/최고	14,200/19,867원
KOSDAQ /KOSPI	875/2,469pt
시가총액	3,983억원
60日-평균거래량	44,743
외국인지분율	12.8%
60日-외국인지분율변동추이	+0.1%p
주요주주	제일홀딩스 외 3 인 50.0%

(천원)   — 선진(좌)   — KOSPI(지수-대비)(우)   (pt)

주가상승률	1M	3M	12M
절대기준	7.7	7.4	-12.5
상대기준	8.1	8.0	-16.4

준으로도 300%의 매출이 증가한다. 그러면 전체 매출은 4배 정도 늘어난다.

앞으로 2025년까지의 배터리 산업은 기본적으로 5~10배가 성장할 것이다. 2030년까지 전기차 시장은 30배(자동차 내 전기차 비중 30%)가 커질 것으로 보인다. 2015년 대비 30배가 커지니까 수혜를 입는 기업의 매출이 30배 늘어날 것이다. 삼성SDI의 경우 산업이 30배가 성장하면 전체매출은 기본적으로 10배가 늘어나게 된다. 그러면 삼성SDI 주가는 기본적으로 최소 10배에서 최대 30배까지 올라가게 된다. 이렇게 그 산업의 성장을 감안해서 수혜 기업의 매출이 얼마나 늘어날지를 예상한 후 주가를 예측하는 것이 장기 투자에서 중요하다. 주식은 신도 모른다는 말이 있다. 맞는 말이다. 하지만 신도 모르는 주가를 똑똑한 전문가는 알 수 있다. 내가 모른다면 전문가 말을 알아들을 수 있는 정도라도 공부를 해두어야 한다.

장기 투자에 적합한 기업을 분석할 때는 애널리스트의 시각을 그대로 받아들이지 말고 재평가해봐야 한다. 이지바이오 관련 보고서를 보면 사업부가 다양하고 장기 투자에 적합한 기업이라는 평가가 나온다. 장기 투자라고 하니까 매수하여 장기간 들고 가야 한다고 판단할지 모른다. 자, 이제 지금까지 설명한 필자의 장기 투자 전략을 적용해보자. 우선 시대의 흐름에 맞는가? 장기 투자를 하려면 시대의 흐름에 맞아야 한다고 했다. 아이들이 줄어드는데 돼지고기, 닭고기가 잘 팔리겠는가? 수요가 줄면 매출이 늘지 않는다. 오히려 줄어들 것이라는 결론을 내야 할 것이다. 그렇다면 이 종목은 장기 투자할 게 아니라 매매해야 할 종목이라는

한국가스공사(036460)

매수(유지) / TP: 62,000원(유지)

주가(4/16, 원)	48,960
시가총액(십억원)	4,519
발행주식수(백만주)	92
52주 최고/최저가(원)	53,700/40,600
일평균 거래대금(6개월, 백만원)	10,458
유동주식비율(%)	44.1
외국인지분율(%)	10.6
주요주주(%) 대한민국정부(기획재정부)외 1 인	46.6
국민연금	8.2

	매출액 (십억원)	영업이익 (십억원)	순이익 (십억원)	EPS (원)	증감률 (%)	EBITDA (십억원)	PER (배)	EV/EBITDA (배)	PBR (배)	ROE (%)	DY (%)
2016A	21,108	998	(613)	(7,043)	NM	2,615	NM	11.5	0.5	(6.3)	–
2017A	22,172	1,034	(1,205)	(13,802)	NM	2,749	NM	10.2	0.5	(14.0)	–
2018F	24,280	1,250	480	5,476	NM	2,741	8.9	10.8	0.5	6.0	1.5
2019F	26,522	1,352	545	6,217	13.5	2,861	7.9	10.7	0.5	6.4	1.7
2020F	25,498	1,439	597	6,809	9.5	3,044	7.2	10.4	0.5	6.7	1.7

주: 순이익은 지분법적용 순이익

PNG 사업, 장기투자 매력 부각

주가상승률	1개월	6개월	12개월
절대주가(%)	4.0	11.8	6.8
상대주가(%p)	5.5	12.5	(8.5)

주가추이

남북러 PNG 사업 재조명: 최근 대북제재 완화 가능성이 높아지며, 수면아래로 가라앉았던 남북러 PNG(Pipeline Natural Gas) 도입사업이 재조명되고 있다. 정부는 2000년대 중반부터 사업을 추진해 왔으나 13년 북한의 핵 실험 이후 사업이 사실상 중단된 상황이다. 향후 대북제재 완화가 현실화 된다면, 남북러가 경제/정치적으로 이득을 얻을 수 있는 PNG 도입사업은 경제협력의 첫 번째 논의 대상이 될 것이다. 또한 이 사업이 에너지 안보 확보라는 중요성을 띤다는 점에서, 가스공사 주도하에 진행될 가능성이 크다.

설비투자 규모를 확대할 근거: 올해 말 사업 추진에 관한 MOU 체결 가정 시, 러시아 PNG는 2026년부터 순차적으로 종료되는 인도네시아, 말레이시아, 예멘 등의 약 5백만톤의 기존 장기 LNG도입계약 물량을 대체할 것으로 보인다. 그리고 2022년부터 약 34억불의 건설비용 중 상당부분은 가스공사의 설비투자로 진행될 가능성이 높다. 현재 PNG 도입여부와는 무관하게, 저장비율 20%를 목표(에너지 안보 차원)로 제 5기지 건설 등 생산기지 확장이 진행 중이다. 게다가 PNG 도입까지 확정되면, 가스공사의 요금기저 확대에 따른 보장이익 증가세는 향후 10년간 계속될 가능성이 높다.

해외 E&P 기여 시작된다: 이미 2020년까지 국내 보장이익의 가파른 증가는 확정됐으며(표 32), 작년 대규모 손상인식으로 현 유가 수준에서는 해외사업에서 의미 있는 이익 창출이 가능한 상황이다(표 31). 최근 정부는 과거 수급계획과는 달리 우리나라 천연가스 수요가 다시 늘어날 것으로 전망해(13차 천연가스수급계획), 천연가스의 안정적인 도입, 가격 다양화 등을 담당할 가스공사의 역할이 강화될 전망이다. 우호적 가스정책에 따른 국내 사업의 안정적인 이익 증가, 그리고 유가상승에 따른 해외 E&P 가치상승, 이미 손상을 반영한 프로젝트의 환입 가능성을 고려하면 주가 상승 추세는 이어질 전망이다. 매수의견과 목표주가 62,000원 유지한다.

것이다.

앞으로 경기가 더 안 좋아지고, 저성장 국면이 지속되면 가스 소비도 줄 것이다. 따라서 가스 가격은 내려갈 것이다. 그런데도 관련 보고서들을 보면 가스 산업이 장기 투자에 적합한 종목이라고 한다. 그 이유는

에이치엘비 (028300)

내년 이후 기업가치 레벨 업 예상

◎ 결론 : 시장성 높은 표적항암제를 개발하는 바이오벤처 LSKB를 자회사로 보유하고 있고, 본업 실적 턴어라운드로 내년 이후 기업가치 레벨업 예상

◎ 회사개요
〉〉 주력사업 : 구명정제조, 해양용 및 육상용 유리섬유파이프 제조
〉〉 신성장 바이오사업 자회사 보유 : 인공간(라이프리버 지분율 49.8%) 및 표적항암제(미국 비상장 바이오벤처 LSKB, 지분율 23.7%)
〉〉 회사 연혁 : 2005년 라이프코드인터네셔널(제대혈사업)로 우회상장

◎ LSKB의 표적항암제 Apatinib의 시장잠재력 커
〉〉 LSKB사는 표적항암제 Apatinib의 유럽, 일본, 중국을 제외한 글로벌 판권 보유. Apatinib은 현재 전세계적으로 7조정도 팔리고 있는 항체의약품 Avastin과 같은 Selective VEGFR-2 Inhibitor(Anti-angiogenesis, 신생혈관 억제제)계열. Avastin은 고분자단백질의약품으로 원가부담이 크고, 주사제인 반면 Apatinib은 경구용이면서 화학합성의약품으로 원가경쟁력 우수하고 다양한 암종(위암, 간암, 비소세포폐암, 기도암 등)에 적용 가능하고 부작용이 적다는 장점을 갖고 있음
〉〉 금년 11월에 Apatinib의 중국판권을 보유한 Hengrui사가 CFDA(중국 식약청)로부터 위암치료제로 신약허가를 획득하고 2014년 하반기초 개최된 ASCO(미국 임상종양학회)에서 베스트과제로 선정, 객관적인 시장성 입증
〉〉 Apatinib은 금년 하반기초부터 미국내 임상2상전기 30명 대상으로 임상2상 전기 진행중이며 위암, 간암, 폐암, 유방암, 기도암 등 5대 적용증에 대한 시험 예정. 임상2상 전기는 내년 상반기 완료될 것으로 보이며 다국적사 기술수출 가능성도 높아

◎ 마진 높은 유리섬유파이프(육상용, 해상용)의 매출비중 확대로 금년에 흑자전환 예상
〉〉 2013년 국내 최초 유리섬유 파이프, 해양용 선박 국제 선급인증 획득, 아메론사가 독점했던 시장 신규로 진출.
〉〉 해상용보다 상대적으로 품질인증이 수월한 육상용 신규수주, 금년 하반기 이후 매출 본격 발생. 보령LNG터널사업(1조짜리 공사, SK건설, GS건설 공동프로젝트, 파이프라인 동사), 하반기 100억 매출. 내년 300~350억 2차 신규 수주 예상
〉〉 금년 매출 400억원에 영업이익 소폭 흑자전환 예상. 이는 마진 높은 유리섬유파이프의 신규 매출 발생에 기인

남북 러시아 LNG 사업이 재조명되고 있고, 설비 투자 확대의 근거도 있어 장기 투자의 좋은 기회라는 것이다. 따라서 이 보고서는 한국가스공사를 평가하면서 매수 유지, 목표가 6만 2,000원을 제시하였다. 하지만 분석해보면 3~4만 원대에서 50%의 수익을 내기 위해서라면 투자할 수 있지만, 원천적으로 소비가 많이 늘지 않을 것으로 보인다. 현재 실적이 좋더라도 향후 지속적으로 개선될지는 생각해봐야 한다. 그냥 보고서를 읽고 무조건 따라해서는 안 된다는 말이다.

에이치엘비 보고서

작성일	투자의견	제목
10/01/15		에이치엘비(028300) (요약)기업탐방: 간이식을 대체할 만한 세포치료제 기술 보유(bio artificial liver)
10/01/15		에이치엘비(028300) 기업탐방: 간이식을 대체할만한 세포치료제 기술 보유(bio artificial liver)
13/04/10		에이치엘비(028300) 자회사 현대라이브보트의 성장 기대
14/12/01		에이치엘비(028300) 내년 이후 기업 가치 레벨 업 예상
15/01/14		에이치엘비(028300) 경구용 표적 항암제 '아파티닙'에 투자할 수 있는 유일한 대안
15/09/17		에이치엘비(028300) 바이오포럼 및 IR 후기: 표적항암제 '아파티닙' 글로벌 3상 임상 가시화
17/02/01		에이치엘비(028300) 자회사 LSKB의 항암제 개발에 관심 주목
17/06/20	Not Rated	에이치엘비(028300) 아파티닙, 미국 희귀의약품 지정의 함의
18/03/21	Not Rated	에이치엘비(028300) 글로벌 블록버스터(1조 매출) 신약이 한국에서 나온다
18/03/26	강력매수	에이치엘비(028300) 무엇을 상상하든 그 이상이 될 것
18/04/09	강력매수	에이치엘비(028300) 올해 최고의 주식은 분명 에이치엘비가 될 것
18/04/16	Not Rated	에이치엘비(028300) 중국 회사 판매실적이 이정표
18/05/14	강력매수	에이치엘비(028300) NDR 후기: 불확실성은 점차 해소될 것
18/06/07	강력매수	에이치엘비(028300) ASCO에서 찾은 아파티닙의 높은 가치

과거의 에이치엘비 보고서를 읽어보면 2014년 이후에 기업 가치의 레벨업이 예상되고, 자회사인 LSKB의 지분율이 늘어날 것이라고 말한다. 그리고 에이치엘비의 주력사업이 신약 개발인데, 표적 항암제의 시장 잠재력이 아주 크다고 나온다. 주식은 2,000원에서 4~5,000원, 9,000원에서 7,000원, 벌써 바닥 대비 5~8배에 올라왔다. 1,000원짜리가 9,790원을 찍고 다시 7,000원대로 갔다. 이후 2015년도 만 원 이상으로 본격적인 상승을 하기 시작했다. 1,000원짜리 주식이 9,000원에 왔으니 너무 많이 올랐다고 생각할 것이다. 그런데 뚜렷한 실적이 없다. 하지만 에이치엘비는 경구용 표적 항암제에 투자할 수 있는 유일한 종목이고 이 분야의 1등이다. 아주 편리한 경구용 항암제가 현실이 될 가능성

이 높다. 이런 보고서를 읽었다면 에이치엘비에 장기 투자할 생각을 해야 한다. 시대의 흐름에 맞는 주식을 이렇게 찾아야 한다.

일진머티리얼즈 보고서도 살펴보자. 2015년 2월 "고목나무에도 꽃은 핀단다, 하반기를 기다리며" 등의 제목을 단 보고서를 볼 수 있었다. 2015년 6월, 7월에 대형전지 수주가 필요하다는 이유로 주가가 좋지 않았다. 대형 전지 수주를 했지만 11월에도 발표가 되지 않았다. 그리고 중국 1등 BYD에 납품이 정해지면서 주가가 상승한다. 삼성SDI의 경우 전기차 배터리 대형전지 비중이 가장 높다. 그럼 삼성SDI에 납품을 가장 많이 하는 회사가 어디인지 찾는 것이 중요하다.

스마트폰에 카메라가 들어가면 삼성전자의 가장 큰 협력업체가 어디일까를 생각해보았을 때 파트론을 찾을 수 있었던 것처럼 똑같은 구조로 찾아내야 한다. 2차 전지 동박 글로벌 1위 중국 전기차의 고성장 수혜라고 나온다. 2015년도 11월에 주가는 벌써 많이 올랐다. 이 시장이 어떻

		일진머티리얼즈 보고서
작성일	투자의견	제목
15/02/24	매수유지	일진머티리얼즈(020150) 고목나무에도 꽃은 핀–단–다
15/05/11	중립	일진머티리얼즈(020150) 하반기를 기다리며
15/05/19		일진머티리얼즈(020150) 중장기적인 관점에서 실적개선 전망
15/06/04	중립	일진머티리얼즈(020150) 대형전지 수주가 필요하다
15/11/17	중립	일진머티리얼즈(020150) 아쉬운 자회사 실적 (요약)
15/11/17	중립	일진머티리얼즈(020150) 아쉬운 자회사 실적
15/11/19	매수	일진머티리얼즈(020150) 삼성SDI의 숨은 조력자
15/11/25		일진머티리얼즈(020150) 전기차 시장 성장의 수혜 가능할 듯
15/11/30	강력매수	일진머티리얼즈(020150) 이차전지 동박 글로벌 1위. 중국 전기차 고성장 수혜 본격화!
15/11/30	중립	일진머티리얼즈(020150) 이차전지 성장 가능성 vs 자회사 리스크

작성일	투자의견	제목
16/01/04	매수	일진머티리얼즈(020150) 중국 전기차시장 성장 최대 수혜주
16/02/23		일진머티리얼즈(020150) 성장세는 확실하다
16/03/07	매수	일진머티리얼즈(020150) RESET (요약)
16/03/07	매수	일진머티리얼즈(020150) RESET
16/04/18		일진머티리얼즈(020150) 이차전지용 동박의 성장판이 열린다
16/09/27	Not Rated	일진머티리얼즈(020150) 역풍에서 순풍(Tail Wind)으로
16/10/04	매수	일진머티리얼즈(020150) 전기차 시대의 개막, 일렉포일이 부족해!
16/10/10	Not Rated	일진머티리얼즈(020150) Full Capa로 실적 턴어라운드 가속화 될 듯
16/10/19	매수유지	일진머티리얼즈(020150) 6년 3분기 실적 Preview
16/11/01	매수유지	일진머티리얼즈(020150) 일렉포일 부문 글로벌 최고 기업, 실적 성장은 지속
16/11/08	매수유지	일진머티리얼즈(020150) 일렉포일 부문 글로벌 최고 기업, 실적 성장은 지속
16/11/15	매수유지	일진머티리얼즈(020150) 본 사업에 대한 확신이 필요한 시점 (요약)
16/11/15	매수유지	일진머티리얼즈(020150) 본 사업에 대한 확신이 필요한 시점
16/11/24		일진머티리얼즈(020150) [종목 한눈에 보기] 펀더멘탈 대비 너무 빠지긴 했다
16/12/01	매수	일진머티리얼즈(020150) xEV 배터리 시장 확대에 따른 성장 지속
16/12/02	매수유지	일진머티리얼즈(020150) 성장성 확보가 필요한 시점
16/12/05	매수유지	일진머티리얼즈(020150) 전기차 부문 성장성 훼손 없을 것으로 예상
16/12/23	매수유지	일진머티리얼즈(020150) 미래가 엿보이는 2가지 희소식
17/01/02	Not Rated	일진머티리얼즈(020150) Full Capa로 실적 턴어라운드 가속화 할 듯
17/01/17	매수유지	일진머티리얼즈(020150) 16년 4분기 실적 Preview
17/02/02	매수유지	일진머티리얼즈(020150) 전기차에 PCB용 동방 이익률까지 개선 추세
17/02/06	Not Rated	일진머티리얼즈(020150) 실적호전 모멘텀
17/03/20	Not Rated	일진머티리얼즈(020150) 실적 개선세 지속될 듯
17/04/03	매수유지	일진머티리얼즈(020150) 안정적인 이익 성장 돋보일 것
17/04/12	매수유지	일진머티리얼즈(020150) 17년 1분기 Preview
17/04/17	Not Rated	일진머티리얼즈(020150) 실적 개선세 지속될 듯
17/05/02	매수유지	일진머티리얼즈(020150) 안정적인 이익 성장 돋보일 것
17/05/11	매수유지	일진머티리얼즈(020150) 전기차에 PCB 업황까지 쌍끌이 호황
17/05/25	매수유지	일진머티리얼즈(020150) 전기차 부문의 성장은 이제 시작일 뿐
17/06/01	보유	일진머티리얼즈(020150) 전기차의 성장과 함께 성장
17/06/19	Not Rated	일진머티리얼즈(020150) 실적 개선세 지속 될 듯
17/07/11	보유	일진머티리얼즈(020150) 17년 2분기 Preview
17/08/14	매수유지	일진머티리얼즈(020150) 증설 감안해 목포주가 상향
17/08/17	매수	일진머티리얼즈(020150) 필수불가결!
17/09/25	Not Rated	일진머티리얼즈(020150) 유상증자 이후

게 커지는지 분석해야 한다. 향후 1등이 될 산업을 찾고, 그중에서도 1등주가 무엇인지 계속 찾아야 한다. 즉, 보물을 찾기 위해서 끊임없이 공부를 해야 하는 것이다. 이렇게 하다 보면 일진머티리얼즈라는 보물 주식을 찾을 수 있다.

일진머티리얼즈는 1만 5,000원에서 2016년 봄에 1만 1,000원까지 내려오기 시작한다. 2016년부터 전기차 산업은 어떻게 바뀌어 갈까? "역풍에서 순풍으로 전기차 시대 개막 일렉포일이 부족해"라는 제목의 '개막'이라는 단어에 주목할 필요가 있다. 2016년 10월 주가는 1만 7,000원, 1만 9,000원까지 올라갔다. 주가는 바닥에서 3배나 올랐다. 주가가 3배 올라온 상태일 때 전기차 시장은 아직 개막도 하지 않은 상태였다. 전기차 산업이 경쟁력이 있는지, 세계적으로 성장할 수 있는지를 찾아봐야 한다. 분석이 필요하다. 2017년도 1월에 "풀케파로 실적 턴어라운드 가속화될 듯"이라는 제목의 보고서를 보고 100% 믿으면 안 되겠지만 시장이 어떻게 확대되고 있는지를 파악해야 한다. 1만 1,000원이었던 주식이 2017년 7월에는 4만 5,000원대로 올라간다. 2017년 1월 트럼프 때문에 많이 빠졌을 때 필자는 방송에서 트럼프도 시대의 흐름을 막을 수 없다고 강력하게 주장했다. 미국 단독으로는 시대의 흐름을 막을 수 없다고 강조했다. 그 당시 필자 혼자만 유일하게 전기차 배터리 주식에 장기 투자해야 한다고 설파했었다. 그때 장기 투자에 대한 공부를 하면서 전기차 배터리의 성공 가능성을 알아들었다면 어떤 선택을 했을지 생각해보라. 시대의 흐름을 공부하는 것이 그만큼 중요하다.

아무리 설명해도 주가가 움직이지 않으면 대중 투자자는 믿지 않는다.

그런데 주가가 오르면 올라서 비싸다고 한다. 고점 6만 원대를 찍고 현재는 조정받는 중이지만 지금도 비싸다고 생각하는 투자자들이 대다수다. 즉, 현재 가격만 보고 판단하고 있는 것이다. 만약 나중에 100배가 되면 이제 확실하겠구나 생각할 것이다. 그러나 그때 사면 더 이상 큰 수익은 나지 않는다. 삼성전자도 마찬가지였다. 늘 고평가라고 비싸다고 했다. 1997년 IMF때 3만 원대에도 비싸다고 했다. IMF 당시 삼성전자가 3만 5,000원일 때 2만 8,000원 이하로 빠지지 않을 것을 분석한 후, 필자는 업계 6개사 자산운용 회의에서 삼성전자를 강력 매수하자고 강조했었다. 그때부터 추세 상승하기 시작했다. 주식은 가격을 보는 것이 아니라 시대를 보는 것이 중요하다.

수년 안에 하나의 시대를 열 산업이라면 시설 증설을 한 번만 하고 끝나지 않는다. 메디톡스 같은 기업이 시설 증설을 고작 몇 번만 하고 말았을까? 그렇지 않다. 5년 이상 끝없이 시설을 증설했다. 시설 증설을 한다는 것은 산업이 크게 성장한다는 것이고 수주가 계속 들어온다는 것이다. 전기차 배터리 산업은 아직 시작하지도 않았다고 해도 과언이 아닐 것이다. 일진머티리얼즈는 2017년 9월 유상증자를 했다. 유상증자는 엄청난 기회다. "시장 성장에 비례하는 동박수요"라는 말은 시장이 30% 성장하면 이 시장도 30% 성장한다는 얘기다. 왜? 글로벌 1등 기업이기 때문이다. 동박수요가 성장하기 때문에 이 회사도 30%의 성장을 한다는 것은 당연한 논리다. 투자를 할 때는 그 산업의 성장 수혜를 그대로 받는 회사를 찾아야 한다. 투자에 대한 공부는 이렇게 하는 것이다.

실전은
심리가 지배하는 시장

실전은 심리가 지배하는 시장

☑ 투자 기간보다 더 중요한 것은 매수와 매도의 근거(증거)다.
☑ 주식 투자 수익은 가치투자, 모멘텀투자, 장기 투자 등 투자철학으로 결정된다.
☑ 확신이 없다면 매수나 매도 등 투자행동을 하지 마라.

시대에 맞는 투자는 단기, 중기, 장기의 투자 기간을 말하는 것이 아니다. 투자 기간보다 더 중요한 것은 매수, 매도의 근거를 찾는 것이다. 주식 투자 수익은 투자 철학으로 결정된다. 가치 투자를 할 것인지, 모멘텀 투자를 할 것인지, 장기 투자를 할 것인지를 결정해야 한다. 지금은 가치 투자의 개념도 과거와는 많이 달라졌다. 과거에 생각했던 PER, PBR 등 가치 투자는 시대에 뒤떨어진 투자일 수도 있다. 이유는 지금 시대는 저성장 고착화 시대이기 때문이다. 하나의 전략도 시대에 따라서 조금씩 바뀐다. 과거에 있던 것을 그대로 고집하면 시대에 뒤떨어진 투자자가 되는 것이다. 시대에 뒤떨어진 가치 투자만을 고집한 펀드는 대다수 장기적으로 볼 때 수익률이 낮아져서 살아남지 못한다. 미국의 4차산업혁명 수혜주 FAANG에 속한 기업들은 전부 1년도 안 되어서 50% 급등했다. FAANG에 장기 투자를 했다면 고작 몇 배 수익에 팔까 말까를 고민하면 안 된다. 몇 배 정도의 수익이 난 상태에서 조정하더라도 지속 보유하다 보면 어느 날 복리 효과로 수익이 기하급수적으로 늘어나는 것을 보게 될 것이다.

가치 투자도 성장성이 전제되어야 한다. 모멘텀 투자는 대시세주 투자 전략대로 하면 되고, 장기 투자는 장기 투자의 전략대로 하면 된다. 아무것도 모르면서 가격만 보고 많이 올랐다고 매도하면 안 된다. 매도할 이유가 없다면 사고팔고 할 확신이 없다면 움직이지 않는 것이 더 현명하다.

장기 투자의 핵심 포인트

장기 투자의 핵심 포인트

☑ 1년 이상~3년 이내 투자 기간을 설정한 후 급락 시 추가매수를 감행한다.
☑ 이익 발생 시 기본 비중(50%)이 초과한 경우에는 초과분만큼의 본전
  (또는 익절)을 지킨다.
☑ 100% 내외 수익 시에는 원금을 인출할지 말지 분석해서 미리 결정해둔다.
☑ 장기 투자의 핵심 증거는 산업/실적 성장이 3년 이상 지속되어야 한다.
☑ 월봉이 기준이다.

수익을 내기 위해서는 1년 이상, 3년 이내의 투자 기간을 설정하여 급락 시 추가 매수를 감행해야 한다. 최소 1년, 기본적으로 3년을 보고 투자해야 하며 중간에 팔 기회가 생기면 팔아야 할 수도 있다. 이익 발생 시에 대출이나 여러 가지 이유가 있을 경우에는 기본 비중의 50%를 초과하여 초과한 비중만큼만 익절해도 상관없지만 아무 이유 없이 많이 올랐다고 팔고 다른 종목으로 갈아타면 안 된다. 100% 내외로 투자 수익이 생겼을 경우에는 원금을 인출할지 말지 분석해서 미리 세워놓은 전략대로 실행하기만 하면 된다. 장기 투자의 핵심은 산업 실적 성장이 3년 이상 지속되어야 한다는 것이다. 만약 일부 이익을 실현하고자 한다면 월봉을 참고해서 이익 실현 시기를 생각하면 된다.

기대주와 주력주의 차이

하나의 시대가 시작되는 시기에는 기대감이 있어 3년은 등락을 하면서 추세적으로 오른다. 3년 동안 오르지 않을 때도 있고 1년 만에 끝나는 경우도 있다. 하지만 새로운 시대가 열릴 때는 3년 동안 상승하다가 기대감이 실망으로 바뀌면 제자리로 내려간다. 실적이 아닌 기대감으로 올라간 주식은 고점에서 팔아야 한다. 그 다음 다시 하락했을 때 그중에 선별하여 다시 사야 한다. 2015년도 바이오주가 기대감으로 상승했으니 상승할 때 매도하고, 2016년도나 2017년도부터 다시 급락하여 내려온 1등주 중에서 다시 선별하여 매수해야 한다. 2015년도 바이오 시대가 본격적으로 시작될 때는 부실주도 올라갔다. 그리고 자산 가치가 높은 바이오 1등주, 신약 1등주, 줄기세포 1등주는 10배 상승했다.

2018년도에는 바이오와 제약주를 살 때 아무거나 사면 안 된다. 임상 3상이 끝난 상태에서 약품으로 출시 가능성이 높은 종목들의 경우 실적이 바로 나올 수 있고 끝없이 올라갈 수 있다. 제약, 바이오 전체가 한꺼번에 상승하지는 않는다. 왔다 갔다 하겠지만 대시세는 나지 않는다. 앞으로 차별화가 점점 더 심해질 것이다. 바이오주의 경우 실적(신약)으로 연결될 수 있는 주식만 좋다.

기대감이 실망감으로 바뀌면 주가는 제자리로 돌아간다. 시대는 천천히 오기 때문에 주가는 또 다시 낙폭과대, 실적의 기대감으로 상승한다. 실적이 나오지 않았을 경우에는 반등 파동이 온다는 것을 명심해야 한다. 실적이 나오기 시작하면 3년간은 본격적으로 오르기 때문에 장기 상승 파동에 들어가게 된다.

카카오 사례로 살펴보겠다. 카카오가 다음을 인수했다. 2006년도에 장기 투자 파동이 시작된다. 모든 IT는 2000년도 초까지 엄청 올라갔다가 이후 엄청 빠졌다. 빠지고 나서 기대감으로 잠깐 올라왔다가 6개월

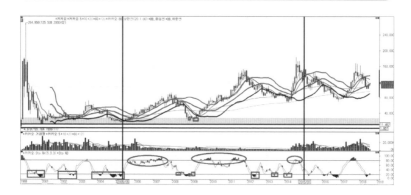

다음 카카오 장기 투자 사례

만에 바닥으로 다시 내려갔다. 횡보하다가 반등 파동이 오는데 그때는 기대감이 반영된 것에 불과하다. IT시대가 온 것도 아니고 실적이 받쳐준 것도 아니기 때문에 다시 내려와 파동상으로 조정 파동이 마감되었다. 그 다음부터는 장기 상승 파동이 나온다. 장기 투자 종목이 여기서 선정되는 것이다. 카카오는 1등주로 선정할 수 있는 종목이었다. 1등이 될 주식이었다. 상승 고점을 뚫고 다시 가려면 실적이 나와야 하는데 실적이 나오지 않았다. 실적이 안정적으로 나온다면 이제 큰 파동이 나올 수 있지만, 사업은 많이 벌려 놓은 상태이고 앞으로 4차산업혁명의 수혜를 입어 실적까지 나온다면 그때 1등주가 되는 것이다. 그렇더라도 장기적으로 실적과 연동되는지를 체크해봐야 한다.

시대에 맞는 그런 장기 투자 종목에 투자해야 한다. 예를 들어보자. 배터리 주식은 전기차에 대한 기대감으로 올라갔다가 다시 빠졌다. 삼성 SDI도 마찬가지다. 이제 본격적인 장기 투자 종목에 들어갔다. 이것이 20년 동안 이어질지 30년 동안 이어질지는 모르겠지만 일단 장기 상승 파동에 진입했다. 배터리는 전기차에서 소비된다. 2055년까지 토요타가 해외 생산 550만 대를 전기차와 하이브리드로 바꾼다고 한다. 폭스바겐은 2025년까지 전기차를 500만 대 생산한다고 한다. 토요타는 수소차에 집중하다가 전기차로 바꿨다. 우리나라는 수소차에 주력하는 것처럼 보인다. 신문, 방송 등에서 수소차가 더 좋다고 한다. 토요타도 수소차에 집중하다가 전기차의 진입이 늦어져서 헤매고 있다. 전기차 분야는 오히려 중국이 더 활발하게 성장 중이다. 토요타도 제대로 예상하지 못한 것이다. 전기차가 자동차 시장에 30% 침투된다고 생각해보자. 2017

년 전기차 비중이 1% 정도이니까 향후 30%까지 비중이 늘어난다면 관련 산업도 30배 성장한다. 그렇다면 관련 산업 1등 수혜주는 기본적으로 30배 정도 주가가 상승할 것으로 예상해볼 수 있다.

주가는 과거 패턴이 반복된다. 과거 100배 주식과 100배 실적 등을 조사해보고 왜 그렇게 되었는지 분석해야 한다. 그런데 아직은 전기차 시대가 온다고 100%는 확신할 수 없다. 계획은 되어 있지만 실제로 양산이 잘 안 될 수도 있다. 만약 이대로 진행이 안 된다면 폭락할 것이다. 그러나 늦게라도 다시 전기차 시대가 온다면 다시 올라갈 것이다. 그래서 지금은 언제 한번 팔아주어야 할지를 생각하고 있어야 한다. 전기차 시대가 지금 당장 온다는 확신은 크지 않다. 글로벌 자동차 회사가 전기 자동차를 제대로 만들지 못하고 있기 때문에 2020년까지 지켜봐야 한다. 자동차 기득권을 거머쥐고 있는 글로벌 자동차 회사는 전기차 시대를 최대한 지연시키려고 할 것이다. 내연 기관차는 전기차 시대가 오면 M/S를 많이 뺏길 것이기 때문이다.

중국에서 전기차 시장이 계속 성장하니까 고성장할 것이라고들 말한다. 세계에 전기차 시장이 열리고 있는 것은 맞다. 하지만 우리나라도 전기차보다는 수소차에 눈을 돌리고 있고 일본의 토요타도 미국도 그렇게 전기차에 주목하고 있지 않다. 내연기관 자동차 강국들에게는 지금 이대로가 자신들의 사업에 유리한 것이다. 유럽의 폭스바겐은 전기차의 계획을 공격적으로 짜놓았지만 아직까지는 제대로 실행하고 있지 않다. 정말 전기차 시대가 빠르게 도래할지는 아직 알 수 없다. 하지만 전기차 시대는 엄연히 시작되고 있고 ESS시장도 확대되고 있어서 배터리 시대는 확실히 올 것으로 판단된다.

인생 동반주는 사기만 하는 것

> **인생 동반주의 핵심 포인트**
>
> ☑ 매수만 유효하다.
> ☑ 얼마나 많이 확보하느냐가 관건이다.
> ☑ 비중 축소 시작은 성장 말기 3년 전부터 매도 근거를 찾아라.
> ☑ 최초 투자 원금만 인출하면 그때부터는 절대 매도 금지
> ☑ 죽음이 갈라놓을 때까지 매도 이유가 없다면 보유
> ☑ 물론 산업 성장이 멈춘다든지 실적이 고점 찍을 것이 예상되면
>   (대폭등시기 출현 등) 그때 매도 전략을 세운다.
> ☑ 보유 기간 동안 차트는 무시한다.
> ☑ 삼성전자, 삼성SDI, 일진머티리얼즈

확실한 수익을 위해서는 매수만 유효한 주식 인생의 동반주에 투자하는 것이 가장 좋다. 인생 동반주를 얼마나 많이 확보하느냐가 관건이다. 이런 인생 동반주라도 비중 축소를 해야 할 때가 온다. 이때, 즉 성장 말기 또는 성숙기 진입 시기 3년 전부터 매도 근거를 찾아서 매도를 하면 된다. 최초 투자 원금만 인출하고 매도는 절대 금지다. 죽음이 갈라놓을 때까지 매도 이유가 없다면 보유하라는 워런 버핏의 말처럼 강력한 신념을 가져야 한다. 기본적으로 매수만 해야 하고 얼마나 많이 확보하는지가 장기 투자 성공의 관건이다. 인생의 동반주를 사면 왜 가지고 있어야 하는지 왜 매매하면 안 되는지를 공부해보고 실천해보면서 돈을 벌어봐야 주식이 재미있고 크게 성공하는 투자자가 될 수 있다.

워런 버핏의 성장 가치주와 성장 품절주

물론 산업 성장이 멈추거나 실적이 고점을 찍을 것이 예상되면 매도 전략을 세워야 한다. 주가 대폭등 시기가 출현한다면 당연히 팔아야 할 것이다. 보유 기간에는 차트를 무시해야 한다. 인생의 동반주나 장기 투자 종목은 차트를 보고 매매하는 것이 아니다. 내가 팔아야 할 이유가 있으면 팔고 사야 할 이유가 있으면 사면 된다. 또 가격에 상관없이 팔아야 될 이유가 있다면 그때 팔면 된다.

삼성전자 삼성SDI 일진머티리얼즈와 같은 주식은 고성장 해당 산업이 성숙기에 진입하기 전까지 사기만 해야 하는 주식이다. 그야말로 인생의 동반주다. 앞으로 2030년이 되면 전기차가 50% 이상이 될 것으로 보인다. 기존의 자동차에서 어느 순간 전기차로 전환되는 시점이 올 것이다. 인생의 동반주라고 하는 이유는 향후 산업이 최소 20% 이상 앞으로 5년 동안 최소 3배 이상은 성장할 것으로 보이기 때문이다. 메모리 반도체도 그렇고 비메모리 반도체도 연간 7% 정도밖에 성장하지 못한다. 고성장해봤자 10%대다. 20%의 고성장 산업은 거의 없다. 돈을 투자할 곳이 없기 때문에 고성장 산업과 10년 이상 성장할 수 있는 산업을 선택하는 것이다. 파급력이 큰 산업을 알아냈다면 돈 버는 것은 쉬울 것이다. 그래서 새로운 산업이 나타날 때 그것을 알아차릴 수 있는 것이 중요하다.

2018년도 11월 말에 개봉한 〈국가 부도의 날〉 영화를 본 사람들이 있을 것이다. IMF를 소재로 한 영화가 등장한다는 것 자체가 흥미를 끌기에 충분했다. 1997년 우리나라에 외환 위기가 오고 결국 국가 부도 사태라는 충격적인 뉴스가 전해졌다. 영화에서 유아인은 나라가 망하고 있다는 징조를 파악하고 사람들이 하지 않는 과감한 투자를 하기 위해 잘 다니던 회사에 사직서를 내고 국가 부도에 대비해 투자자를 구한다. 어쩌면 무모하고 과감한 투자일지 모르겠지만 확실한 근거, 확신에 찬 투자, 즉 위기를 기회 삼아 배팅하는 전형적인 투자 대가의 모습을 보여준다.

워런 버핏이 권유한 주식 투자는 기본 10년이다. 그는 10년 동안 보유할 주식이 아니라면 단 10분도 갖고 있지 말라고 한다. 언제 얼마에 팔 것이라고 생각하지 말라고 한다. 회사의 내재 가치가 만족스러운 속도로 증가할 것으로 기대되는 한 지금 가지고 있는 주식은 최소 연간 국채 수익률인 3% 이상 성과를 거둘 수 있기 때문에 주식은 영원히 보유할 수 있다고 한다. 배우자를 찾는 자세로 살 만한 주식을 찾아보고 한 번 매수하면 매수를 지속해야 한다고 한다.

늦었다고 생각할 수도 있겠지만 아직까지 늦은 것이 아니다. FAANG 기업은 앞으로 5년, 길면 10년 정도는 더 성장할 것이다. 그럼 장기 투자 종료 시점까지도 3~7년 정도 남았다. 베이비붐 세대가 은퇴하는 것이 5년 내외다. 새로운 산업, 성장하는 몇 개의 산업을 찾기만 하면 그 산업 내 1등 수혜주는 성장 품절주가 되는 것이다. 하지만 여러분의 입장에서 생각해보자. 지금 삼성SDI를 어떻게 사겠는가? 성장 품절주다. FAANG 기업은 또 어떻게 사겠는가? 일진머티리얼즈도 못 산다. 바닥 대비 많이 올라왔다고 여기기 때문이다. 성장 품절주는 어느 정도 가격이 오른 상태에서 살 수 있는 시기를 놓쳐버리면 비싸다는 생각 때문에 절대로 장기 투자로도 못 사게 된다. 아래에서 사고 위에서 팔고 싶은 심

워런 버핏의 성장 가치주와 성장 품절주

워런 버핏 "죽음이 갈라놓을 때까지" 보유

오마하의 현인 워런 버핏은 대표적인 장기투자가다. 버핏이 권하는 주식 보유 기간은 10년 이상이다. 그는 "10년간 보유할 생각이 없다면 단 10분도 보유하지 말라"고 말했다. 버핏은 "언제 얼마에 팔 것인가는 생각하지 않는다"며 "회사의 내재가치가 만족스러운 속도로 증가할 것으로 기대되는 한, 주식을 영원히 보유할 수도 있다"고 말했다.

피터 린치의 평균 보유 기간은 3~4년

살아 있는 전설이 된 피터 린치는 "내가 무언가를 보유한 다음에 수익의 대부분을 거둔 시기는 3~4년 뒤"라고 밝혔다. 린치가 가장 오래 기다린 종목은 제약 회사 머크의 주식이었다. 머크는 순이익을 연간 14%씩 늘리고 있었다. 그런데도 머크의 주가는 린치가 사들인 1972년 이후 1981년까지 약 9년동안 별로 오르지 않았다. 그러나 "펀더멘털이 유망하면 인내는 종종 보상을 받는다"는 린치의 믿음이 결국 실현됐다. 머크의 주가는 1981년 이후 5년 동안 4배로 뛰었다.

짧은 매매, 개인투자자의 큰 약점

버핏이 권하는 주식 보유 기간은 일반투자자에겐 너무 길다. 린치의 종목 투자 기간도 상당히 긴 편이다. 국내 개인 주식투자자가 주식을 들고 있는 평균 기간은 3개월 이내가 가장 많은 것으로 알려졌다. 금융투자협회가 설문 조사한 결과 국내 개인투자자의 33%가 주식을 1~3개월 보유한다고 대답했다.

보유 기간은 매매 타이밍과 함께 주식 투자의 수익을 좌우하는 주요 변수다. 개인투자자가 주식 투자에 실패하는 원인 중 하나는 좀처럼 기다리지 못한다는 것이다. 개인투자자들 중 상당수는 주가가 조금 오르면 차익을 실현한다. 주가가 큰 폭 떨어지면 손절매한다. 이런 매매 형태로는 자산의 규모를 기껏해야 유지할 뿐이다.

리 때문이다. 비중도 많이 넣지 못한다. 매수 단가가 높으면 불안해서 계속 매매하게 되는 투자자들이 대부분이다. 따라서 어떤 경우에서든 확실한 장기 투자의 전략을 가지고 가야 한다. 최고의 펀드 매니저 피터 린치의 평균 주식 보유기간은 3~4년이다. 짧은 매매는 개인 투자자들이 잘하는 매매형태다. 그들은 적은 돈으로 빨리 수익을 내고 싶어 한다. 평생 같이 살아가는 배우자와 잘 맞으면 세상에서 가장 행복한 사람이듯이 투자자에게도 그런 주식을 찾는 것이 가장 중요하다. 결혼할 주식을 찾아 잘 산다면 가장 행복한 투자자가 되는 것이다.

필자는 가격이 아니라 미래 가치를 보고 판단한다. 현재 가치가 아니라 최소 6개월 뒤의 가치, 수년 후 십 년 후의 미래 가치를 보고 주식 투자를 해야 한다. 미래 가치 중에 가장 중요한 것은 시대의 흐름에 맞는 주식, 즉 그 시대의 최대 수혜주를 찾아 투자하는 것이다.

거액자산가가 되고자 한다면 그 시대에 맞는 1등 산업 내의 1등 수혜주를 끝없이 매집해야 한다. 팔아야 할 이유가 있다면 그땐 매집해선 안 되고 비중을 줄여야 한다. 때로 1등 수혜주는 주가가 크게 올라갔을 때 올인하는 것보다 급락 시 집중 매수해야 한다. 즉, 주가는 고점을 반드시 돌파하기 때문에 조정 시 매수하는 것이 좋다. 원래부터 보유하고 있던 주식은 1등주를 사서 만일 일부를 고점에서 팔게 된다면, 팔아서 나온 자금으로 다른 계좌에서 매집해야 한다. 기존 계좌에서 매수하게 되면 단가가 높아지기 때문에 다른 계좌에서 매집하는 것이 심리적으로 안정될 수 있다. 장기 투자를 해보지 않으신 분들이 하기에 가장 좋은 방법인 것이다. 시대 흐름에 맞는 1등주에만 투자해도 돈이 모자란다. 1등 산업을 찾고 1등 주식을 찾으면 된다. 앞에서 말했던 배터리 산업뿐만 아니라 다른 종목을 찾았을 경우에도 같은 방법으로 고민하고 적용해서 투자하면 된다.

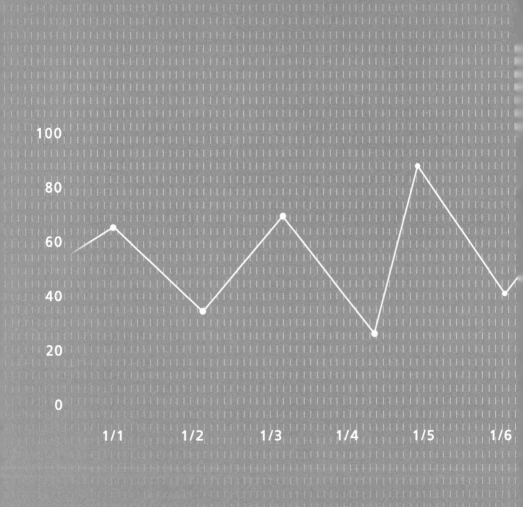

7부

장기 투자의
핵심 정리

인생은 장기 투자다. 장기 투자를 잘 한다면 성공한 인생이 될 수 있다. 목표 설정, 성공을 위한 굳은 신념, 끊임없이 노력하는 자세로 살다 보면 목표를 이루는 순간이 온다. 그러나 중간에 힘들다고 해서 게으름을 피우거나 잔꾀를 내다 보면 어느 순간 그저 그렇게 살아가고 있는 늙은 자신의 모습과 마주하게 될 것이다.

　주식도 인생과 마찬가지다. 거액자산가라는 목표를 세우고 진정성 있게 공부하고 실천하다 보면 10년, 20년 후에는 그렇게 될 수 있다. 장기 투자 3대 비법은 성공한 투자자가 되기까지 소요되는 기간을 줄여줄 수 있는 주식 투자법이다. 5~6년 만에 10배의 수익을 내는 성공적인 투자자가 되기 위한 장기 투자 전략의 핵심을 정리해보았다.

생각을 바꾸는
워밍업

현재 금융 자산이 20억 원 이상 있는가?

생각을 바꾸는 첫 걸음, 워밍업을 해보자. 20억 원이 있으면 지켜야 한다. 또한 20억 원 이상을 벌고 싶다면 목표에 대한 절실함을 가져야 한다. 대다수 수익을 못 내는 이유는 절실함도 없고 전략도 없고 알면서도 실천을 못해서 그렇다. 목표를 설정하고 전략을 수립해서 절실한 마음으로 실천(투자)해야 한다. 큰 수익을 낼 수 있다는 즐거운 마음과 장기적 안목으로 투자해야 한다. 새로운 목표를 세우고 실천하는 것은 매우 즐거운 일이다. 장기 투자로 수익이 생기면 이후에는 정말 즐겁고 행복한 투자 활동을 할 수 있게 된다. 놀면서도 수익이 생기는, 즉 돈이 돈을 버는 단계에 진입하는 것이다. 자신의 주식 중에 "정말 이 주식은 보면 볼수록 좋다. 더 사고 싶다"고 판단되는 주식이 있다면 그 주식이 장기 투자할 만한 최고의 주식이다. 장기 투자를 잘하기 위해서는 스스로 목표를 설정해야 한다. 장기 투자 종목을 얼마나 보유할지, 보유 기간이 어느 정도가 될지를 사전에 분석해내는 것이 중요하다. 수많은 주식 중에는 인생 동반주도 있을 수 있고, 인생의 역전주도 있을 수 있다. 목표를 설정해보자. 일단 목표를 10배로 설정한다. 1천만 원이라면 1억 원, 1억 원이면 10억 원, 100억 원이면 1천억 원 등의 목표를 설정한다. 여기서 만약 100억 원을 가지고 있다면 주식 투자로 1천억 원을 만드는 것은 아주 쉬울 수 있다. 1종목에 100억 원어치를 투자할 만한 종목, 그것도 장기 투자할 만한 종목은 몇 개 종목 이내로 압축되기 때문이다.

왜 그럴까? 이 종목, 저 종목 수많은 종목을 분석하고 검증해보지 않아도 된다. 코스피 100내에서 해야 한다. 투자금이 100억 원이 넘어 한 종목에 100억 원어치를 산다면, 코스피 200이 아닌 코스피 100 안에서 대형주 위주로 투자해야 한다. 장기 투자도 그렇지만 만약 100억 원을 가지고 장기 투자할 만한 한 종목을 사야 한다면 2018년 기준으로 삼성SDI를 추천한다.

삼성SDI를 어떻게 사야 하는가? 왜 사야 하는가? 이것을 알기 위해서 공부해야 한다. 승부를 걸 수 있을 만큼 알아들을 수 있을 정도의 지식이 필요하다. 100억 원을 다 사도 되는지 아니면 지금 20억 원, 50억 원만 매수하고 내려가면 추가 매수를 할지 여부는 전체 시장, 시세 흐름, 차트 등을 분석하여 본인이 판단해내야 한다. 목표에 대한 강력한 의지와 절실함은 투자 공부에 대한 끊임없는 열정을 만들어준다. 장기 투자가 얼마나 행복한 일인지 아는가? 장기 투자 종목으로 장기 투자를 실행해서 100%의 수익을 거두어 보았는가? 이런 경험은 주식에 대한 적절

한 접근법에 다가가는 데 도움이 된다.

현재 내 꿈을 실현시킬 만한 주식이 있는가?

자신의 주식 계좌를 살펴보고 생각해보아야 한다. 투자 원금에 이르면 팔까? 투자 원금까지 갈 수 있을까? 손절해야 하나 등의 생각이 들면 그동안 제대로 주식을 한 것이 아니라 도박 같은 주식을 한 것으로 인정해야 한다. 그걸 인정할 때 비로소 수익을 내는 주식 투자자로 거듭날 수 있다. 만약 평가손 난 주식을 기회라고 생각하고 더 사고 싶어진다면 그때 진정한 장기 투자자가 되는 것이다.

다음 사례는 필자의 투자클럽에 입문한 후 성공적인 투자자의 길을 걸어가고 있는 한 회원(닉네임 백두대감)의 주식 계좌다. 보이는 것처럼 전체 계좌 수익률은 101%, 3종목 중에 1종목의 계좌 수익률은 무려 184%에 비중은 50%, 나머지 종목도 수익을 내고 있는 중이다. 이 회원의 자산은 현재 3.3억 원인데 보유만 해도 앞으로 7억 원까지는 무난히

성공적인 투자 사례

계좌번호		계좌명	총장부금액	총평가금액	총평가손익	총수익률(%)
			167,877,052	337,975,000	+170,097,948	+101.32%
			30,152,414	40,317,000	+10,164,586	+33.71%

예수금	2,263,757	미수금	0	익일반대금	0	매매손익	0
D+1	2,263,757	총장부금액	167,877,052	총평가손익	+170,097,948	총수익률	+101.32%
D+2	2,263,757	총평가금액	337,975,000	신용/대출금	35,000,000	추정예탁	305,238,757

종목명	매입단가	현재가	대비	등락률	차트강도	보유수량	평가손익	수익률(%)
							+1,361,530	+3.04%
							+163,667,165	+184.24%
							+5,269,253	+15.37%

수익을 낼 수 있을 것으로 보인다. 그 시기가 한 달 후일지, 두 달 후일지, 1년 후일지 정확하게 날짜를 확정할 수는 없다. 하지만 미래 가치(실적 및 산업 성장 등)를 분석해본 결과 이 회원의 보유 금액은 최소 7억 원까지 올라갈 것으로 예상된다. 1억 원대의 자산이 7억 원이 되는 것이다. 여기서부터 진정 인생 역전의 단계가 제대로 시작된다. 돈이 기하급수적으로 늘어나는 단계가 되고, 이때부터 장기 투자의 마력이 작동되는 것이다. 남북경제 시대가 멀지 않았고, 경제통일 시대가 온다는 확신이 들었을 때의 상황을 가정해보자. 7억 원 전부를 투자할 만한 종목이 있고, 그 종목이 기본적으로 2배 오르면 14억 원이 된다. 이렇게 돈을 벌 수 있는 것이다. 내 주식 계좌를 들여다보고 있으면 나의 목표, 나의 미래, 나의 돈이 보여야 한다. 이 회원의 전체적인 추정 자산은 현재 3.3억 원이지만 대출금이 3,500만 원이 있어 추정 순자산 3억 원 정도라 할 때, 이 계좌를 들여다보고 있으면 10억 원대의 돈이 보여야 한다. 투자한 종목이 오르락내리락 해도 결국 10억 원대에서는 팔게 된다. 이때 '아, 내가 드디어 주식을 하는 구나'라는 생각이 들 것이다. 지금까지 도박하듯 해왔던 주식 투자와는 개념이 완전히 다른 것이다.

이 계좌를 누구도 이길 수 없다. 돈 버는 비법인 장기 투자 전략하에 인생역전이 시작되는 계좌이기 때문이다. 지금까지 잘 해왔기 때문에 앞으로 주식 투자하는 것이 당연히 자신 있을 것이다.

장기 투자 성공의
3대 비법

인생역전할 수 있는 장기 투자 3대 비법을 꼭 기억해야 한다. 과거의 투자 방식에서 과감히 벗어날 수 있는 핵심 필요충분조건이 되어줄 다음 핵심 3대 비법으로 주식 투자를 실천해보자.

> **장기 투자 3대 구성요소**
> 시대 흐름 + 그룹주 + 실적 성장

이것이 장기 투자 3대 구성 요소이자 필요충분조건이다. 반드시 암기해서 실전 투자, 장기 투자에 적용해야 한다. 대시세주 투자는 모멘텀이 중요하기 때문에 장기 투자와 개념이 다르다. 장기 투자는 죽을 때까지 가지고 갈 수도 있고, 팔아야 할 이유가 생기지 않는다면 보유해야 한다. 어느 시점에 이르면 10배의 수익을 내고 일부 팔 수도 있다. 30배, 100

배가 될 때 일부 팔 수도 있겠지만, 매도 근거가 없는 상태에서 빠른 이익 추구나 교체 매매를 위한 매도는 하지 않아야 한다.

장기 투자의 기본 개념은 반드시 그 시대가 요구하는 것, 시대 흐름에 맞는 주식을 사는 것이다. 또한 그룹주가 아닌 것은 사지 않는다. 그룹주가 아닌 것을 사고 싶다면 비중(최대 30% 이하)이 적어야 한다. 장기 투자의 개념은 기본적으로 30%의 비중을 싣는 것이 아니다. 돈이 생기면 계속 사야 하는 것이고, 최소 기본 비중이 50% 이상이어야 한다. 사기만 하는 것이기에 팔지 않는 것이 기본 전략이다. 따라서 여유 자금을 저축하듯이 투자하는 개념이다. 이익 실현이 없다. 물론 손절도 없다. 만약 내 자식이 장기 투자를 배우고 싶어 한다면 30%, 50%의 비중이 아닌 100%를 사게 해야 한다. 여유 자금이 있을 때마다 계속 사게 한다. 그것도 시대 흐름에 맞는 것 중에서 사게 한다. 최고 1등주나 1등이 될 주식 1종목만을 계속 사게 해야 한다. 장기 투자 3대 비법은 시대의 흐름에 적합한 기업, 그룹주, 계속 성장해가는 기업에 투자하는 것임을 잊지 말자.

첫째, 시대를 선도해야 한다. 시대 흐름을 선도한다는 것은 미래 시대를 예측하고 현재에서 좀 더 앞서 나가야 한다는 의미다. 주가도 시대 흐름에 가장 먼저 크게 반응해야 하고 시설 투자도 가장 먼저 최대 규모로 해야 한다. 그 시대를 미리 대비해야만 시대 흐름을 선도할 수 있다. 시대 흐름에 맞는 1등 산업주가 무엇인지 알고 싶다면 시대를 선도하는 기업이 어디인지를 분석해야 한다. 즉, 선제적 투자가 이루어져야 하는 것이다. 우리나라 전기차 관련 기업 중 현대와 기아가 전기차를 생산하고 있지만 전기차 선도 기업은 아니다. 현대와 기아는 전기차는 물론 자율 주행차에도 모두에 선제적으로 투자하지 않았다.

자율 주행차의 선도주는 구글이고 전기차의 선도주는 테슬라다. 하지만 자동차 회사로서 전기차를 선도한 기업은 GM이며, 자동차 기업 중 2세대 전기차를 가장 먼저 출시했고 가장 많이 양산되고 있다. 그러나 앞으로는 폭스바겐의 성장이 우세할 것이다. 천문학적인 연구 개발비 투자(25조 원), 배터리 발주(70조 원) 등 선도적으로 투자하고 있다. 디젤게이트 이후 전기차로 대변신 중이다. 토요타, 현대, 기아차는 수소차에만 매달리는 것처럼 보인다. 핸드폰이 스마트폰 시대로 대변신할 때 시대의 흐름에 부응하지 못한 노키아처럼 자동차 패러다임이 바뀌고 있는 것을 모르는 듯 보인다. 즉, 엔진의 기득권을 사수하고자 수소차에 쏟아부은 기술력을 놓지 않고자 고집을 부리는 것처럼 보인다. 그래서인지 폭스바겐처럼 전기차에 선도적으로 투자를 하지 않았다. 반면, 배터리 회사(LG화학, 삼성SDI, SK이노베이션, 일진머티리얼즈, 포스코켐텍 등)들은 공격적이고 선제적인 투자를 감행하고 있다.

둘째, 그룹주여야 한다. 최소한 소그룹주라도 되어야 한다. 그래야만 집중 투자 시 손해 보지 않고 장기 투자가 가능하다. 장기적으로 산업 성장의 직접적인 수혜를 받기 위해서는 최소한 소그룹주라도 되어야 한다. 1등 성장 산업이 10% 성장하면 관련 수혜 기업도 10% 성장해야 한다. 산업이 50% 성장하면 그 수혜 기업 실적도 50%가 성장되어야 하는 것이다. 그 산업 성장의 수혜를 그대로 받고자 한다면 반드시 그룹주에 투자해야 한다. 그룹주의 특징은 자본이 많고, 임직원 능력이 탁월하며,

오너십이 아주 좋다. 그룹주는 오너의 능력과 결정에 의해서 성장하기 때문에 재벌 기업이라고 한다. 이런 기업은 변화하는 시대에 살아남기 위해 선제적인 투자를 감행하며 최고 지위를 영속적으로 유지하기 위해 노력한다. 장기 투자에 있어 가장 중요한 것은 믿을 수 있고 투자 여력이 있는 우량 기업을 선택하는 것이다.

한 주식 전문가가 있다. 이 전문가는 투자금이 10억 원이라면 1종목에 5억 원을 편입하라고 권유한다. 만약 이 전문가에게 확실한 믿음이 있다면 5억 원을 투자할 수 있을 것이다. 또는 투자금이 1억 원이라면 5,000만 원(비중 50%)을 투자할 수 있을 것이다. 이처럼 주식 투자를 할 때 확신과 믿음은 매우 중요하다. 확신이 있어야만 50% 이상 비중을 싣는 투자를 할 수 있기 때문이다.

종목(주식)에 대한 믿음은 그 기업에 대한 신뢰와 같다. 나의 소중한 돈으로 해당 기업 주식에 장기적인 관점에서 투자를 하는 것이기 때문에 종목에 대한 신뢰는 매우 중요하다. 기업에 투자하는 것이므로 믿을 수 있는 기업이어야 하고 믿을 수 있는 종목이어야 한다. 여기에 해당하는 것이 바로 그룹주다. 그룹주는 경제적 해자를 오랫동안 유지할 수 있고, 경쟁력과 진입장벽, 그 기업만이 가지고 있는 기술을 오랫동안 뺏기지 않고 유지할 수 있는 기업의 주식이다. 그룹주에는 기술의 한계 문제가 발생해도 해결하고 개척하여 앞으로 나갈 수 있는 능력(기술 개발력, 자금력 등)이 있다.

대다수의 중소기업들은 한계에 봉착하면 거기서 멈춘다. 한계점을 돌파하지 못한다. 물론 예외도 있다. 바로 그 예외가 1등 기업, 즉 장기 투자 종목이다. 중소기업과 대기업의 차이는 여기에 있다. 대기업은 기술의 한계를 빠르게 극복하고 새로운 시장을 개척할 능력을 가지고 있기 때문에 끝없이 성장할 수 있다.

수익 발생이 충분한 투자 영역이 있다면 개인이나 기업 모두 그 영역에 투자를 한다. 거기서 오래 버틸 수 있으려면 경제적 해자가 있어야 하고 자금력과 안목도 있어야 한다. 또한 새로운 곳에 계속 투자도 하고 기술도 개발해야 한다. 기술은 오래 지나지 않아 따라잡히기 마련이다. 그래서 새로운 기술을 지속적으로 개발하는 것이 중요하다. 이런 방법으로 기업의 영속성을 잘 유지해서 성장하는 것이 바로 그룹사들이다. 그룹주가 아니면 장기 투자를 하지 말아야 한다. S&P500기업 중 90년 동안 지수 이상 오른 비율은 4%라고 한다. 나머지 96%는 지수보다 오르지 못했고 올라도 다시 제자리로 내려갔다. 그래서 중소형주는 어느 정도 가면 팔 생각을 해야 한다

셋째, 실적 성장은 기본이다. 단기적인 주가의 상승과 하락은 유동성이 만들어내지만 장기적인 주가는 실적이 만들어낸다. 실적이 꾸준히 올라갈 수 있다면 주식은 장기적으로 꾸준히 올라간다. 이런 논리의 정립과 투자관 정립이 있어야 한다. 미래 주가에 대한 믿음은 실적에 대한 믿음에서 나온다. 미래 실적을 예측하면 미래 주가를 맞출 수 있다. 왜 나라고 못할까? 왜 장기 투자는 이미 돈을 많이 가진 투자자만의 전유물이라고 생각할까? 왜 단타, 단기매매에 빠져 도박하듯이 주식을 하면서 허송세월을 보낸단 말인가? 10년 동안 실적이 꾸준히 증가한다면 당연히 주가는 오르기 때문에 장기적으로 보유해야 한다. 이런 주식은 최소

7년간은 꾸준히 오를 것이다. 내가 죽을 때까지 실적이 좋다면(삼성전자, 아마존, 애플 등) 그 주식은 죽을 때까지 가지고 가야 한다. 내가 죽은 이후에도 기업이 성장한다는 믿음이 있는 주식은 바로 자식에게 물려줄 주식인 것이다.

4차산업혁명 시대에 맞는 FAANG 기업 주식은 한번 사면 절대로 팔지 말아야 했듯이, 2015년 8월부터 전기차 배터리주에 투자했다면 한번도 팔지 말았어야 한다. 주가 하락 시에 훨씬 더 많이 매수한 사람이 있다면 그 사람은 수년 만에 인생역전을 했을 것이다. 시대에 맞는 종목이 그룹주라면 집중 투자 및 올인 투자가 가능하고, 거기에 실적 성장의 날개까지 장착한다면 성장 품절주가 될 수밖에 없다. 주가가 10배, 30배, 100배 오를 수밖에 없는 인생역전주가 되는 것이다. 10배 수익을 내는 주식을 살 수만 있다면 투자금이 아주 작아도 상관없다. 로또 살 돈이나 생각 없이 지출되는 돈 중 몇 만 원이라도 매월 장기 투자 종목에 투자하여 사 모으면 된다. 만약 1천만 원의 투자금으로 장기 투자 비법대로 주식 투자를 시작하면 시간이 흐른 후 자연스럽게 1억 원이 될 것이다. 그러면 다음에 또 10배 주식을 매수해서 보유하면 된다.

3대 전략으로 종목 선정

첫째, 시대 흐름에 맞는 종목을 선정하라. 미래에 다가올 시대를 보아야 한다. 전기차, 에너지 저장장치, 드론 등 자율주행, 인공지능, 사물인터넷, IOT, 5G, 3D AR, VR 등 4차산업혁명이 시작되었다. 여기에서 1등 산업을 찾고, 1등주를 찾아서 장기 투자해야 한다.

둘째, 그룹사 종목을 선정하라. 시대의 흐름에 대비하는 그룹이나 기업을 찾고 그룹의 오너나 CEO의 생각을 읽어야 한다. 그룹 오너가 어디로 가고 있는지 어디에 능력을 집중하는지 반드시 읽어내야 한다. 그룹주 중에 미래에 도래할 시대를 대비하는 펀드멘탈을 갖춘 그룹사와 기업을 찾아야 한다.

현재 시점에서 시대의 흐름에 미리 대비하는 그룹은 어디일까? 대표적으로 구동 모터와 배터리로 성공하고 있는 LG그룹과 배터리와 에너지 저장장치(ESS)로 성공하고 있는 삼성SDI가 있다. 삼성그룹 이재용 부회장은 바이오, 배터리, AI 등을 강조하고 있다. 반도체는 이미 성장해 1등이고 기존에는 바이오시밀러산업에 신경 썼으나 지금은 직접 중국 BYD 기업에 투자하는 등 전기차 배터리 사업과 에너지 저장 장치에 매진하고 있다.

그렇다면 이재용 삼성 그룹 오너의 생각을 읽을 필요가 있다. 배터리가 삼성 그룹의 먹거리가 되어 가고 있다. 이제서야 미래가 눈에 보이는 것이다. LG그룹처럼 좀 더 일찍 선제적 투자를 했더라면 하는 아쉬움이 있지만 아무튼 삼성은 현재 미래에 대비하고 있는 중이다. 4차산업의 핵심인 바이오, 사물 인터넷, 전장부품(배터리, MLCC 등), 반도체(AI) 모두에 투자하고 있다. 이런 것이 미래 성장 산업이다. 자동차 산업은 규모도 크지만 산업재이자 크게 보면 소비재이기 때문에 자동차를 10년, 15년 타면 교체해야 한다. 배터리 수명도 요즘은 7, 8년이다. 8년 정도 되면 교체해야 한다. 자동차는 냉장고, 세탁기 같은 소비재이기도 하다. 자동차 배터리는 주기가 더 짧아 자동차, 냉장고, 세탁기보다 더욱 더 소비재에 가깝다. 즉, 교체 주기가 일반 자동차 교체 주기의 절반이다. 이렇게 배터리 산업의 성장이 본격적으로 시작되고 나서 8년이 지난 후부터는 전기차 배터리의 교체 시기와 전기차의 본격적인 성장과 맞물리게 된다. 교체와 성장을 같이하면 신규 수요와 교체 수요가 겹치기 때문에 8년, 10년 뒤에는 배터리 산업의 성장이 폭발하는 것이다. 엄청난 산업이 탄생하게 되는 것이다. 전기차, 드론, 자율 주행차 모두 전기 공급이 기본이다. 전장부품, 인공지능도 모두 다 전기가 필요하다. 반도체도 사물인터넷도 MLCC칩도 전자부품이며 전기를 사용한다. 이때 절대적으로 필요한 것은 배터리다. 그래서 4차산업혁명 시대에 크게 보면 배터리가 4차산업의 중심, 즉 심장인 것이다.

과거 석탄 시대가 왔을 때는 증기 기관차가 패러다임을 바꾼 핵심 수혜자였고, 석유 시대에는 내연기관차, 내연자동차가 수혜자였다. 지금은 가스 시대다. 미국의 셰일가스, 러시아의 천연가스 시대다. 가스 시대의 최대 수혜자는 누구일까? LPG가스자동차? 가스보일러? 도시가스? 정답은 전력 회사다. 더 나아가 전기차 회사, 좀 더 공부하면 대형 배터리 회사라는 걸 알게 된다. 왜 그럴까? 전기 생산의 연료는 거의 절반이 가스다. 가스의 경우 발전 비용이 적게 들어가고 석탄보다 오염 물질 배출도 아주 작다. 그래서 가스 시대 패러다임 변화의 주체는 전기차(배터리)가 된다. 시대의 흐름을 볼 줄 알아야 한다. 미래에 대한 투자 관련하여 국가나 기업이나 개인이 얼마나 선제적으로 대비하고 있는지가 장기 성장의 관건인 것이다.

셋째, 오랫동안 실적 성장이 가능한 종목을 선정하라. 실적 성장을 예측하려면 매출을 예측해야 한다. 그러기 위해서는 생산 CAPA를 알아야 한다. 증설을 얼마나 할지 알아야 한다. 이것을 모른다면 2020년, 2022년 예상 실적을 어떻게 알아낼 수 있을까? 잘 모르겠으면 다른 애널리스트가 써놓은 글을 참고하여 공부해야 한다. 시설 증설이 어떻게 이루어지고 있는지 비즈니스 모델과 함께 분석해야 한다. 전기차 배터리 기업이라면 일렉포일(동박)을 만드는 건지, 양극재를 만드는 건지, 음극제를 만드는 건지, 분리막과 전해질을 만드는 건지 등 비즈니스 모델을 알아내고 그 비즈니스 모델을 심층 분석해야 한다. 즉, 배터리 산업에 대해 심도 있는 공부를 해야 한다.

매출 기여도, 수익 기여도 영업 이익률도 공부해야 한다. 과거 조선주가 100배까지 갔을 때 영업 이익률이 8%였다. 두산인프라코어가 10배 가는데 영업 이익률이 7%였다. 그런데 그 기업의 영업 이익률이 갑자기 8%에서 12%, 4p% 상승하게 된다. 시설 증설을 본격적으로 하게 되니 실적이 잘 나온다. 영업 이익률도 규모의 경제 효과 때문에 조금씩 늘어나게 된다. 시설 증설을 계속하면 감가상각비도 지속적으로 늘어난다. 반대의 경우에는 감가상각비가 계속 줄어들게 된다. 감가상각비로 매년 500억 원이 들어갔는데 시설 증설이 다 끝나면 오백억 원이라는 감가상각비가 발생하지 않는다. 그렇게 되면 영업 이익이 오백억 원이 더 잡히게 된다. 기존에 1,000억 원 정도 이익이 발생했다면 갑자기 한 해에 오백억 원의 이익이 더 생기는 것이다. 그러면 영업 마진율이 8%대에서 12% 발생한다. 영업 이익률이 늘어나게 되니까 사람들은 실적이 많이 늘었다고 생각해서 주식을 그때 사게 된다. 하지만 이때 제대로 된 투자자라면 주식을 파는 것이 맞다. 더 이상 시설 증설이 필요 없다는 말은 그 산업 자체가 벌써 성숙기에 들어갔다는 의미인 것이다.

조선주와 기계주의 마진률이 2006년 7%에서 2007년 8%로 조금씩 증가하다가 2008년에 갑자기 12%까지 올라갔다. 시설 증설을 할 때는 마진율이 5%밖에 안 나오다가 지속적으로 조금씩 늘어나면서 어느 해부터 갑자기 크게 늘어나게 된다. 이런 징후는 그 산업이 바로 성숙기 단계에 들어갔다는 의미다. 산업이 성숙기에 진입함을 예측했어야 한다. 그 당시 2008년에는 조선주와 기계주의 영업 이익률이 많이 올라갈 것으로 예상되었다. 따라서 성숙기에 진입하는 2007년 고점에서 조선주를 다 팔아야 했다. 2000년 조선 산업 시대가 시작된 이후 저가 대비 현대미포조선은 140배, 현대중공업은 50배 정도 올라서 주가 고점이 형성되었던 것이다.

3대 전략으로 투자 계획 수립

장기 투자 최고의 투자 전략은 사기만 하는 것이다. 그렇게 하기 위해서는 어떤 계획을 수립해야 할까?

첫째, 매수(투자) 전략을 세워라. 10배 내는 종목을 편입했으면 중도에 전략을 바꾸지 말아야 한다. 장기 투자 최고의 매매 전략은 사기만(매수) 하는 것이다. "주식은 파는 것이 아니라 사는 것이다." 이건 워런 버핏의 투자 철학이기도 하다. 필자의 투자클럽에서도 실제로 워런 버핏의 투자 비법대로 실천하고 있다.

먼저 투자금 조달할 계획을 세워야 한다. 기본 비중 50%는 가격 상관없이 무조건 매수한다. 만약 계좌에 1억 원이 있는데, 6개월 뒤 써야 하는 돈이라면 장기 투자를 하면 안 된다. 장기 투자는 시간을 무시하는 것이 기본인데 만약 급하게 돈을 써야 하는 상황이 생기는 입장이라면 첫 단추를 장기 투자로 잘못 꿴 것이다. 최종적으로 투자해야 할 금액을 확정해야 한다. 여기서 투자 금액은 3년 이상의 여유 자금을 말한다. 최소 1년에서 3년을 내다 보고 여유 자금으로 장기 투자를 해야 한다. 순수 현금으로 투자할 것인가? 주식 담보 대출을 활용할 것인가? 아니면 기타 대출금을 활용할 것인지 결정을 하고 중간에 전략을 바꾸지 말아야 한다. 진정성이 곧 성공이다.

예를 들어, 5,000만 원밖에 없지만 이 돈으로 장기 투자를 하고 싶다면(대중 투자자는 '돈이 적은데 어찌 3년 동안 보유하란 말인가, 빨리 치고 나와야 하는 데'라고 생각을 한다) 일단 2,500만 원(비중 50%)으로 장기 투자 종목 1종목을 매수한다. 그리고 나머지 1종목의 단기 이익금은 반드시 장기 종목을 추가 매수해야 한다. 즉, 장기 투자 2,500만 원을 일단 투자하고 나머지 2,500만 원으로 단기나 중기 매매를 해서 이익을 실현하게 되면 그 이익금으로 장기 투자 종목을 더 사고 원금 2,500만 원은 또 다른 종목을 매수하면 된다. 이것이 장기 투자와 단기 투자를 병행할 수 있는 방법이다. 나머지 돈으로 단기 매매나 주식선물 등 다른 것을 하면 된다. 가격 불문하고 최대한 많이 확보하는 것이 중요하다. 전략을 수립했다면 처음에 결정한 것을 그대로 유지해야 한다. 대출을 받지 않기로 했다면, 추가 자금도 투입하지 않기로 했다면 결정을 바꾸지 말아야 한다.

수익을 잘 내지 못하는 일반 투자자들은 항상 가격을 보거나 그때의 시황을 보고 의사 결정을 하게 된다. 중도에 전략을 바꾸지 말아야 한다. 기회가 왔을 때는 기회를 잡아서 끝까지 물고 늘어지는 그 정도의 투자 마인드는 가지고 있어야 한다. 머리 굴려서 매매만 하는 습관으로는 장기간 큰돈을 벌기 힘들다. 정년퇴직한 사람들의 경우 주식 투자로 거액자산가가 되는 기회는 딱 한 번뿐이라고 말할 수 있다. 앞으로 새로운 고성장 산업은 당분간 나타나지 않을 것이다. 전기차 배터리가 마지막 고성장 산업이라고 보면 된다. 고성장 기업들, FAANG 기업들은 미국이 점령했고, 우리나라에서 새로운 고성장 산업은 거의 없다. 새로운 산업이라고 해야 남북평화 비무장지대 관광산업인데 그건 누구나 할 수 있는 것이다. 산업규모 단위로 1등 산업이 나타나지 않는다. 새로운 세계 일등주가 거의 없다. 이런 상황에서 30~100배 성장하는 배터리 산업이 탄생했다는 것에 주목할 필요가 있다. 따라서 이 시대에 장기 투자를 실행할 수 있는 단 한 번의 기회일지 모르는 자동차 배터리주를 잡고 쉽게 놓으면 안 된다. 진정성이 곧 성공이다. 반드시 유념해야 한다.

둘째, 최적의 투자(매수) 전략을 세워라. 기본 비중 50%를 일단 편입한다. 주식은 파는 것이 아니고 사는 것이라는 명제하에 기본 비중의 50%는 일단 매수하고 수익 시 비중을 그대로 유지해야 한다. 지금까지 전기차와 관련된 악재가 이슈화된 적이 없다. 앞으로 급락 시 단기적인 악재는 오히려 추가 매수의 기회다. 공포심을 기회로 활용해야 한다.

전기차 수혜주의 가격이 10배 정도로 많이 올랐다. 가격이 이미 많이 올라서 단순 가격만을 생각하게 되면 장기 투자 종목으로 이 종목을 매수할 수 없다. 그저 빠지기만을 기다려야 할 것이다. 그러면 아무런 전략적 효과를 볼 수 없다. 팔아야 할 이유가 전혀 없고 사야 할 이유만 있기 때문에 아무 때나 기본 투자 비중(50%)은 매수해야 한다. 배터리 산업은 이제 첫 번째 시설 증설을 시작했을 뿐이고 아직 시장은 본격적으로 열리지도 않았다. 2021년에 배터리 산업이 본격적으로 시작될 것이다. 지금까지의 장기 투자 종목은 매년 사기만 하는 개념이기 때문에 급락 시(고점대비 30% 이상 하락) 레버리지(주식담보대출)를 이용하더라도 사기만 해야 하는 것이다. 시세 가격을 보고 살지 말지 결정하는 것이 아니다. '시대 흐름, 그룹주, 실적 성장'에 대해 철저히 공부해서 장기 투자에 대한 확고한 투자 비법을 알고 실전 투자를 해야 한다.

셋째, 잔돈, 푼돈, 작은 이익을 추구하는 것은 허송세월의 연장이라는 것을 명심하라. 장기 투자에서 잊지 말아야 할 중요 포인트다. 잔돈, 푼돈, 작은 이익 도모는 허송세월의 연장이다. 2배, 3배, 5배, 10배를 위해서 주식을 하는 것이다. 어떻게 반복적으로 사고팔고, 종목을 교체해서 장기적으로 돈을 벌겠는가? 그래서 장기 투자 비법을 반드시 익혀야 한다. 주식에 투자하면 최소한 50% 이상의 수익은 내고 나서 팔아야 한다. 장기 투자는 비법대로 투자하면 최소 100%의 수익은 기본이다. 투자 기간에 연연하면 절대 안 된다. 확신이 있다면 50%의 비중은 투자해야 한다. 100% 이상 수익이 생긴다는 확신이 없다면 장기 투자하면 안 된다. 장기 투자는 기본 100% 이상의 수익은 생겨야 하는 것이다. 장기 투자는 기본 3년은 들고 간다는 전제하에 매수해야 한다. 지금 주가가 오르거나 내린다고 일비희비할 필요가 전혀 없다. 여유자금이 있다면 내려갈 때 더 사 두면 되니 더 좋은 기회라고 생각하면 된다.

어차피 장기 투자에는 정해진 길(목표, 시간 등)이 있다. 정해진 틀에 따른 흐름이 있고 가야 할 길이 있다. 생각보다 산업 성장이 더 빨리 이루어져서 주가가 크게 오른다면 그것은 생각했던 것보다 산업 파급력이 더욱 커졌기 때문이다. 산업 파급력이 얼마나 되는지 분석하는 것 또한 필요하다. 어차피 지금 팔 게 아니라면 평가 손익은 아무런 의미가 없다. 단 몇 십 퍼센트라도 이익이 발생했을 때 팔면 되는 것이다. 몇 십 퍼센트 손해가 났을 때 파는 것이 아니다. 장기 투자는 손절하지 않는 것이 원칙이기 때문이다. 그래서 장기 투자는 여유 자금으로 해야 하는 것이고 주가 급등 시 레버리지를 쓰면 안 되는 것이다. 장기 투자를 하려면 그 정도까지 알고 있어야 한다.

정해진 길이 있고 정해진 가격이 있다. 하지만 산업의 파급력에 따라 훨씬 더 많은 일이 생기고, 산업이 더 성장하고, 주가가 더 올라간다. 그것을 분석하는 것이 중요하다. 레버리지 투자를 해서 더 많이 사고 싶다면, 주가가 급등했다가 고점 대비 25% 이상 하락하면 그때부터 매수를 시작하면 된다. 올라갔다 내려왔을 때 레버리지를 써야 한다. 그래야 반대 매매의 우려가 없고 단가를 낮추는 역할까지 할 수 있다. 주가가 크게 떨어지면 이번 기회에 더 사야 되는 것은 아닌지, 추가 매입 자금을 어떻게 더 마련할 수 있을지에 대한 고민을 해야 한다. 이것이 장기 투자 마인드다.

우리 기법에 적용해보자. 전기차, 에너지 저장, 드론, 배터리 시대가 도래하고 있다. 내연 기관차를 대체하는 개념으로 전기차 산업은 파급력이 아주 큰 산업이다. 전기차 산업의 핵심은 자동차 부품, 전장 부품이 아니라 바로 배터리다. 내연 기관차가 전기차로 바뀌면 구동모터와 배터리, 이 두 가지가 핵심이 된다. 배터리 용량 60kwh인 경우 1kwh당 300달러 정도 하니까, 전기차 한 대당 배터리 가격은 대략 1,800만 원이다. 대략 전기차 가격의 1/3을 차지하는 배터리는 전기차의 핵심 부품이다. 내연 기관 자동차의 핵심은 엔진이고 전기차의 핵심은 배터리다. 즉, 배터리가 전기차의 심장 역할을 하는 것이다. 자동차 산업은 기관 산업이다. 규모가 엄청 큰 산업이기에 사회 전반, 산업 전반의 파급력이 엄청나다. 따라서 전기차 시대가 오면 배터리 산업은 엄청난 파급력을 가진 대규모 산업이 될 것이다.

꿈만 꾼다면 그것은 신기루에 불과하다. 지금 당장 실행에 옮겨야만 꿈이 현실이 된다. 새로운 시대는 부지불식간에 아주 빠르고 확실하게 다가오기 때문에 지금 장기 투자를 실행에 옮겨야 한다.

3년이면 장기 투자를 통해 결과를 볼 수 있기 때문에 서두를 필요는 없다. 3년 동안만 보유해서 100% 이상의 수익을 체험하면 그 이후로는 주식이 편안해지고 장기 투자가 정상적으로 이루어질 것이다. 지금 장기 투자를 하고 있다면 '아! 이렇게 돈을 버는구나. 이렇게 해서 1억 원대에서 3억 원대로 올라오는구나. 30억 원도 꿈꿀 수 있겠구나'라고 생각할 수 있을 것이다. 서두르거나 조급해할 필요가 없다. 미래는 생각하는 것 이상으로 아주 빨리 그리고 찬란하게 올 것이다.

장기 투자
핵심 포인트

    장기 투자 핵심 포인트를 정리하고 아젠다를 설정하여 장기 투자 실전에 활용하는 방법에 대해 알아보고자 한다. 장기 투자 핵심 포인트와 아젠다는 주식 투자가 힘들다고 느껴질 때마다 되새겨볼 만한 알짜 비법이다. 진정한 주식 투자자로 변신시켜줄 마법과도 같은 주문이 될 것이다.

장기 투자 키워드와 아젠다

    3대 키워드는 장기 투자 여부를 판단하는 중요한 잣대가 되며 장기 투자 시 필요충분조건이다. 반드시 짚고 넘어가야 하는 장기 투자의 3대 비법 키워드는 앞에서 말한 시대 흐름, 그룹주, 실적 성장이다.

    시대 흐름(4차산업혁명 시대, 콘텐츠 소비 시대, 인구감소 시대, 고령화 시대, 저성장 고착화 시대 등)이 맞는지, 시대가 요구하는 것(성장주, 1등주, 오랫동안 잘하는 것)이 맞는지를 따져보아야 한다.

시대에 맞지 않는 주식(철강, 건설, 조선, 내연기관자동차 등)은 절대 투자(매매)해서는 안 되며 단 1초라도 보유하지 말아야 한다. 단기간 치고 빠지려는 생각조차도 하지 말아야 한다. 그렇지 않으면 그 주식 인생은 남들과 비슷해지거나 실패할 수 있다는 걸 다시 한 번 강조하고 싶다. 그룹주인지, 실적 성장을 하고 있는지 반드시 살펴보아야 한다.

3가지 중요 요건을 모두 충족한다면 그것은 비중의 문제이지 해당 종목을 가지고 몇 프로의 수익이 발생하는가에 대한 개념이 아니다. 시세가 본격화(2배 이하)되지 않았다면 저가 대비 기본적으로 10배는 오른다. 이는 얼마에 사야 하는가를 결정하는 과정이지 매매의 과정이 아니다. 몇 프로의 수익이 나는지가 중요한 것이 아니라 얼마나 많이 사야 하는지가 중요한 개념인 것이다.

다음은 비중 전략이다. 시대에 맞으면 일단 비중 30%를 확보하라. 몇 %를 얼마나 사야 할까? 시대의 흐름만 맞는다면 일단 30%를 산다. 4차산업혁명의 수혜주면서 1등 성장 산업의 수혜주라면 아무 때나 30%를 사도 된다. 그룹주가 아니라면 최대 30%를 사고, 실적 성장이 불투명한 소형주의 경우에도 최대 30%만 사야 한다. 그룹주라면 50%를 사야 하고, 실적 성장이 3년 이상 지속된다면 100%를 사도 된다.

현재 4차산업혁명 중 최고의 고성장 산업, 규모가 가장 큰 산업은 자동차 배터리 산업(대다수 그룹주, 우량 기업주, 재벌주식)이다. 이렇게 시대 흐름에 맞는 그룹주이면서 실적 성장이 지속된다면 비중 100%로 사도 된다는 것이다. 두 개의 충족 조건을 갖추었거나 시대 흐름에 맞고 그룹주라면 50%를 산다. 시대 흐름도 맞고 그룹주이므로 산업이 성장하면 기본적으로 어느 정도 실적은 좋아진다. 시대 흐름도 맞지 않고 그룹주도 아닌데 실적 성장만 하는 주식을 장기 투자로 사고 싶다면 30%의 비중만 사도록 한다.

현대 건설을 예로 살펴보자. 그룹주이고 실적 성장은 되지만 시대 흐름이 불확실하다. 남북경제통일 시대가 올 것이라고 생각하지만 확실하지는 않다. 물론 남북경제통일 시대가 오지 않는다고 판단했다면 생각하지도 말고 매매하지도 말아야 한다. 그룹주이기 때문에 조금은 보유해도 되지만 시대 흐름이 불확실하므로 장기 투자를 하면 안 된다는 것이다. 즉, 비중 30%, 50%를 실어서 대시세주 투자 비법 기준으로 급등한다면 팔 생각을 해야 하는 것이 맞다.

그 다음은 장기 투자 아젠다를 생각해봐야 한다. 테이블에 아젠다(의제)를 올려놓고 고민을 해보자. 시대를 알고 일등주를 발굴했다면 3년 뒤에도 흐름이 지속될지 흐름이 멈추거나 바뀔 근거(증거)가 있는지 심도 있게 공부하고 검증해야 한다. 투자 종목을 팔아야 할지 여부를 생각하는 것이다. 더 사야 할지 말지에 대한 판단 기준은 팔아야 할 근거가 있는가다. 팔아야 할 근거(증거)를 찾지 못했다면 사기만 해야 할 것이다. 또 만약 3년 뒤 시대 흐름을 파악해보고 성장이 멈출 근거(증거)를 찾았다면 그때부터 탈출(매도)할 생각을 해야 한다. 시대나 실적 성장의 흐름이 바뀔 것에 대비해 그 시기 아젠다를 늘 염두에 두고 고민해봐야 한다.

장기 투자 탈출 비법

투자 원금만큼 매도하여 인출했고 아직 탈출 근거를 찾지 못했다면 끊임 없이 보유해야 한다. 장기 투자 매집 후 3년 이내에 투자 원금만 회수한 다. 3년 안에 팔아야 한다면 매도 근거를 찾아봐야 한다. 특별히 매도할 이유가 없다면 투자 원금을 왜 찾아야 하는지에 대해 생각해보아야 한 다. 만약 대출이 있어서 대출금을 갚고 싶다면 투자 원금 중 갚아야 할 대출금 정도만 팔아서 갚으면 된다. 그 주가가 장기간 조정받을 근거가 나왔다면 매도해야 할 금액만 매매 기법으로 분할 매도를 실행하면 된 다. 당장 자금을 쓸 일이 없다면 계속 보유하자.

탈출할 근거를 찾은 후에는 행동해야 한다. 장기 투자 종목은 하이로 우 매매(위에서 팔고 밑에서 사는 것)를 하거나 기회 비용 때문에 매도를 고려 하는 것은 안 된다. 이익 확대를 위해 사고파는 것은 잔머리(잔꾀, 푼돈을 모아서 큰돈을 번다는 생각 등)를 굴리는 것에 지나지 않는다. 지금까지 돈을 벌지 못한 이유는 바로 이런 잔머리 굴리는 습관 때문이다. 전문가 수준 의 똑똑한 사람들이 오히려 큰돈을 벌지 못하는 경우를 적지 않게 보았 다. 하이로우 매매를 하고자 한다면 대시세주나 단기 매매 종목으로 하 는 것이지, 장기 투자 종목으로 하는 것이 아니다. 그래야 100배의 수익 을 챙길 수 있다.

만약 전문가의 도움으로 1억 원에서 2억 원이 되었다면, 그 수익금 중 1억 원은 스스로의 능력이 아닌 전문가의 능력에 의한 것이므로 전문가 의 수익이라 생각하고 이익금을 찾지 말라. 대부분 수익이 나면 이익금 을 찾기 바쁘다. 그렇다면 평생 중산층에 머물 가능성이 크다. 복리로 굴리지 않는다면 저금리 시대에 어떻게 큰돈을 벌 수 있다는 말인가?

이렇게 세 가지 비법으로 탈출할지 여부를 판단해야 한다. 시대 흐름이 약화되거나 소멸하거나 그룹에서 리스크가 나온다거나 실적이 정체되거나 하락한다면 반드시 팔아야 한다. 이 세 가지 중 한 가지 조건을 충족한다면 비중을 1/3로 축소해야 하고, 두 가지 조건을 충족한다면 2/3로 축소해야 한다. 지수가 폭락했던 1997년 외환위기 당시와 2008년 금융위기 당시를 보면 그룹 리스크 때문에 빚이 과도하게 많은 기업들이 거의 망했다는 것을 알 수 있다.

전략 없는 행동(투자)은 우물 안 개구리식 투자의 전형이다. 말 그대로 우물 안 개구리식 투자는 시간 낭비이며, 도박하는 수준으로 주식을 하는 것에 지나지 않는다. 주식은 혼자 하면 필패다. 수준이 낮다면 나를 잘 이끌어 거액자산가로 만들어줄 수 있는 전문가를 찾아서 그 노하우를 전수받아야 한다. 이 또한 인생역전의 또 다른 방법이 될 수 있다.

에필로그

매스컴에 의하면 20억 원 정도는 있어야 우주여행을 갈 수 있다고 한다. 우주여행 경비가 많이 줄었다고는 하지만 여전히 큰돈인 것은 분명하다. 저마다 큰돈을 벌어야 할 이유가 모두 다르겠지만 인간으로 태어나 우주여행을 한번 다녀올 수 있다면 지구에서만 살아온 인간이 누릴 수 있는 최고의 이벤트일 것이다. 그래서 우리는 직장인으로 사업자로 저마다 정년이 되어 퇴직할 때까지 또는 평생 동안 기본적인 경제활동을 하며 살아가고 있다. 이런 우리가 언젠가 돈을 많이 벌어서 우주여행을 갈 수 있다면 얼마나 행복할까? 돈을 벌고 싶은 욕망은 모두 같은데, 많은 사람들이 필요한 만큼 돈을 벌지 못해 고달픈 것이 현실이다. "돈 많이 벌어서 뭐해"라는 소극적인 생각도 가지고 있을 수 있다. 그것은 어쩌면 돈을 많이 벌지 못하는 상황에 대한 자기 합리화이기도 하다. 돈을 벌 수 있는 방법이 있는데 여건이 안 되거나 방법을 모르고 있을 수도 있다. 신은 모두가 추구하는 것을 이룰 수 있도록 충분한 환경을 이미 제공해준다고 한다. 하지만 모든 사람들이 충분히 활용하지는 못한다. 어떤 사람은 그 행운을 잡기 위해 온힘을 다하고 또 어떤 사람은 그저 그런 개미처럼 살아가기도 한다.

큰돈을 벌고 싶은 것은 우리가 성취하고자 하는 하나의 목표가 될 수 있고 큰 의미일 수 있다. 큰돈을 벌겠다는 목표는 결코 불가능한 것이 아니다. 충분히 실현 가능하다. 이 책을 읽는 모든 이들이 돈에서 해방된(돈이 없어서 하고 싶은 것을 못하는 경우, 돈 때문에 무시당하는 경우가 없는 인생) 거액자산가가 되길 희망한다. 물론 중산층 이하의 위치에 있는 사람의 경우 저마다 가족 때문에 혹은 사회적 활동 때문에 돈을 벌더라도 부를 축적하기도 전에 인출하여 쓰기 바쁜 것이 현실이기는 하다. 돈을 벌고자 하는 목표를 일단 세웠다면 쌈짓돈이라도 챙겨 돈이 불어날 수 있는 방법을 실천해야 한다. 그 방법 중 하나가 주식 투자다. 장기 주식 투자를 잘해서 어느 정도 돈을 벌고 나면 그 이후 수억 원에서부터 수십억 원으로 돈은 기하급수적으로 늘어나게 된다. 그러면 주체할 수 없을 정도로 돈이 벌리게 된다. 이것이 거액자산가가 되는 필연적인 과정이고 빠른 길이다. 필자는 일반인에게 큰돈을 벌 수 있는 길은 주식 투자가 거의 유일한 방법이라고 믿는다.

돈을 버는 것은 의외로 쉽고 간단하다. 주식 투자로 돈을 벌고 싶다면 장기 투자 비법을 꼭 배우고 실천하면 된다. 일반 투자자 중 대다수가 성공할 수 있는 주식투자 방법으로는 장기 투자 방법이 유일하다. 장기적으로 10배를 버는 투자 비법에 관련된 내용들을 파트1부터 자세하게 살펴보았다. 물론 장기 투자와 관련된 다양한 내용을 이 책을 통해 배운다고 해서 모두가 장기 투자의 고수가 되는 것은 아니다. 그러나 이 책을 읽고 이해하고 생각을 바꾸는 작업을 한 후 실전에서 장기 투자를 실행한다면, 보다 많은 투자자들이 비로소 공부한 효과를 보게 되어 성공 가능성을 높일 수 있을 것이다.

글로벌 주식 시장은 미중 무역 전쟁으로 요동치고 있다. 양대 지수가 내려가고 글로벌 시장이 급락하는 등 혼란한 시장 상황이 전개되고 있다. 주식 시장에서 이러한 상황이 지속되더라도, 장기 투자 종목에 대한 확신과 신념을 가지고 투자를 해야 한다. 그러면 시황과 상관없이 장기 투자자로서 성공할 확률이 크다. 그 정도의 마인드와 확신을 갖기 위해 전제되어야 할 것은 거듭 강조하지만 시대의 흐름을 정확히 읽어내는 능력이다. 장기 투자 종목을 잘 골라내는 능력이다.

주식 시장에서는 경기가 불확실한데, 아직도 고리타분하게 산업재 관련주나 경기 민감주를 가지고 장기 투자를 하는 투자자가 많다. 대대수 주식 투자자들은 지속적인 추세 하락 상황에서 잠깐 수익만 내고 나오겠다는 생각으로 이른바 '치고 빠지는' 단기 매매를 일삼다가 큰 손해를 보는 사례가 많다. 대대수의 주식 투자자는 산업의 미래를 예측하는 힘과 매매 실력이 부족하기 때문에 단기 시세 가격만 보고 사고파는 것을 반복하곤 한다. 이런 주식 투자는 도박을 하는 것과 다름없다. 그건 진짜 주식을 하는 것이 아니다. 아무것도 모른 채 도박적인 마인드로 주식을 하다 보면 장기적으로는 결국 시장을 이기지 못하고 투자에 실패할 가능성이 크다.

그동안 필자의 리딩으로 투자클럽 회원들은 장기 투자에 집중해서 만족한 주식 인생을 살아가고 있다. 많은 기간 도박처럼 주식 투자를 하고 있었지만 필자를 만나고 진정한 장기 투자자로 거듭난 이들도 많다. 필자를 오랫동안 믿고 따르는 장기 회원들은 이제 익숙해져서 장기 투자 전략을 잘 배우고 익혀 실천하고 있지만, 신입 회원들은 시행착오를 반복하기도 한다. 신입 회원들의 특징은 빨리 수익을 내고자 하는 것이다. 투자 공부는 제대로 하지 않고 눈앞의 돈만 쳐다보곤 한다.

주식은 끝없이 배워야 한다. 배우는 것에 투자도 해야 한다. 그저 사고 팔고를 반복하면서 세월을 보내다 보면 긴 시간이 지난 뒤에도 여러분의 주식 인생은 별반 다르지 않을 것이다. 장이 좋아서 수익을 낸 사람들도 있을 것이고, 손실을 본 사람들도 있을 것이다. 장이 좋을 때 수익 난 계좌에서 10%씩 여러 종목을 샀다가 장이 좋지 않을 때 손해 보고 있는 투자자들을 보자. 그저 시장이 돈을 벌어주고 돈을 잃게 하는 것이다. 손절을 반복하다가 또 다른 종목으로 교체해서 작은 이익을 보고 이런 투자를 반복하면서 세월은 흘러간다. 평생 같은 일이 반복된다. 잘못된 방법으로 투자하고 있는 자신을 바꿔야 한다. 끊임없이 공부해야 한다.

연세가 있으신 회원이 가입하면 장기 투자를 하고 싶다고 말한다. 단기 매매가 힘들고 큰돈을 벌지 못하니 장기 투자를 하고 싶은 것이다. 주식 투자를 하면서 큰돈을 벌지 못하는 이유는 많다. 대다수 투자자들처럼 그저 그런 방법으로 주식을 하고 있는 것도 하나의 이유다. 대부분 수익 난 종목을 빨리 팔아버린다. 50%의 수익, 100%의 수익이 난 상태에서 보유하고 있는 투자자는 별로 없다. 주식을 10년 동안 하고 있다면 내 주식 계좌에는 최소한 100%, 200%, 500%의 수익 난 주식이 있어야 한다. 내 주식 계좌 포트에 최소한 10배의 수익이 난 종목이 있어야 제대로 된 주식 투자를 하고 있다고 말할 수 있다. 1억 원(1천만 원)을 가지고 10억 원(1억 원)이 되었다면 투자 원금 1억 원(1천만 원)을 팔더라도 투자 이익금은 웬만하면 팔면 안 된다.

주식 매수 후 매도할 이유가 없다면, 전부 보유하고 있는 것이 성공하는 주식 투자의 기본 비법이다. 왜 보유해야 하는지 매도할 이유가 있는지 없는지는 공부를 해야 알 수 있다. 따라서 장기 투자는 생각보다 어렵다. 특히 요즘 같은 장(하락, 급락 장)에서 장기 투자가 가능할까 의심할 수 있다. 삼성전자나 삼성SDI를 1~2년 전에 매수하여 몇 배 수익을 올리고 있다 하더라도 급락장이 오면 다 팔고 없을 투자자가 대부분이다. 장기 투자에 대해 제대로 배웠다면 그런 행동은 하지 않을 것이다. 파트1부터 파트7까지 차근차근 구체적으로 장기 투자 비법을 공개했다. 이렇게 한 번 읽는 것으로 끝내지 말고 소설처럼 여유 있을 때마다 읽어보길 바란다. 최소 다섯 번은 반복해서 읽기를 권한다. 그러다 보면 장기 투자 방법을 자연스레 터득될 것이고, 하나씩 실행하다 보면 그 마력에 빠져들게 될 것이다. 그리고 실전에서 장기 투자가 힘들다고 생각될 때마다 이 책을 지속적으로 참고하다 보면 성공한 자신을 발견하게 될 것이다.

인생역전 장기 투자 비법의 모든 것

실패 없는 1등주 실전 주식 투자

초판 1쇄 2019년 10월 10일
초판 4쇄 2022년 04월 12일

지은이 최병운
펴낸이 서정희
책임편집 정혜재
마케팅 강윤현 이진희 장하라

펴낸곳 매경출판㈜
등록 2003년 4월 24일(No. 2 - 3759)
주소 (04557) 서울시 중구 충무로 2(필동1가) 매일경제 별관 2층 매경출판㈜
홈페이지 www.mkbook.co.kr
전화 02)2000 - 2641(기획편집) 02)2000 - 2645(마케팅) 02)2000 - 2606(구입 문의)
팩스 02)2000 - 2609   **이메일** publish@mk.co.kr
인쇄 · 제본 ㈜M - print 031)8071 - 0961
ISBN 979-11-6484-027-4(03320)

이 도서의 국립중앙도서관 출판예정도서목록(CIP)은 서지정보유통지원시스템 홈페이지(http://seoji.nl.go.kr)와
국가자료공동목록시스템(http://www.nl.go.kr/kolisnet)에서 이용하실 수 있습니다.
(CIP제어번호:CIP2019036611)